Homo Curans
호모 쿠란스,
돌보는 인간이 온다

생명의 눈으로 보는 돌봄과 전환

Homo Curans
호모 쿠란스,
돌보는 인간이 온다

생명학연구회 기획
박길수 주요섭 유정길 우석영 신현경
윤호창 이무열 임채도 정규호 이나미 지음

도서출판 모시는사람들

호모 쿠란스, 돌보는 인간이 온다

등록 1994.7.1 제1-1071
1쇄 발행 2025년 1월 20일

기   획 생명학연구회
지은이 박길수 신현경 우석영 유정길 윤호창 이나미 이무열
         임채도 정규호 주요섭
펴낸이 박길수
편집장 소경희
편집 · 디자인 조영준
관   리 위현정
펴낸곳 도서출판 모시는사람들
         03147 서울시 종로구 삼일대로 457(경운동 수운회관) 1306호
전   화 02-735-7173 / 팩스 02-730-7173
홈페이지 http://www.mosinsaram.com/

인   쇄 피오디북(031-955-8100)
배   본 문화유통북스(031-937-6100)

값은 뒤표지에 있습니다.
ISBN   979-11-6629-220-0   03300

이 책은 '생명학연구회' 회원들이 함께 세상에 내놓는 첫 결과물이다. 그래서 연구회에서 고민하고 논의해 왔던 과정들을 소개하는 것이 '호모 쿠란스, 돌보는 인간이 온다'라는 표제를 단 이 책을 이해하는 데 도움이 될 것 같다.

생명학연구회는 2015년에 생명운동 관련 활동가와 연구자들이 함께 시작한 모임으로 올해로 9년째가 된다. 연구회는 '생명사상의 심화', '생명운동의 확장', '생명사회로의 전환'을 모임의 방향으로 정하고, 그동안 다양한 주제들을 다루며 공부해 왔다. 회원들의 활동 영역과 관심 분야는 매우 다양했는데, 이런 특성이 기후위기와 코로나19 팬데믹 등 급격한 시대 변화의 흐름을 '생명'의 관점으로 읽어내고 다가올 미래를 전망하는 데 많은 도움이 되었다.

연구회는 2023년부터 코로나 이후의 사회를 모색하면서 시대를 관통하는 핵심 키워드를 찾아보고자 했다. 논의 과정에서 다양한 제안들이 있었는데, 이 중 '돌봄'에 대해서 회원들의 공감대가 놀라울 정도로 큰 것을 확인했다. 생명의 위기는 곧 돌봄의 위기이고, 서로 살림의 돌봄의 관계망이 재구축될 때 개체 생명의 생존의 지속은 물론이고, 그 생명성을 온전히 발현할 수 있다는 것이다. 돌봄은 지금 우리 시대가 당면한 문제들을 극명하게 드러내는 주제일 뿐만 아니라, 사회와 문명 전환의 열쇳말이며, 우리가 만들어갈 '다음 사회'의 매력을 만드는 것이라는 이야기도 나왔다.

연구회의 고민은 자연스럽게 돌봄이란 주제를 어떻게 다룰 것인가로 이어졌다. 이미 돌봄과 관련된 많은 연구와 논의 성과가 나온 만큼, 연구회의 정체성을 돌봄이란 주제와 연결하여 '생명으로서 돌봄', '돌봄으로서 생명', '돌봄의 생명학', '생명학의 돌봄' 등 여러 입구가 제안되었다. 이 과정에서 찾아낸 접속어가 바로 '전환'이다. 연구회의 특성을 살려서 전환의 관점에서 돌봄이란 주제를 다뤄 보자는 데 의견을 모았다. 마침 코로나19 팬데믹 상황을 거치면서 전환에 대한 논의가 사회 전반은 물론 돌봄 영역에서도 나타나는 참이기도 했다.

우리는 그동안 나누었던 많은 논의가 주로 모임 내부에 머물렀다고 반성하며, 사회와 적극 소통하기 위하여 '돌봄'을 주제로 한 단행본을 출간하기로 했다. 이를 위해 집담회를 열어 돌봄에 대한 생각을 확인하고 인식의 공통분모를 확인하였다. 두 번째 모임에서는 돌봄을 사회와 문명 전환의 차원에서 살펴보자는 의미로 '돌봄의 재발견과 재발명'이 주요 과제로 제안되었고, 전환적 관점에서의 돌봄 철학과 인간관을 재정립하고, 돈이 아닌 돌봄의 관계가 중심이 되는 미래 사회를 상상하고 그 의미를 찾아보자는 방향 설정을 하였다.

논의 과정에서 돌봄을 하나의 서비스나 프로그램 수준으로 다루는 분절적, 기능주의적 접근은 돌봄의 본질적 의미를 흐릿하게 만들고 생명력을 고갈시킨다고 보고, 생명학이 강조하는 유기적이고 총체적인 접근이 돌봄 문제를 다루는 데도 필요하다는 점을 확인하였다. 돌봄은 결핍을 보충하고 취약함을 보조하는 차원을 넘어서 인간을 포함한 생명의 존재 방식이라는, 돌봄에 내재된 보편적 특성을 새롭게 발견할 때 돌봄에 대한 전환적 인식과 접근이 가능하다는 것이다. 오늘날 대안적 삶으로 강조하는 지속가능한 삶, 더불어 함께 살아가는 사회 역시 '돌봄이 충만한 사회', '돌봄이 생동하는 사회', '돌봄이 중심이 되는 사회'를 통해 실현 가능할 것이다. 여전히 불평등하고 불충분한 현실의 돌봄 문제 또한 돌봄에 새로운 상상으로 돌봄의 전환적 역할을 충분히 구명하고 사회적 공감대를 넓혀 나갈 때 제대로 다뤄지고 해결될 수 있을 것이다. 책의 표제를 '호모 쿠란스, 돌보는 인간이 온다'로 부제를 '돌봄에 대한 새로운 상상'으로 정한 데는 이런 문제의식이 담겨 있다.

　책은 크게 2부로 구성되었고, 각각 5편의 글이 배치되었다. 1부(1-5장) '돌보는 인간이 온다'는 돌봄의 인간학, 죽음의 돌봄, 돌봄의 마음과 문화, 의복 돌봄, 시각적 자기돌봄 등 우리의 일상적 삶과 밀접한 여러 주제를 포괄적으로 다루면서도 돌봄 문제에 대한 기존의 사유를 해체하고 재구성하는 데 초점을 둔다. 2부(2-10장) '돌보는 사회를 꿈꾼다'는 돌봄의 문제를 마을과 지역, 생활협동, 경제 및 정치 영역으로 확장 시켜서 돌봄 사회의 의미와 과제들을 다룬다. '전환'의 관점에서 돌봄을 다루는 것이 이 책의 기획 취지라는 점에서, 1부가 돌봄에 대한 '인식론적 전환'의 측면에 초점을 맞춘다면, 2부는 '사회적 전환'의 차원에서 돌봄의 방향과 과제를 다루는 것이 특징이라 할 수 있다. 다만 이런 구분은 강조점의 차이에 따른 것으로, 내용적으로는 서로 밀접할 뿐만 아니라, 당면한 돌봄 문제의 근원적 해결을 위해서는 인식과 사회적 차원의 동시적 전환이 필요할 것이다.

각 장별로 저자의 강조점과 핵심 내용을 살펴보면 다음과 같다.

먼저 1장에서 박길수는 동학의 철학적 관점을 바탕으로 '돌봄 시대의 신인간학(新人間學)'을 다룬다. 저자는 "태초에 돌봄이 있었다"는 선언을 통해 상호의존하는 관계에 있는 모든 존재가 서로를 돌보는 것이 우주적 원리임을 강조한다. 이런 관점에서 돌봄은 취약함에서 비롯된 단순한 인간 활동이 아니라 자신과 타인, 자연과 우주와의 관계를 형성하는 신성한 행위이며, 이러한 돌봄을 행하는 적극적인 존재로서 인간을 '호모 쿠란스(Homo Curans)'로 새롭게 정의한다.

2장에서 주요섭은 김지하의 생명사상을 기반으로 '죽음'을 돌봄의 영역으로 다루고 있다. 저자는 죽음을 생명의 필수적인 과정으로 보고, 이를 돌보는 것이 인간의 중요한 역할이자 사회·철학적 과제가 되어야 함을 강조한다. 일반적으로 돌봄 논의가 주로 살아 있는 존재를 대상으로 해 왔다는 점에서, 이 글은 생명체는 물론 비-인간 존재와의 관계망과 죽음까지 감응적 돌봄으로 포함시켜 돌봄의 영역을 새로운 차원으로 확장하고 있다.

3장에서 유정길은 인간과 자연, 사물까지 포함한 모든 존재가 서로 연결되어 있는 만큼, 관계적 자아를 깨닫는 것이 돌봄의 본질임을 강조한다.

기존 돌봄 논의들이 주로 개인적 돌봄이나 사회복지적 차원에 집중한다면, 이 글은 자본주의적 성장 사회에서 돌봄 사회로의 전환을 촉구하면서, 수많은 존재로부터 돌봄을 받고 있다는 사실을 깨닫는 '감사'의 마음과 자신이 받은 은혜를 돌려주는 '보은'의 삶이 돌봄 사회로의 전환의 원동력이라고 이야기한다.

4장에서 우석영은 옷이라는 특정 사물을 탐구하며 인류세에 긴요한 사물 돌봄의 가능성을 모색한다. 저자는 옷과 직물의 생산 과정에 다양한 인간, 비인간 존재들의 활동이 연루되어 있음에 주목하며, 옷을 입는다는 것은 곧 지구적 동족의 돌봄을 받는 것이라는 통찰을 제시한다. 나아가 의복의 과잉 생산과 폐기로 인해 발생하고 있는 오늘의 재앙적 사태를 꼬집으며, 의복 돌봄의 긴요성을 역설한다. 하지만 글의 방점은 인간의 놀이-창작 욕망을 발산하는 방식의 돌봄에 찍혀 있다.

5장에서 신현경은 '자기 돌봄'의 문제를 시각 차원에서 다룬다. 저자는 세상을 개념적으로 분리하고 파편화하는 좌뇌 중심의 사고에서 벗어나 직관적이고 통합적인 우뇌적 사고를 회복할 때 자기 돌봄은 물론 타자와 자연을 돌보는 삶을 살아갈 수 있다고 강조한다. 우뇌적 감각을 일깨우는 것은 잃어버린 인간성과 자연과의 연결성 회복은 물론 치유와 삶의 풍요로움을 되찾는 것으로, '우뇌로 보고 그리기' 같은 비주얼 리터러시 훈련을 구체적 방안으로 제안한다.

2부 '돌봄의 사회'를 시작하는 6장에서 윤호창은 낮은 출산율과 높은 자살률 등 한국 사회의 구조적 문제를 해결하려면 '마을 돌봄'이 핵심이 되어야 한다고 주장한다. 여기서 마을 돌봄은 가족 내 돌봄을 넘어서 이웃과 지역사회가 서로를 돌보는 확장된 돌봄의 개념으로, 지역사회 내에서 서로를 돌보고 지지하는 네트워크가 중요하다. 저자는 지역 주민들이 돌봄의 주체가 된 마을 공동체 복원과 풀뿌리 민주주의와 자치권 부여를 행복한 돌봄 사회로의 전환을 위한 전략으로 강조하고 있다.

7장에서 이무열은 '4km 돌봄'이란 개념을 통해 사람과 자연이 서로 의존하며 살아가는 돌봄의 절대단위를 설정하고, 주거와 일, 교육, 의료 등의 생명 활동이 순환하고 연결되는 지역 공동체의 중요성을 이야기한다. 저자는 순환성, 중복성, 교차성, 역동성, 증여성 등 돌봄의 다섯 가지 특징을 통해 지역공동체에서 사람과 자연이 서로 의존하며 살아가는 관계를 회복하는 것이 사회적 불평등과 기후위기 같은 지금의 문제를 해결하는 중요한 열쇠임을 강조한다.

8장에서 임채도는 돌봄의 시장화와 상품화에 따른 돌봄의 결핍과 불평등이 삶의 위기를 초래한다는 점에서, 생명성, 관계성, 순환성에 기반한 '좋은 돌봄'의 방향과 과제를 다룬다. 저자는 돌봄이 개인의 책임을 넘어서 사회·정치적 공동의 책임으로 확장되어야 한다는 점에서 돌봄의 공공화를 강조하고 있으며, 지역 공동체와 협력하는 통합적 돌봄 모델의 필요성과 과제를 대표적 생활협동조합인 한살림의 돌봄 활동을 사례로 해서 소개하고 있다.

9장에서 정규호는 돌봄이 경제의 근간이고 경제활동 또한 돌봄을 통해 지속가능해진다는 점에서, '돌봄 경제'가 가진 의미와 전환적 역할을 집중해서 다룬다. 오늘날 시장경제 시스템이 돌봄의 위기를 초래한 데다 돌봄의 상품화와 상업화로 돌봄의 본질이 훼손되고 불평등이 심화되었다는 점에서, 저자는 '돌봄의 돌봄에 의한 돌봄을 위한 경제'를 통해 인간과 사회, 자연이 지속가능하게 공존할 수 있는 돌봄 중심의 경제 구조로의 전환을 강조한다.

10장에서 이나미는 돌봄이 윤리적 차원을 넘어 정치적 개념으로 확장해가는 과정에 주목했다. 아울러 돌봄 정치의 동서양 역사를 되돌아봄으로써 돌봄이 중심이 되는 정치의 미래상을 그려보고자 했다. 주요 내용으로는, 돌봄 정치가 어떻게 기존 이념 및 질서를 비판하고 대안을 제시하는지, 젠더정치와는 어떤 관계에 있는지, 기후위기 시대에 탈성장과 커먼즈를 지향하는 돌봄 가치는 무엇인지 고찰했다.

이처럼 10명의 저자들이 다루는 주제 영역은 다양한데, 이런 가운데서도 저자들 모두 '돌봄에 대한 전환적 인식'과 '돌봄의 전환적 역할'을 공통적으로 강조하고 있다. 돌봄의 영역을 자기 돌봄은 물론, 인간-비인간 관계로서 자연과 사물, 심지어 우주적 차원까지 확장하고, 사회 및 생태적 위기 해결과 문명 전환의 차원에서 돌봄의 의미와 역할을 찾고 있다.

저자들 사이에서 흐르는 이런 공통된 인식은 부록으로 "생명학은 돌봄을 어떻게 볼 것인가?"라는 주제의 집담회 내용에서도 확인된다. 연구회의 정체성으로 자리하는 생명학은 다양성, 관계성, 순환성, 창발성을 생명 인식의 특징으로 삼는다. 그만큼 돌봄의 범위와 역할을 확장해서 종합적으로 다루고, 생명 위기의 시대에 전환의 길을 찾는 데 있어 생명학과 돌봄의 관계는 긴밀할 수밖에 없다.

이 책의 필자들은 모두 오랫동안 돌봄 주제를 집중해서 연구하고 활동해왔다기보다는 생명학을 바탕으로 돌봄이란 주제에 새롭게 다가가려는 사람들이다. 그러다 보니 구체적 해법보다는 새로운 시선과 질문 성격의 글들이 많다. 전환의 시대를 맞아 익숙함으로부터 과감한 결별과 새로운 상상력이 요구되는 만큼, 이 책이 담고 있는 문제의식이 돌봄에 대한 논의를 보다 풍요롭게 하는데 작으나마 도움이 될 수 있기를 바란다.

2024년 12월
필자들을 대신하여 정규호

Homo Curans
호모 쿠란스,
돌보는 인간이 온다

제1부

Homo

curans

돌보는 인간이 온다

1장 모시는 사람, 호모 쿠란스(Homo Curans)

―돌봄 시대의 신인간학(新人間學)

박길수

프롤로그

"태초에 돌봄이 있었다."

이하의 글은 이 선언에 대한 후주이다. 천체 물리학에서는 태초에 빅뱅이 있었다고 말한다. 그러나 태초에 돌봄이 있었다.

오늘 우리 사회에서 '돌봄은 현실이다.' 시쳇말의 '결혼은 현실이다.'라고 하는 바로 그 현실. 누구에게는 살인(간병살인)으로 귀결되는 끔찍한 일상이고 고단하기 그지없는 하루이며, 누구에게는 인생의 미래를 갈아 넣는 일이며, 뜻밖의 공휴일 지정도 마뜩찮게 여기게 만드는, 그 현실이다.

동학의 2대 교주 해월 최시형(海月 崔時亨, 1827-1898)은 이렇게 말했다;

"사람이 집에 찾아오거든, '밥 먹었느냐'고 묻지 말고, 그저 밥상을 차려주라."

돌봄은 천 마디 말이 아니라 한 밥상이다. 밥이 곧 한울이라면, 한울이 곧 돌봄이다.

'태초에 돌봄이 있었다.'

1. 돌봄, 한울로서 한울을 모시는 사람

어느 날, 돌봄이 우리에게로 왔다. 살아 있는 모든 것(그리고 실은 모든 존재)은 돌봄 속에서, 돌봄을 주고받으며, 돌봄 덕분으로 살고, 있다. 그런데 왜 '어느 날 돌봄이 왔다'고 말하는가? 그 어느 날, 우리가 "돌봄!" 하고 간절하게 불렀기 때문이다. 우리가 그때 간절히 돌봄을 부른 까닭은 무엇인가? 돌봄에게 이상(異狀)이 생겼기 때문이다. 달리 말해, 돌봄이 아팠/프기 때문이다. 돌봄 공백, 돌봄 위기가 임계점을 넘어섰기 때문이다. "엄마도 엄마가 필요하다." "돌봄도 돌봄이 필요하다."는 말은 돌봄이 아프다는 것, 돌봄 공백과 위기의 다른 표현이다.

어느 날 이후, 금세 돌봄으로 가는 길이 다양해지고, 세분화되었다. 전통적으로 가족/내(內) 돌봄으로 퉁치던 데서, 자기돌봄 · 배려돌봄 · 정서돌봄 · 서로 돌봄으로 더 섬세하고 정교하고 내밀하게 되고, 돌봄교실 · 돌봄센터 · 돌봄정의(Caring Justice) · 지역돌봄 · 공공돌봄 등으로 제도화 · 공공화되고, 돌봄 경제 · 돌봄서비스 · 방문간호 등으로 시장화되고, 돌봄로봇 등과 같이 첨단 과학기술과 결합하며, 사물돌봄 · 기후돌봄 · 지구돌봄 같이 거시적인 차원으로 확장도 되었다. 마침내, 우리 시대에 돌봄은 단지 취약하거나 연약하거나 질병 상태인, 도움과 애정이 필요한 가족 구성원을 돌보는 문제로서가 아니라, 그리고 거의 전적으로 여성의 무임노동에 의존하는, 일상에 가려진 그림자 노동으로서가 아니라, 사회적(국가적) 측면과 생태적(지구적) 측면을 포괄하는 주제로서 논의와 정책, 제도(법) 등의 다방면에 걸쳐 다뤄지기 시작했다.

전통적인 대가족이 해체되고 핵가족이나 1인 가구가 보편화되는 흐름과, 고령화 추세에 따른 돌봄 수요 증대, 사회 구조 변화에 따른 돌봄 공백의 확장 등이 돌봄 이슈 확대의 근인(近因)이 된다. 그러나 원인(遠因)이자 근인(根因), 또는 좀 더 깊은 차원에서 보면 돌봄은, 코로나 팬데믹 이후 폭발적으로 가시화된 인류사의 변곡점, 즉 인류세(人類世, 人新世, Anthropocene)에 즈음한 인간관계의 재편, 그리고 전 지구적 기후위기에 즈음한 인간과 생태계 전체의 지속가능성과 관련된 주제로 확장된다. 인류세라는 말이 도입되는 순간, 돌봄 문제는 최소 80년(1945년-원폭)에서 300년(산업혁명), 길게는 1만 2000년 전 신석기 농업혁명의 때까지 망라하는 시대적 배경을 갖게 된다.

어느 시점(始點)을 취하든, 돌봄은 이제 한 개인과 가정을 넘어서는 문제일 뿐만 아니라, 일국 차원에서 돌봄과 관련된 제도(법)와 재정적 토대 등을 정비하고 강화하는 것은 물론, 세계적 차원에서 기후 재난과 지구상의 생물 대멸종 등의 과제 상황에 적극적으로 대처해야 하는 문제이며, 미래가 아닌 바로 지금-여기에서의 일임이 분명해진다. 그리고 인류세와 여섯 번째 대멸종과의 관련성 등을 생각할 때는, 30만 년 전 호모 사피엔스 출현 시기를 넘어 700만 년에 걸치는 전(前)인간 내지 전(全)인간의 시원(始原)과 근원(根源), 즉 '인간이란 무엇인가'라는 정체성 물음에 이어지는 주제가 된다. 이쯤 되면 사실 시간과 공간(지구)이라는 한계나 범위는 의미가 없다. '지구적 시간'과 '우주적 시간'은 구분할 수 없게 결부되어 있다고 해도 틀린 말은 아니기 때문이다. 이로써 드디어 돌봄학(Careology)과 돌봄의 인간학(Anthropology of Care)이 탄생할 조건이 갖춰졌다.

다시 지상으로 돌아와 보자. 인류세(Anthropocene)라는 말은 인간이 지구 행성(planet)의 일부가 아니라 그것을 약탈하고 파괴하는 포악한 지배적 우점종으로 군림해 왔다는 것을 지시한다. 자연뿐만 아니라 어느덧 우주까지도 '정복'하겠다고 나서는 인간들로 말미암아 우주인류세

(Anthrocosmos)도 함께 진행중이다. 그러나 인류세라는 말의 참된 의미는 한편으로 인류의 무도함이 드러나자마 자연의 반격 앞에 그 취약함을 여지없이 드러내고 마는, 천생 자연(지구) 속에 깃든 인간의 모습을 여실히 보여준다는 데 있다. 인간이 훼손한 자연의 반대편에서는 인간이 만들어 낸 AI나 로봇이 등장하고, 행위자 연결망 이론(actor-network theory; ANT)이나 신유물론(New Materialism)으로서 기술, 실천, 또는 신체의 물리적 물질성이 폭발적으로 자기 존재를 발언하는 흐름 등과 맞물려 인간은 자연과 세계(文明) 양쪽으로부터 그 정체성과 지속가능성을 위협받는 처지에 놓이게 되었다. 그러므로 우리는 다시 '도대체 인간이란 무엇인가'를 묻지 않을 수 없게 되었다. 문제의 첫 글자부터 다시 읽어서, '문제를 알아야 답을 안다'는 진리에 기대어, 오늘 우리가 직면한 위기를 극복할 지혜를 얻기 위해서이다.

그런 점에서 돌봄학은 무엇보다 먼저 인간을 다루지 않을 수 없다. 지금 전 세계적으로 '돌봄, care' 문제에 깊은 관심을 가지고, 또 그 문제가 곧 "죽느냐, 사느냐" 여부가 달린 대표적인 생물종이 인간이라는 의미이다. 그래서 '돌봄의 인간학'이다. 이 글은 돌봄 문제에 사활적 관심을 기울이는, 자기돌봄-타자돌봄, 지구돌봄-기후돌봄의 주체로서의 '돌보는 인간'을 다룬다. 다시 말해, 선천적 인간(Homo Sapiens와 그 이전)과 근대적 인간(Homo Cogitans, 이성적 인간-필자), 현대적 인간(Homo Economicus)의 해체-죽음 이후(post-modern)의 신인간(新人間)으로서의 '돌보는 인간(Homo Curans)'을 재발명하는 것을 목표로 한다.

산의 정상으로 오르는 길은 여러 갈래이며, 어느 길을 택해도 모두 일리(一理)는 있을 터이나, 이 글은 그중에서도 동학(東學)의 경로를 택한다. 다시 말해 '돌보는 인간이 곧 모시는 사람(侍天主人)'임을 말하고자 한다. 좀 더 의미 있는 이유도 있다. 우리가 오늘 논의해야 할 돌봄의 실상은 인류세(人類世)라고 하는 인류문명과 지구문명의 대전환이라는 두 곡선이 중첩되는 변곡점에 관한 것이므로, 일찍이 '오만년 운수'와 '다시개벽'을 선언한 동학의 비전은, 다른 모든 경로를 통섭하고 포월하는, 우리 시대 최선의 돌봄의 지혜를 제시해 줄 수도 있다는 기대가 그것이다.

2. 모시는 것은 섬기는 것이다

태초에 돌봄이 있었다. 오늘 나를 위시한 우주만물은 모두 돌봄의 산물(産物)일 뿐만 아니라, 지금도 돌봄 안에서 살아 있다. 여기서 존재는 있음[存在]과 살아 있음[生存], 그리고 살아가고 있음[生活]을 포괄한다. 사람은 돌봄 없이 생겨날 수도 없고, 살아갈 수도 없다. 나는 돌봄에서 나서 돌봄 속에서 살다가 돌봄 속으로 돌아간다. 나=사람뿐만 아니라, 만물이 돌봄 속에서 '있다-존재한다'.

태초에 돌봄이 있었으므로 천지 안에 돌봄이 있는 것이 아니라 돌봄 안에 천지가 있다. 동학에서는 '태초는 한울님으로부터 시작된다'고 말한다;

> 운용의 맨 처음 기점을 나[我]라고 말하는 것이니, 나의 기점(起點)은 성천(性天)의 기인한 바요, 성천의 근본은 천지가 갈리기 전에 시작하여 이때에 억억만년이 나로부터 시작되었고, 나로부터 천지가 없어질 때까지 이때에 억억만년이 또한 나에게 이르러 끝나는 것이니라.(『의암성사법설』「무체법경」)

여기서는 태초(太初)를 '운용의 맨 처음 기점'이라고 하였고, 그것을 '나[我]'라고 일컫는다고 하였다. 그 '나'는 성천(性天) 즉 '한울님'으로부터 기인한다. "태초는 한울님으로부터 시작된다. 그 한울님이 곧 나다."라는 말이다. 이것이 인내천(人乃天)이라는 말의 사실적 근거가 된다.

'태초에 돌봄이 있었다'는 말과 '태초(운동의 맨 처음 기점)는 한울님으로부터 시작된다'는 말에서 "한울님이 곧 돌봄"이라는 것, 그리고 인내천이라는 말에서 "나는 곧 돌봄의 존재"라는 사실이 드러난다. 그러므로 "나는 돌본다, 그러므로 나는 있다"고 말할 수 있게 된다.

한울님(하늘님, 하느님 = 天主)은 어떤 존재인가. 동학에서 한울님은 '시천주(侍天主)'로 말해진다. '모신 한울님' 또는 '한울님을 모심'이다. 이 말은 수운이 한울님에게서 받은 계시에 따라 지은 동학의 21자 주문을 직접 해설하는 가운데 처음 등장한다.

> 「시」라는 것은 안에 신령이 있고[內有神靈] 밖에 기화가 있어[外有氣化] 온 세상 사람이 각각 알아서 옮기지 않는 것[一世之人 各知不移者]이요, 「주」라는 것은 존칭해서 부모와 더불어 같이 섬긴다는 것[與父母同事者]이요….(『동경대전』「논학문」)

우선 눈여겨볼 것은, 시천주(侍天主)라는 대목을 해설하며 핵심이라고 여겨지는 '한울[天]'에 대한 해석이 빠져 있다는 것이다. 이는 '시, 모심'과 '주, 님'에 대한 이해를 도모하는 가운데 그 비밀이 서서히 드러날 것이다. 수운의 해설에서 모심[侍]은 세 개의 계기가 고리를 이루고 있다. 안으로 신령이 있음, 밖으로 기화가 있음, 온 세상 사람이 각각 알아서 옮기지 않음이 그것이다. 여기서 안과 밖은 사람의 몸을 기준으로 하는 것처럼 보인다.

네 몸에 모셨으니 사근취원(捨近取遠) 하단 말가.(『용담유사』「교훈가」)

그러나 여기서 '안과 밖'은 공간적 구분보다도 오히려 한울님의 가시성(可視性)과 비가시성(非可視性)의 관계를 은유(隱喩)한다.

신사 말씀하시기를 「너희들은 매번 식고할 때에 한울님 감응하시는 정을 본 때가 있느냐.」 김연국이 대답하기를 「보지 못하였습니다.」 신사 말씀하시기를 「그러면 한울님께서 감응하시지 않는 정은 혹 본 일이 있느냐. 사람은 다 모신 한울님의 영기로 사는 것이니, 사람의 먹고 싶어 하는 생각이 곧 한울님이 감응하시는 마음이요, 먹고 싶은 기운이 곧 한울님이 감응하시는 기운이요, 사람이 맛나게 먹는 것이 이것이 한울님이 감응하시는 정이요, 사람이 먹고 싶은 생각이 없는 것이 바로 한울님이 감응하시지 않는 이치니라. 사람이 모신 한울님의 영기가 있으면 산 것이요, 그렇지 아니하면 죽은 것이니라. 죽은 사람 입에 한 숟갈 밥을 드리고 기다려도 능히 한알 밥이라도 먹지 못하는 것이니 이는 한울님이 이미 사람의 몸 안에서 떠난 것이니라. 그러므로 능히 먹을 생각과 먹을 기운을 내지 못하는 것이니, 이것은 한울님이 능히 감응하시지 않는 이치니라.」(『해월신사법설』「향아설위」)

기연(其然)과 불연(不然)의 관계를 제유(提喩)한다.

무릇 이와 같은 즉 불연은 알지 못하므로 불연을 말하지 못하고, 기연은 알 수 있으므로 이에 기연을 믿는 것이라. 이에 그 끝을 헤아리고 그 근본을 캐어본 즉 만물이 만물되고 이치가 이치된 큰 일이 얼마나 먼 것이냐. (중략) 이러므로 기필키 어려운 것은 불연이요, 판단하기 쉬운 것은 기연이니라.(『동경대전』「불연기연」)

　무엇보다 내유신령과 외유기화는 관계적이며 상호의존적인 개념이다. 돌봄이 (인간)존재의 상호의존성과 관계성으로부터 유래하는 것과 같은 것이다. 여기서 안팎은 절대적인 구분이 아니라 모심의 영성(靈性)을 내유신령이라고 모심의 관계성과 상호의존성을 외유기화라 하는 것이다. 신령은 기화로서 드러나며, 기화는 신령이 운용하는 방식이다. 신령(神靈)이 없으면 기화가 일어날[生] 길이 없고, 기화(氣化)가 아니면 신령이 드러날[成] 길이 없는 것이다. 일세지인 각지불이는 신령과 기화의 이러한 상호의존성과 관계성을 지각(知覺)하여 서로 어긋나지 않게 됨, 또는 그렇게 되도록 함을 의미한다. 해월은 기화를 동질적 기화와 이질적 기화로 나누어 설명하면서, 서로 돌봄의 이치를 묘파하였다.

　　만일 한울 전체로 본다면 한울이 한울 전체를 키우기 위하여 같은 바탕이 된 자는 서로 도와줌으로써 서로 기운이 화함을 이루게 하고, 다른 바탕이 된 자는 한울로써 한울을 먹는 것으로써 서로 기운이 화함을 통하게 하는 것이니, 그러므로 한울은 한쪽 편에서 동질적 기화로 종속을 기르게 하고 한쪽 편에서 이질적 기화로써 종속과 종속의 서로 연결된 성장 발전을 도모하는 것이니, 합하여 말하면 한울로써 한울을 먹는 것은 곧 한울의 기화작용으로 볼 수 있는데, 대신사(수운 최제우-필자주)께서 모실 시자의 뜻을 풀어 밝히실 때에 안에 신령이 있다함은 한울을 이름이요, 밖에 기화가 있다함은 한울로써 한울을 먹는 것을 말씀한 것이니 지극히 묘한 천지의 묘법이 도무지 기운이 화하는데 있느니라.(『해월신사법설』「이천식천」)

다음으로 주(主)는 인간이 모심을 이해하고 실행하는 계기를 제공한다. 주, 즉 님은 '부모와 더불어 같이 섬긴다는 뜻'이라고 했다. '섬긴다(事)'는 말은 우리말에서, 특히 부모님을 섬기는 경우에는 모신다는 말과 같은 뜻으로 혼용된다. '부모님을 (편안한 자리에) 모신다'는 표현이 그것이다. 그런데 '동사(同事)'의 '동(同)'은 부모님이 곧 한울님의 현신(現身)임을 지시한다. 이 뜻을 해월 선생은 직접적으로 해설한다.

> 천지는 곧 부모요 부모는 곧 천지니, 천지부모는 일체니라[天地卽父母 父母卽天地 天地父母一體也]. (중략) 하늘과 땅이 덮고 실었으니 덕이 아니고 무엇이며, 해와 달이 비치었으니 은혜가 아니고 무엇이며, 만물이 화해 낳으니 천지이기의 조화가 아니고 무엇인가. 천지는 만물의 아버지요 어머니이니라[天地萬物之父母也]. 그러므로 경(동경대전, 논학문 - 필자주)에 이르기를 「님이란 것은 존칭하여 부모와 더불어 같이 섬기는 것이라」하시고 (중략) 천지가 부모임을 알지 못하면 억조창생이 누가 능히 부모에게 효도하고 봉양하는 도로써 공경스럽게 천지를 받들 것인가. (『해월신사법설』 「천지부모」)

여기서 천지, 즉 한울님이 곧 부모라는 것과, 섬긴다는 말이 곧 '돌봄'의 의미라는 점이 드러난다.* 오늘날은 주로 간병이나 부양의 형태로, 그리고

---

* 여기서 '사(事)'는 곧 주(主)를 해석할 때 나온 부모동사(父母同事)의 그 사(事)임이 분명하다. 동학교단(천도교)에서는 사인여천을 '사인여사천(事人如事天)'으로 풀이해 온 것이 이를 반증한다. 그러므로 사인여천은 곧 사인여부모(事人如父母)이며, 시인여천(侍人如天)고도 말할 수 있다. 당연히 시천주(侍天主) 역시 사천주(事天主)로 풀어서 해석해 보면, 그 의미를 더 잘 이해할 수 있다. 또한 뒤에서 살펴볼 해월의 삼경(三敬), 즉 경천(敬天), 경인(敬人), 경물(敬物) 역시 사천(事天), 사인(事人), 사물(事物: 물건을 섬김, 모심)로 풀어서 이해할 수 있다.

전통적으로는 효(孝)의 형태로 우리는 부모를 모시고, 돌본다. 자식이 부모를 돌보는 일은 1차적으로 부모가 자식을 돌보아 준 데 대한 보답의 성격을 띤다. 서로 돌봄이다. 동학에서는 이것을 '반포지효(反哺之孝)'와 '제비의 지혜[玄鳥之知]'로 비유해서 말한다.

> 까마귀 새끼가 도로 먹임[反哺]이여 저것도 또한 효도와 공경을 알고, 제비가 주인을 앎[玄鳥之知]이여 가난해도 또 돌아오고 가난해도 또 돌아오도다.(『동경대전』「불연기연」)

반포지효는 동물의 세계만을 우선 묘사하지만, 현조지지는 사람과 동물(자연) 사이의 서로 돌봄이 확장된 세계관을 보여준다. 부모가 자식을 돌보는 것, 그리고 그 자식이 부모를 돌보는 것은 '돌봄'의 원형이다. 인간이 인간의 정체성을 획득하게 되는 그 시간부터 인간의 '있음(존재, 생존, 생활)'을 가능케 한 근본 행위가 곧 돌봄이다. 동학사상의 정수(精髓)라고 하는 모심이란 곧 '돌봄'의 철학적 존재론적 의미를 드러내는 말이다.

나아가 서로 돌봄은 이처럼 계시적(繼時的)으로만 이루어지는 것이 아니라 공시적(共時的)으로도 이루어진다. 예컨대 유아를 돌보는 돌봄 노동에 시달리는 부모가 아이가 보내는 미소로부터 무한한 기쁨을 느끼는 순간을 떠올려 보라. 또 서로 돌봄의 사회적 확장의 일단은 수운이 가르침을 펴던 용담의 동학공동체에서 유무상자(有無相資) 형태로 구현되었다. 이는 당대 유학자들이 동학을 불온시(不穩視)하는 핵심 근거 중 하나로도 작용하였고, 멀리 동학농민혁명 시대에 마당포덕이 일어나게 된 요인의 하나이기도 했다. 이러한 서로 돌봄(모심)이 겉으로 드러나는 것이 동학의 맞절 문화이다. 동학도인은 원칙적으로 서로 맞절(큰절)을 하고, 서로 존대

(말)함으로써 모시는(돌보는) 마음을 의례(儀禮)로서 표현하였다. 양반과 상놈이 서로 맞절하고 존대말을 썼다. 이 또한 당시 양반들로서는 강상(綱常)의 법도를 어기는 흉악한 일이었다.

동학에서는 '우리가 있음'의 근거를 바로 이 부모-자식의 되먹임 관계로부터 도출한다.

> 노래하기를… 천고의 만물이여, 각각 이룸이 있고 각각 형상이 있도다. (중략) 나의 나 된 것을 생각하면 부모가 이에 계시고, 뒤에 뒤 될 것을 생각하면 자손이 저기 있도다. 오는 세상에 견주면 이치가 나의 나 된 것을 생각함에 다름이 없고, 지난 세상에서 찾으면 의심컨대 사람으로서 사람 된 것을 분간키 어렵도다.(『동경대전』「불연기연」)

내가 지금 여기에 (생겨나서, 살아)있는 근거는 부모, 즉 (부모의) 돌봄 덕분이요, 내가 지금 여기에 살아서 활동하고(생활) 있는 이유도 자손, 즉 (자손) 돌봄을 하기 위해서이다. 그러므로 "나는 돌본다, 그러므로 나는 있다"고 말할 수 있다. 여기서 수운이 군이 해설하지 않았던 '천(天)'의 의미의 일단이 드러난다. 즉 한울님은 모심, 즉 돌봄으로써 존재하고, 돌봄-모심이 사라지면 부재하는 존재이다. 즉 돌봄-모심과 합일된 통일체(統一體)이자 동일체(同一體)이며, 얽혀 있다. '천'은 '실존(實存)' 즉 '존재하는 것(存在者, existence, being)'이 아니라 '섬김-돌봄-모심'으로 말미암아 있어지는, 모시면(섬기면, 돌(아)보면) 있고 모시지 않으면 없는, "존재(存在)하는(existing, being-ing)' 존재"라는 사실을 역설적으로 말해주고 있다. 따라서 모심의 궁극적 원형적 의미 결은 명사나 정태(靜態)가 아니라 동사나 생동태(生動態)

라고 말할 수 있다.*

3. 돌보다, 섬기다, 공경하다, 효도하다

동학의 돌봄학은 여기서 만개(滿開)하는 방향으로 나아간다. 돌봄으로
서의 섬김을 좀 더 명백하게 드러내는 말은 사인여천(事人如天)이라는 말
이다. 사람 돌봄은 한울님 돌봄(모심)을 하는 것처럼 하는 것이라는 말이
다.

> 사람이 바로 한울이니 사람 섬기기를 한울같이 하라.(人是天 事人如天)(『해월
> 신사법설』「대인접물」)

해월의 이「대인접물」법설은 '돌봄학 경전'의 '입문편'이라고 해도 좋을
만큼 구체적인 돌봄의 덕목을 열거하고 있다.** 대표적인 돌봄 노동인 옷

---

* '생동태'는 필자의 조어. 수운이 이러한 정도의 설명조차도 하지 않은 까닭은 천(天)
은 언어라는 그물로는 잡을 수 없는 바닷물과 같은 것이기 때문이다. 그물에 담으려
면 물고기처럼 고형화(固形化)하지 않으면 안 되는바, 그것은 한울님의 그림자도 되
지 못하기 때문이다. '동사로서의 모심' '실체화할 수 없는 한울님'은 '과정철학자' 알
프레드 노스 화이트헤드(Alfred NorthWhitehead, 1861~1947)가 실재를 불변의 실체
substance가 아니라 변하는 과정process으로 이해한 것을 떠올리게 한다. 돌봄-모심 철
학에서 존재(存在)는, '있음'의 의미로 이는 '있음[存在]과 살아 있음[生存], 살아가고 있음
[生活]'의 세 층위를 포괄하는 말이다. 다시 말해 '존재'라는 말은 형태상으로는 명사(
名詞)이지만, 실은 '있음'으로서, 의미상으로 동사(動詞)이자 형용사(形容詞)이다. '한
울[天]' 역시 명사로는 붙잡히지 않는다. '동사'로서의 한울[天]에 대해서는 조성환, 『한
국의 철학자들』참조.
** 동학(東學)은 곧 돌봄학이고, 그런 점에서 동학경전('천도교경전')은 곧 돌봄학 사전(

만들기에 종사하는 며느리가 곧 한울님이며 그의 노동이 곧 한울님의 노동이라는 '베 짜는 한울님' 이야기, 어린아이도 한울님을 모셨으니 때리지 말라는 이야기를 비롯하여 악을 말하지 않고 선을 드러냄[隱惡揚善], 다른 사람의 잘못을 직접 말하지 않음[非人勿直], 나를 먼저 바르게 하고 사람들과 융화함[正己和人], 진실한 마음으로 사람을 사귐, 어른과 아이라도 스승으로 대함 등이 그것이다. 해월은 또 「대인접물」 법설에서 '섬김'의 대상을 인간(人間, human)을 넘어 만물로 확장한다.

> 만물이 시천주 아님이 없으니 능히 이 이치를 알면 살생은 금치 아니해도 자연히 금해지리라. 제비의 알을 깨치지 아니한 뒤에라야 봉황이 와서 거동하고, 초목의 싹을 꺾지 아니한 뒤에라야 산림이 무성하리라. 손수 꽃가지를 꺾으면 그 열매를 따지 못 할 것이오, 폐물을 버리면 부자가 될 수 없느니라. 날짐승 삼천도 각각 그 종류가 있고 털벌레 삼천도 각각 그 목숨이 있으니, 물건을 공경하면 덕이 만방에 미치리라.(『해월신사법설』「대인접물」)

이는 돌봄이 인간과 인간 사이의 윤리만이 아니라 인간과 만물, 만물 상호간의 존재 원리이기도 함을 웅변한다. 그런 관점에서 해월의 법설 「삼경(三敬)」이 돌봄의 덕목으로 재인식된다. 삼경이란 경천(敬天), 경인(敬人), 경물(敬物)로서, 한울님을 공경함(돌봄)은 사람을 공경(돌봄)하는 것으로만 실천될 수 있으며, 최종적으로는 사물(事物, 萬物)을 공경(恭敬)함에 의해 경천과 경인이 완성된다는 뜻을 담고 있다.

辭典)이자, 경전(經典)이라고 할 수 있다.

사람은 첫째로 한울을 공경하지 아니치 못할지니, … 왜 그러냐 하면 한울
은 진리의 중심을 잡은 것이므로써이다. … 둘째는 사람을 공경함이니 한
울을 공경함은 사람을 공경하는 행위에 의지하여 사실로 그 효과가 나타
나는 것이니라. … 셋째는 물건을 공경함이니 사람은 사람을 공경함으로
써 도덕의 최고경지가 되지 못하고, 나아가 물건을 공경함에까지 이르러
야 천지기화의 덕에 합일될 수 있느니라.(『해월신사법설』「삼경」)

경물(敬物)은 사물돌봄을 의미하며, 사물[萬物], 곧 비인간 존재 전체의
돌봄을 말하는 것이다. 여기서 경(敬)의 주체는 1차적으로 인간(人間)이지
만, 이는 일방향적인 것이 아니라 상호 침투하는 것이다. 즉 한울이 사람
과 물건을 공경하고, 사물 또한 한울과 사람을 공경한다는 의미이다. 여기
서 돌봄의 지구적(우주적) 차원, 태초에 돌봄이 있었다는 보편성, 편만성이
드러난다.
이런 맥락에서 동학의 경전('천도교경전') 첫머리는 기후돌봄*에 관하여
말하면서, 인간이 기후 의존적 존재임을 설파한다.

저 옛적부터 봄과 가을이 갈아들고 사시가 성하고 쇠함이 옮기지도 아니
하고 바뀌지도 아니하니 이 또한 한울님 조화의 자취가 천하에 뚜렷한 것
이로되, 세상 사람들은 비와 이슬의 혜택을 알지 못하고 무위이화(無爲而
化)로 알더니….(『동경대전』「포덕문」)

---

* 여기서 기후돌봄은 '인간이 기후를 돌본다'는 의미가 아니라 기후가 인간을 돌본다'는
뜻이다.

이 구절은 그동안 '한울님 조화의 자취'로서의 '사시성쇠' 질서[天理]의 정연함과 항상성, 그리고 무위이화로 주어지는 비와 이슬의 혜택, 즉 천덕(天德)의 무궁(無窮)함을 지시하는 의미로 이해되어 왔다. 그러나 인류세에 즈음하여 다시 읽기를 시도하면, 이 말은 인간이 기후의 돌봄 속에 살아가고 있다는 점을 지시하는 말임을 알 수 있다. 여기서 기후[四時]는 곧 한울님 혹은 한울님 조화의 현상적 측면을 의미한다. 기후 이면에 한울님이 있으나, 한울님의 전면에 있는 것은 기후다. 동학은 현상즉실재(現象卽實在)의 관점을 취한다는 면에서 보면, 조화의 자취로서의 기후와 조화의 주체로서의 한울님은 불일불이(不一不二)한 관계임을 보여준다.

수운은 왜 하필 기후 이야기로서 한울님 조화를 말하는가? 인간은 30만 년 전에 호모 사피엔스로 현생 인류의 역사를 개시하였지만, 겨우 1만 년 전에야 농경을 시작함으로써, 이른바 '문명한' 존재가 될 수 있었다. 그리고 그것은 그때 특별한 지혜의 창발이 일어나서가 아니라 단지 빙하기가 끝나고 간빙기(間氷期; 45억 년 지구 역사에서 빙하기와 빙하기 사이 기후가 온난한 시기)가 된, 기후 변화 덕분이다. 다시 말해 인간이 오늘날의 문명한 존재가 된 것은 '기후의 돌봄' 덕분이다. 한반도를 기반으로 한 이른바 '한민족'도 상고시대에 아시아 중서부 지대에서 해 뜨는 곳[東方], 즉 따뜻한 지역을 좇아 동진(東進)해 오면서 형성되었다고 알려져 있다. 기후가 한민족 형성의 필요조건인 셈이다.

그러나, 동학적 돌봄의 최고 덕목은 역시 효(孝)라고 할 수 있다. 앞서 부모 - 자식 - 자손의 관계 속에서 서로 돌봄의 존재(생존, 생활)론적인 의미를 언급하였거니와 부모(노인)돌봄으로서의 효(孝)는 일방향적인 것이 아니라 상호성(相互性), 즉 서로 돌봄의 그것임을 다음과 같이 설파한다;

부모의 포태가 곧 천지의 포태니, 사람이 어렸을 때에 그 어머니 젖을 빠는 것은 곧 천지의 젖이요, 자라서 오곡을 먹는 것은 또한 천지의 젖이니라. 어려서 먹는 것이 어머님의 젖이 아니고 무엇이며, 자라서 먹는 것이 천지의 곡식이 아니고 무엇인가. 젖과 곡식은 다 이것이 천지의 녹이니라. 사람이 천지의 녹인 줄을 알면 반드시 식고(食告)하는 이치를 알 것이요, 어머님의 젖으로 자란 줄을 알면 반드시 효도로 봉양할 마음이 생길 것이니라. 식고는 반포의 이치요 은덕을 갚는 도리이니, 음식을 대하면 반드시 천지에 고하여 그 은덕을 잊지 않는 것이 근본이 되느니라.(『해월신사법설』「천지부모」)

여기서 효(孝, 食告)는 인간 차원의 문제가 아니라 인간과 한울님, 즉 천지 자연과의 관계 맺음, 바로 돌봄의 다른 이름임을 알 수 있다.

4. 돌봄의 인간학 : 호모 카렌스에서 호모 쿠란스로

오늘 우리 시대에 돌봄은 인간의 취약성, 사회적 돌봄의 공백 등 부족과 결여로부터 유래하는 것으로 이해되곤 한다; "돌봄은 보살핌과 보호와 감독을 받을 필요, 그러면서도 보존될 필요를 함축한다. 이 필요가 요구되는 상태가 바로 취약함이다. 모든 돌봄 행위는 돌봄 대상의 속성인 이러한 취약함에서 촉발된다. 어떤 자가 취약한 자이기에, 비로소 그를 돌볼 필요와 돌보는 행동이 발생한다. 또한 어떤 자의 취약함은 곧 타자에게 의존해야만 비로소 자기 보호와 존속이 가능한 상태를 함의한다. 문제는 취약함 또는 의존이 필요한 상태가 '생물, 삶, 살아 있음[life, living]의 기본 면모라는 것이다."(신지혜 한윤정 외, 2024, 12-13); "'돌봄'이란 스스로 자기 자신을 돌볼 수 없는 사람을 돌보는 행위로서, 환자, 노인, 어린이를 돌보는 행위와 행위를 강제하는 개인, 가족, 사회, 국가 간의 관계를 의미한다."(Daly, 2002: 252) 이러한 의미에서 보면, 인간은 호모 카렌스(Homo Carens),* 즉 돌봄을 필요로 하고, 그로 말미암아 근심과 걱정을 야기하는 존재이다. 돌봄을 소외하고 배제하면서 돌봄에 대한 인간의 역할 또한 제한시켜 온 현실에서 돌봄에 대한 인간의 적극적 역할을 강조하는 호모 카렌스의 의미는 크다. Homo Carens(호모 카렌스)는 돌봄을 뜻하는 영어 'care(돌봄, 보살핌, 걱정, 배려)'를 기반으로 조어를 한 것인데 서구권에서 이는 '부족한, 모자라는, 병든, 그래서 돌봄을 필요로 하는 사람'의 의미를 강하게 함의한다. 우리는 절대돌봄을 필요로 하는 신생아, 유아기를 거쳐 자기돌봄-서로 돌봄의 인생을 살다가, 다시 절대돌봄을 필요로 하는 '말년기'**를 거쳐 환원하

---

* 인류학적으로 현생인류(現生人類)인 '호모 사피엔스(Homo Sapiens)'는 다양 다종의 역대 인류(유인원 포함) 가운데 약 30만 년 전에 출현하여 오늘날 전 지구 생태계의 지배 우점종이 되었다. 이 말은 1785년에 칼 폰 린네가 고안하여 제안하였다. 현생인류의 가장 큰 특징을 '생각함, 지혜로움'으로 꼽은 것이다. 그 이후에도 다양한 방식으로 인간의 속성을 지칭하는 인간 규정이 있어 왔다. 가장 최근에는 신적 인간(神的人間)을 뜻하는 '호모데우스'(Homo Deus)라는 말을 유발 하라리(Yuval Noah Harari, 1976~)가 제안한 바 있다. '놀이하는 인간'은 호모 루덴스(Homo Ludens), 100세 시대를 살아가는 인간은 호모 헌드레드(Homo Hundred)이다. 그 밖에 공감하고 공생하는 인간 호모 심비우스(Homo Symbiosis), 인공지능을 장착한 인간 호모 인텔리쿠스(Homo-Intellicus) 등, 수백 종의 인간(Homo)'들'이 존재한다. 이들 모두 인간사회 또는 사회에서의 인간의 특성을 설명하는 공적/사적 개념[造語]들이다. 현재 필자가 수집하며 정리하는 중이다.

** 이 글에서 필자는 전체 '노후기'(65세 이후)를 '노장기'(75세까지)와 '노인기'(90세까지) '말년기'(90세 이후)로 구분하고, 노장기는 사회생활('n'번째 직업을 갖고 생산활동에 참여)을 지속하는 시기, 노인기는 어느 정도 자립적 사회생활이 가능한 시기, 말년기는 주로 가정에 머물거나 절대돌봄을 필요로 하는 시기로 보았다.

기 때문이다.

하지만 이것으로는 한계가 있다는 것이 필자의 생각이다. 무엇보다 호모 카렌스라는 말은 인간에 대한 통전적(通全的) 이해가 아니라, 돌봄을 필요로 하는 군상(群像)으로 한정되고, 정상인과 비정상인을 갈라 치고, 돌봄을 '시혜'로 간주하는 국가주의의 포로가 되기 십상이다. 이러한 구조 인식을 극복하지 못하면, 우리는 결국 돌봄의 노예가 되거나, 돌봄에 시달리며 살아갈 수밖에 없다. 고령화와 인구감소 그리고 돌봄 요구의 증대라는 삼각파도에 휩쓸려 파산할 수밖에 없다. 무엇보다 그 삼각파도 뒤를 따라오는 초거대 해일, 즉 기후위기와 그것을 낳은 인류세적 상황에 대하여 속수무책일 수밖에 없게 된다. 여기서, '모심으로서의 돌봄'과 '돌보는 사람은 모시는 사람이다'라는 돌봄 개념, 신인간 정체성의 다시개벽의 긴요함이 드러난다.

모심으로서의 돌봄을 생각하면, 돌봄은 '취약함에서 촉발'되는 것이 아니라 '신성성(神聖性)에서 발명(發明)'되는 것이다. '어떤 자가 취약한 자이기에, 비로소 그를 돌볼 필요와 돌보는 행동이 발생'하는 것이 아니라, '어떤 자가 한울님이기에 그를 돌볼 마음과 기운[행동]이 발생'하는 것이다. 모심으로서의 돌봄은 '내유신령이 외유기화하는 것'이며 '외유기화로서 내유신령을 드러내는 것'이다. 즉 돌봄은 한울님이 한울님이 되도록 하는, 돌봄으로써 돌봄 대상자의 '한울님임'을 확인하고, 확정하고, 확립하는 것이다. 돌보는 인간은 곧 모시는 사람이고, 모시는 사람은 곧 돌보는 인간이다. 이러한 의미를 지시하는 말로 제안할 수 있는 말이 호모 쿠란스(Homo Curans, 돌보는 사람, 모시는 사람)*이다. 호모 쿠란스는 '인간(Homo)'

---

* '돌보는 사람들'이라는 복수형은 Homines Curans, 호미닌 쿠란스가 된다. 필자가 대

에 '돌봄, 관심, 걱정'을 의미하는 라틴어 '쿠라(Cura)'를 결합한 말로서, 독일 〈글로벌 및 지역 연구소〉에서 간행된 아리엘 마카스팍 에르난데스의 저서 『돌봄의 회복 - 인류 번영과 지속가능성 변화를 위한 비전으로서의 호모 쿠란스』(2024.8)가 제시하는 개념이 참고가 된다.(Ariel Macaspac Hernandez, 2024)[*]

에르난데스는 돌봄(Care)을 인간 존재의 핵심으로 보고, 현대 사회의 정치, 경제, 기술, 종교, 교육 등의 제도를 돌봄 중심으로 재구상해야 한다고 주장한다. 여기서 호모 쿠란스(Homo Curans)는 인간이 자기 자신뿐만 아니라 타인, 사회, 자연을 돌보는 존재라는 점을 강조하는 개념이다. 이러한 돌봄 개념은 지속가능한 사회를 이루기 위한 필수적인 가치 체계로, 이때 인간(호모 쿠란스)은 합리적인 이성적(실은 '자기 이익의 극대화'를 위한 최선의 경로를 찾아가는-필자 주) 존재[Homo Cogitans-필자 주]나 성장에 치중하는 경제적 존재[Homo Economicus]가 아니라 연대와 책임감을 기반으로 한 사회적 전환을 촉진하는 인간이다. 이러한 돌봄을 통해 인간이 자신의 존재 이유를 찾고, 사회적 연대와 협력을 통해 더 공정한 세계를 구축할 수 있다는 낙관적 전망을 할 수 있게 된다. 호모 쿠란스는 단순히 개인적인 돌봄을 넘어 생태계와 지구 전체를 돌보는 존재로서, 현대의 개인주의적이고

표로 있는 '도서출판 모시는사람들' 영어 표기이기도 하다.

[*] 필자가 이 글을 쓰기 위해 2024년 10월에 인터넷을 검색하여 찾아낸 자료이다. 이 자료에 의거하여 '돌보는 인간(Homo Curans)'의 개념을 풍부하게 이해하기 전에 이미 "돌봄=모심/모심으로서의 돌봄"의 개념을 기반으로 천도교의 기관지 『신인간』 9월호에 발표하였고, 같은 주제로 설교(2024.9.15., 천도교중앙대교당)도 한 바 있다. 이 과정에서 Homo Carens와 Homo Curans의 의미, 뉘앙스의 차이를, 최근에 일본과 한국을 오가며 공공(하는)철학을 설파하는 김태창 선생님으로부터 가르침을 받았다. 이 지면을 빌려 감사의 뜻을 표한다.

분열된 사회를 넘어서는 새로운 사회적, 윤리적, 생태적 상상력을 요구한다. 당면한 인류사적 과제인 기후 정책 역시 돌봄을 중심으로 재편해야 한다. 돌봄은 인간의 번영을 위해 필수적이며, 경제 성장이나 물질적 성공보다 관계, 공감, 그리고 인간 본성에 대한 깊은 이해를 기반으로 한 비물질적 활동이 더 중요하다고 강조한다.* 그 밖에 이를 표제어로 한 단행본(스페인, 2022)도 찾아지지만** 국내에서는 '복지사회에서 돌봄의 수혜자'라는 의미로, 제한적으로 쓰인다.(강충경, 2021) 필자는 이러한 의미에 더하여, 돌봄-돌보는 인간의 개념을 인류와 생명은 물론 거대사(巨大史, Big-History)의 관점에서 재발명(再-發明)하자고 제안하는 것이다.

'모시는 사람으로서의 돌보는 사람' 호모 쿠란스는, 인생의 과정에서 필수불가결한 돌봄만이 아니라, 존재의 근거로서의 의미까지를 지시하는 말이다. 인간 간의 돌봄만이 아니라, 만물의 만물에 대한 만물을 위한 돌봄을 지칭하는 말이다. 모심으로서의 돌봄은 현실적으로 돌봄을 필요로 하는 상황에서 돌봄을 베푸는 것이 아니라, 인간을 비롯한 모든 존재가 '돌봄을 주고받는' 존재이고, 그렇게 '돌봄을 주고받음으로써 존재한다'는 의미를 지시하므로, Homo Curans(호모 쿠란스)라는 말이 적실하다 할 것이다.

---

* 이하 '호모 쿠란스'에 대한 내용은 『신인간』(2024년 8, 9, 10, 11월)에 연재한 필자의 〈모시는 사람과 돌보는 사람(1)(2)(3)(4) - 우리 시대의 신인간, '호모 쿠란스(Homo Curans)〉를 부분적으로 발췌 인용하고 수정하여 전재(轉載)한 것이다.

** 국내 번역서에도 '돌보는 사람'을 표제로 한 책이 있으나, 원서에 없는 '돌보는'이라는 말을 번역서에서 쓴 경우이다. 『우리는 모두 돌보는 사람입니다』(페니 원서 지음, 이현 옮김, 위즈덤하우스, 2021); 『돌보는 사람들』(샘 밀스 지음, 이승민 옮김, 정은문고, 2022) 등.

5. 나는 돌본다, 그러므로 나는 있다

인간은 돌봄 속에서 태어나고, 성장하고, 살아가고, 늙어가고, 죽는다. 죽어서도 우리는 돌봄을 받는다. 전통 사회에서는 '제사'로서, 그리고 천도교인들은 향아설위(向我設位)의 제사와 식고(食告), 그리고 심상(心喪) 100년으로서 돌봄을 계속한다. 인간뿐 아니라 모든 생명체가 그러하다. 그런데 필자가 의미하는바 모심으로서의 돌봄은 여기서 다시 한 걸음 더 나아가, 우리가 존재하는 근거가 곧 돌봄이라는 사실을 지시한다. 이러한 의미를 명제화하면 "나는 돌본다, 그러므로 나는 있다"는 말이 된다. 이 말은 '나는 생각한다, 고로 나는 존재한다'는 데카르트의 명제를 차용하고, 개벽한 것이다.

데카르트는 "나는 생각한다, 그러므로 나는 있다"(Cogito, ergo sum)는 말로서 모든 존재 세계에 대한 이해(학문), 세계 존재의 근거를 재구축하고자 했다. 이는 한편으로 신(神, God)을 모든 존재의 근거로 삼은 중세 철학[神學]을 개벽하여 '인식하는 나'를 모든 존재의 근거로 삼은 것으로 평가된다. 이로써 데카르트는 근대 철학을 개창하고 서양 종교(철학)를 개벽한 사람이라 할 만하다. 그러나 한편으로 이 말은 절대적 기준을 나(의 생각으)로 한정함으로써 근대적 인간(近代的 人間, Homo Cogitans)의 탄생을 야기했고, 결국 오늘날 인류세의 도래를 촉발하는 근본적인 요인이 된다는 비판에 직면하였다.

이에 대하여 동학의 다시개벽 사상에서의 인간관을 명제화하자면 "나는 돌본다, 그러므로 나는 존재한다"(Curo, ergo sum), "나는 돌본다, 그러므로 나는 생존한다"(Curo, ergo vivo), "나는 돌본다, 그러므로 나는 생활한다"(Curo, ergo ago)라고 말할 수 있다. 이 명제는 앞서 "태초에 돌봄이 있었다."

라고 표현한 말의 동어 반복이다. 동학 식으로 하면, 태초는 한울님으로부터 시작되었으므로, "한울님 = 돌봄"이라는 사실을 재확인할 수 있다. 그리고 한울님은 '명사적 존재'가 아니라, '존재하는(동사적) 존재', 즉 돌보는 존재라는 사실도 알 수 있다. 여기서도 한울님이 있고 그 한울님이 돌봄을 하는 것이 아니라, 한울님은 돌봄으로서('써'가 아니다) 존재한다는 것이 본질이다. 물리학적 시각('아는 만큼 보인다')으로 돌봄이 천지를 창조하는 것을 관찰하면, 빅뱅 현상으로 관찰될 수도 있다. 그런 점에서 돌봄은 이 우주, 즉 만물의 존재 근거이자 원리이다. 우리가 천리와 천덕이라고 부르는 것, 혹은 세상의 만리만사는 모두 돌봄의 산물이며, 돌봄의 원리이다.

데카르트는 이 세계에서 의심하려야 의심할 수 없는 가장 확실한 근거는 '생각하는 나'라고 단정하였다. 좋은 발상법이다. 그러나 이를 동학 식으로 말하자면 "내유신령(內有神靈)'만'을 제1원리로 삼았다"고 말할 수 있다. 이렇게 될 때 문제는 그 '생각하는 나'의 생각은 사실은 여러 단편적이고 왜곡된 생각들의 종합(혼합, 얽힘)이라는 점을 간과하게 된다는 것이다. 생각하는 것도 어느 순간 창발(創發)이 일어나기는 하지만,* '생각'에 '존재'를 의존하는 것은, 그러므로 생각과 존재를 부지불식중에 분리하게 된 것은 존재에 대한 심대한 왜곡을 불러왔다. '내 생각, 생각하는 나'라는 것은 의심할 여지가 없는 존재 근거의 원점이라고 생각하기 쉽지만, 이 생각은 사실 타자(외부, 환경)와의 접촉으로부터 일어나는 것이다. 이것이 동학에

---

* 호모 사피엔스 30만 년의 역사에서 세 번의 중대한 혁명이 있었다. 그 첫 번째가 7만 년 전후의 '인지혁명'이고, 두 번째가 12000년 전후의 '농업혁명', 그리고 세 번째가 300년 전후의 '산업혁명'이다. 첫 번째인 인지혁명은 달리 말하면 '생각하는 능력에 창발(創發)이 일어났다'고 표현할 수 있다. 오늘날 인공지능(AI)이 문제가 되는 가장 핵심적인 요소는 인공지능에서의 지능 창발이 인간의 통제 밖에서, 인간도 모르는 사이에, 인간도 알 수 없는 방식으로 일어날 가능성이 크다는 점 때문이다.

서 말하는 기화(氣化)이다. 내유신령과 외유기화를 조화(통일, 통섭)롭게 사유하지 않으면 안 되는 것이다.

조심해야 할 것은, 동학에서 기화의 의미를 '외유기화(外有氣化)'라는 말로부터 유추하여 인간 외부에 존재하는 지기(至氣, 즉 한울님)로 이해하는 폐단이 생겨났다는 점이다. 내유(內有)든 외유(外有)든 이를 존재론적(명사적)인 유무(有無)의 '유'로 이해하는 순간 의미의 왜곡, '존재함'의 사거(死去)가 일어난다. 마치 입자-파동의 중첩상태에 있던 양자(量子)가 관측되는 순간 입자(粒子)로 고착되는 것과 같다.* 이에 비하여 '돌봄'을 존재의 근거로 삼는다는 것은, 다시 말해 "나는 돌본다, 그러므로 나는 존재한다."고 선언하는 것은 내[我]가 관계적인 존재임, 상호 의존적 존재임을 전제로 한다. '호모 쿠란스'로서의 인간은 바로 '관계적 존재, 상호 의존적 존재'로서의 인간의 재발견을 포접(包接)한다.

이러한 '관계적, 상호의존적 존재성'의 재발견이 이 시기에 이루어지게 된 이유는 무엇인가? 앞에서 오늘날 돌봄이 유행하게 된 이면에 돌봄위기, 돌봄공백이 있는 것과 마찬가지로 관계적 존재, 상호 의존적 존재, 즉 돌보는 인간, 모시는 사람으로서의 자기 정체성을 망각한 것을 배경으로 한다. 이른바 '인류세(人類世)'라는 사태는 한마디로 인간이 지구-의존적,

---

* 내유신령과 외유기화에서 '내'와 '외'를 '사람(개인)의 몸'을 기준으로 해서 '몸 안'과 '몸 밖'으로 곡해하게 된 것은 "(한울님을) 네 몸에 모셨으니 사근취원 하지 말라"(교훈가)라고 하신 수운의 말을 오인한 데서 비롯한다. 정확하게 이해하자면, "네 몸에도' 모셨으니"라고 의해(意解)할 필요가 있다. 여기서 내(內)란 불연 즉 무형의 세계를 지시하고, 외(外)란 기연, 즉 유형의 세계를 지시한다. 무엇보다 내 몸은 단일한 생명체(나)가 아니라 공생체(共生體)이다. 장내 미생물을 비롯해서 세포 내의 미토콘드리아에 이르기까지 수많은 '타자(他者)'들이 협업(氣化)작용을 하고 있는 것이다. 내(內)는 신령(神靈)한 심령(心靈)의 영역이며, 외(外)는 인간(몸)을 포함한 우주만유의 세계를 의미한다.

타자-의존적 존재임을 망각하고 자행자지(自行自止)의 망발(妄發)을 해 온 결과이기 때문이다. 해월은 이것을 악(惡)으로 규정하였다;

> 우주는 한 기운의 소사요 한 신의 하는 일이라, 눈앞에 온갖 물건의 형상이 비록 그 형상이 각각 다르나 그 이치는 하나이니라. 하나는 즉 한울이니 한울이 만물의 조직에 의하여 표현이 각각 다르니라. 같은 비와 이슬에 복숭아나무에는 복숭아 열매를 맺고 오얏나무에는 오얏 열매가 익나니 이는 한울이 다른 것이 아니요 만물의 종류가 다름이로다. 사람이 공기를 마시고 만물을 먹는 것은 이는 한울로써 한울을 기르는 까닭이니라. 무엇이든지 도 아님이 없으며 한울 아님이 없는지라, 각각 순응이 있고 서로 화합함이 있어 우주의 이치가 이에 순히 행하나니, 사람이 이를 따르는 것은 이것이 바른 것이요 이를 거스르는 것은 이것이 악이니라.(『해월신사법설』「기타」)

이것이 수운 선생이 동학 창도의 길에 나서게 되었던 직접적인 동기로서, 각자위심(各自爲心)이라는 말로 지시한 세태(世態)이기도 하다.* 각자위심이란 오늘날의 말 혹은 돌봄학적인 설명 방식에 따르자면, 인간이 인간과 자연, 즉 만물 상호간의 연결성과 상호의존성[同歸一體], 즉 존재의 근본을 망각한 바로 그 사태를 일컫는 말이다.

> 시운(時運)을 의논해도 일성일쇠(一盛一衰) 아닐런가. 쇠운(衰運)이 지극하면 성운(盛運)이 오지마는 현숙한 모든 군자(君子) 동귀일체(同歸一體) 하였

---

* 수운 최제우가 '선천 오만년'과 '다시 개벽'을 말한 것도 이러한 '대전환'의 기류와 깊은 관련이 있거니와 특히 서세동점에 즈음하여 각자위심의 세태를 지적한 것은 거의 '인류세' 담론과 중첩된다고 말할 수 있다.

던가 (중략) 장평갱졸(長平坑卒) 많은 사람 한울님을 우러러서 조화(造化) 중
에 생겼으니 은덕(恩德)은 고사하고 근본조차 잊을소냐. 가련(可憐)한 세상
사람 각자위심(各自爲心) 하단말가 경천순천(敬天順天) 하였어라. 효박한 이
세상에 불망기본(不忘其本) 하였어라. (『용담유사』 「권학가」)

이것은 직접적으로는 당대(1860년 전후) 조선사회의 민인(民人)들의 행태
를 지적하는 말이지만, 이를 당시의 세계적 지평으로 넓혀 보아도, 산업혁
명 시기 이래로 천지부모의 살[肉]인 땅을 파헤쳐 석탄과 석유를 남용(濫用)
하고, 침략과 약탈을 통해 자본(부)의 무한 축적을 추구하고, 과잉생산-과
잉소비(를 통한 자본 축적)를 조장하는 것 등이 모두 각자위심의 과정이자
결과임은 분명하다. 즉 동학은 서세동점의 위기상황에서 나라 안팎의 동
향을 예의주시한 가운데서, 우리가 천지부모의 은덕으로 살아가며, 이 세
상은 천지부모 그 자체임을 망각한 망동(妄動)이 앞으로의 인류 문명 전체
의 대위기와, 그에 따르는 대전환을 야기할/필요로 할 것이라는 점을 각
득(覺得)하면서 각자위심이라는 말을 쓴 것이다. 이는 해월의 다음 말에서
재확인된다;

우주에 가득 찬 것은 도시 혼원한 한 기운이니, 한 걸음이라도 감히 경솔하
게 걷지 못할 것이니라. 내가 한가히 있을 때에 한 어린이가 나막신을 신고
빠르게 앞을 지나니, 그 소리 땅을 울리어 놀라서 일어나 가슴을 어루만지
며, 「그 어린이의 나막신 소리에 내 가슴이 아프더라」고 말했었노라. 땅을
소중히 여기기를 어머님의 살같이 하라. 어머님의 살이 중한가 버선이 중
한가. 이 이치를 바로 알고 공경하고 두려워하는 마음으로 체행하면, 아무
리 큰 비가 내려도 신발이 조금도 젖지 아니 할 것이니라. 이 현묘한 이치

를 아는 이가 적으며 행하는 이가 드물 것이니라. 내 오늘 처음으로 대도의 진담을 말하였노라.(『해월신사법설』「성경신」)

각자위심 시대의 전형적인 인간상은 호모 에코노미쿠스(Homo economicus)이다. 이는 '경제적 인간'이란 뜻으로, '합리성과 이익추구'라는 두 가지 요소를 핵심적인 성향으로 장착한 현대사회의 인간, 오늘날의 우리 자신이다. 여기서 '이익 추구'는 다시 설명할 여지가 없이 각자위심의 핵심 고리가 되는 것이고,* 좀 더 깊이 살펴보아야 할 문제는 이른바 '합리성'이다. 근대인은 '이성적'이고 따라서 '합리적'인 존재로서 인간 삶의 제 (諸) 국면에서 단편적인 오류에도 불구하고 큰 틀에서는 '합리적인 선택과 행동'을 함으로써 사회 발전(성장)을 이룩한다는 전제가 깔려 있다. 그러나 오늘 우리가 직면하고 있는 인류세, 그리고 인류 역사 이래로 한 번도 끊긴 적이 없는 전쟁 등을 상기할 때, 인간이 합리적인 존재라는 가정은 허구적 신화(神話)에 불과하다는 것이 명백해졌다. 현대인에게 합리성은 말하자면 능력주의(能力主義)와 마찬가지로 내게 이익이 되는 방향으로 작동(各自爲心)할 때만 유의미한 것으로 간주된다고 말할 수 있다.

여기서 다시, 인간을 돌보는 인간(Homo Curans, 侍天主人)으로 재발견하는 의의가 드러난다. 동학에서의 다시개벽 선언은 바로 인간의 재발견 선언이며, 이렇게 재발견된 인간, 즉 동학적 신인간(新人間)은 돌보는 사람, 즉 모시는 사람이라고 말할 수밖에 없다. 돌보는 인간의 가장 중요한 특징은 내가 너와 얽혀 있는 존재(同胞)라는 점을 자각한 인간이라는 사실이

---

* 전형적인 현대인은 '각자위심'을 부끄러워하지 않고 당연시한다. 오히려 각자위심에 미흡한 인간을 루저(loser)로 취급한다.

다.* 동학 식으로 말하면, 한울님을 모신(모시는) 존재라는 말이다. 인류세 시대를 맞아 취약한 인간 약자에 대한 돌봄 개념의 차원을 확장하여 거룩하고 신령한 존재로서 인간과 만물을 모시고 섬기는 돌봄이 필요하다. 이것은 돌봄 시대를 맞아 호모 에코노미쿠스에서 호모 카렌스로를 거쳐, 호모 쿠란스로 전환할 것을 요구하고 있다.**

　모시는 사람, 돌보는 인간은 우선 자기 스스로를 돌본다(자기돌봄). 그러나 곧 타자가 나와 둘이 아님을 알고 타자돌봄-만물돌봄의 길로 나아간다. 그리고 곧 만물이 곧 나임을 깨달아, 타자돌봄에서 '다시, 자기돌봄'으로 나아간다. 무궁에서 무궁으로 열리는 다시 개벽의 시작과 끝이 그것이다. 태초에 돌봄이 있었고, 최후를 맞이하는 것도 돌봄이다. 그 속에서 나=인간은 돌봄으로서 있으며, 살아 있으며, 살아가고 있다. 이것이 동학의 신인간(新人間)이다.

---

*　'얽혀 있음'은 '연결되어 있음'과 다르다. 연결은 단절할 수 있지만, '얽힘'은 단절은커녕 해체할 수조차 없는 상태를 말한다. '양자 얽힘(중첩)'이라는 말과 같이 최소한 양자 수준에서 연결되어 있는 것을 '얽힘'이라고 말한다.

**　모시는 사람, 호모 쿠란스의 실천 덕목은 해월 선생의 〈십무천(十無天)〉이 적실하다; 1. 한울님을 속이지 말라(毋欺天) 2. 한울님을 거만하게 대하지 말라(毋慢天). 3. 한울님을 상하게 하지 말라(毋傷天). 4. 한울님을 어지럽게 하지 말라(毋亂天). 5. 한울님을 일찍 죽게 하지 말라(毋夭天). 6. 한울님을 더럽히지 말라(毋汚天). 7. 한울님을 주리게 하지 말라(毋餒天). 8. 한울님을 허물어지게 하지 말라(毋壞天). 9. 한울님을 싫어하게 하지 말라(毋厭天). 10. 한울님을 굴하게 하지 말라(毋屈天).

에필로그 : 나는 누구인가, 왜 여기에 있는가

그런데, 나는 왜 돌보는가?

이 말의 의미를 '생각'하는 것이 이 글의 결론이 될 것이다. 역시 동학의 경로를 따라간다.

돌봄은 자기돌봄에서, 타자돌봄을 거쳐 자기돌봄으로 환원한다. 왕복, 반복, 순환하는 것처럼 보이지만, 그 속에서 존재 도약, 차원 이동, 세계 전환이 일어난다. 자기돌봄은 곧 내가 나를 돌본다는 것인데, 동학에서는 "(천)도라는 것은 내가 나를 위하는(돌보는) 것이요 다른 것이 아님"(『동경대전』「팔절」), "내 마음이 곧 한울님임을 깨닫고 내 마음을 돌봄"(自心自覺 自心自誠, 自心自敬, 自心自法, 『의암성사법설』「무체법경-신통고」) "내 마음(한울님)에 내가 절한다"(自心自拜, 『의암성사법설』「대종정의」)라고 다양하게 변주하였다.

자기돌봄에서 서로 돌봄을 거쳐 최종적으로 도달하는 곳은 다시 자기돌봄이다. 『용담유사』「흥비가」에서 "무궁한 이 울 속에 무궁한 내 아닌가."라고 하는 것이다. 야뢰 이돈화(夜雷 李敦化)는 이러한 나를 '무궁아(無窮我)' 또는 '대아(大我)'라고 하였거니와 이 말은 곧 "내가 무궁한 돌봄의 관계 속에서 존재한다"라고 하는 선언이다.

나는 무궁한 하나로서 한울님을 모시고 있으며, 나는 곧 한울님이라는 시천주(侍天主), 인내천(人乃天)의 재확인이다. 그런데 이 우주에 무궁한 것이 둘일 수 없다. 이 우주에 편만한 만물은 모두 나 자신의 연장이며, 나의 나인 것이다. 그러므로 내가 다른 사람, 동물, 식물, 만물을 돌본다는 것은 결국 내가 나를 돌보는 자기돌봄인 것이다.

내가 존재하는 까닭(이유, 근거, 목적)은 바로 돌보는 사람으로서의 나, 즉 돌봄의 화신으로서의 나가 자기돌봄을 통해 자기 관조와 자기실현, 그리고 자기 성숙을 추구하는 과정이다. 이 사회, 지구, 우주가 모두 그 하나의 사실-진리를 가리킨다.

돌봄이 곧 나와 우주의 존재 근거이자, 이유이며, 목적이다.

돌보는 인간은 곧 모시는 사람, '호모 쿠란스(Homo Curans)'이다.

2장 김지하의 '명(冥)의 생명사상'과 죽음의 돌봄

주요섭

1. 나는 '나의 죽음'을 어떻게 돌볼 수 있을까?

물론 생명사상을 공부하는 나에게도 죽음은 공포다. 어쩌면 죽음에 대한 두려움과 생존의 욕망이 나를 생명사상 공부와 생명운동으로 이끌었는지도 모른다. 이런저런 공부와 수련 경험을 통해 두려움이 어느 정도 완화가 되기는 했지만, 여전히 죽음의 공포로부터 자유롭지 못하다.

나이를 먹고 몸이 부실해지면서, 그리고 문득문득 늙어감을 자각하면서 죽음은 현실적인 문제가 된다. 돌봄의 과제가 된다. 더욱이 죽음도 돌봄도 내 스스로 해결할 수 없음을 절감한다. 그리하여 일어나는 질문, "나는 '나의 죽음'을 어떻게 돌볼 수 있을까?"

부모님의 늙어감과 죽어감은 또 다른 질문으로 다가온다. 아버지가 1937년생이니 올해 87세다. 아버지는 거의 집에서만, 정확히 말하면 침대 위에서만 생활하신다. 식사는 비교적 잘하는 편이지만, 말은 거의 없고 웃음도 드물다. 간혹 섬망(譫妄) 증세가 일어나기도 한다. 대소변도 잘 관리되지 못한다. 사회적 자아는 상실되어 가고, 심리적 자아도 불투명해진다. 치아가 모두 빠져 제대로 씹을 수 없고, 한쪽 귀에 의존해 겨우 소통한다. 기저귀와 비닐 커버에 의존할 수밖에 없는 신체적 현실에 저항하던 자의식도 희미해졌다. 다른 신체적 기능은 어느 정도 유지되고 있지만, 식사와 수면이 삶의 대부분인 아기의 몸이 되어 가고 있다. 그는 살아 있다. 그러나, 과연 살아 있는 것일까? 그것은 죽어 가는 과정일까? 살아 있다는 것의 의미는 무엇일까? 이런저런 질문을 떨칠 수 없다.

나의 사회학 공부 사부인 독일의 사회학자 니클라스 루만(1927-1998)에 따르면, 인간은 통합된 존재가 아니다. 전일적 존재가 아니다. 제각각 작동하는 자기준거적 체계(self-referential systems)들의 복합체이다. 생명체계(신체), 심리체계(의식), 사회체계(사회)의 복합체이다. 나는 아버지의 노년을 관찰하면서 신체-의식-사회의 불일치와 인간성의 분열을 확인한다.

그런데, 아버지에 대한 나의 관찰이 시사하듯이 오늘날 노인들의 늙어감-죽어감과 이에 대한 돌봄은 사회적으로 '처리'되어야 할 큰 문젯거리다. 아버지의 쇠잔해 가는 몸과 마음을 어떻게 할 것인가? 현실적으로는 누가, 어디서 돌볼 것인가가 중요하다. 아이가 되어 가는 신체와 죽어감이라는 특수한 상황은 '누가'의 범위를 매우 좁게 만든다. 나를 비롯한 형제들 중 하나일 수밖에 없다. 간병인에 맡길 수도 있지만, 이때는 비용과 어머니와의 인간관계 등 또 다른 문제가 발생한다. '어디서'의 문제는 뻔하다. 집이든 요양병원이든 선택지가 매우 좁다. 존엄한 죽음에 대한 관심이 커지면서 집에서 생의 마지막을 맞고 싶어 하는 사람이 늘고 있지만, 가정 내 돌봄 부담과 치료의 필요성 때문에 대부분 요양병원에서 죽음을 맞이할 수밖에 없다. 2022년 기준 국민의 74.8%는 의료기관에서 사망했다. 가정에서 죽음을 맞이한 국민은 16.1%에 불과했다. 자본주의 사회에서 고령화-노령화는 사회적 비용이지만, 동시에 엄청난 사업의 기회다. 사회학자들은 이런 현상을 '돌봄의 외주화', '임종의 의료화', '죽음의 상업화'라고 분석한다. 요컨대, "노인은 상품화되어 외주 돌봄을 받다가 죽음을 맞고 있다."(오미경, 2024:. 8-9)

부모님의 늙어감과 죽어감은 거울이 되어 나를 비춘다. 아버지의 침대와 집안의 똥오줌 냄새를 감각하는 나의 의식은 더욱 자주 나의 늙어감을, 약해지는 몸을 관찰한다. 그리고 문득 신체의 해체와 소멸이 상상되고 두려움이 일어난다. 의식의 영원한 꺼짐을 떠올리고 공포가 엄습한다. 그 뒤를 알 수 없다. 생각을 아무리 반복해도 알 수 없기에, 그래서 더욱 섬뜩한 공포다. 추론조차 할 수 없다는 사실을 확인하고 재확인하며 나의 의식은 간혹 공황상태에 빠진다.

더욱이 오늘날 죽음의 돌봄은 개인의 문제만이 아니다. 생태적 파국과 문명 전쟁에 대한 경고가 예사롭지 않다. 인터넷 미디어를 타고 전해지는 참혹한 죽음의 현실과 확대 재생산되는 죽음의 이미지들이 우리의 머리와 신체에 침투한다. 죽음은 사회적 소통의 결정적인 주제가 될 수밖에 없다. 현실적으로 죽음의 돌봄은 가장 절박한 인류의 공동 과제가 될 수도 있다.

나아가 일상화된 죽음의 이미지는 실존적 삶의 의미를 묻게 한다. 다시 말하면, '의미의 의미'를 캐묻는다. 그 질문의 배후엔 현존 사회와 문명의 존재 이유에 대한 회의와 절망이 숨겨져 있다. 그리고 이성이나 감성과 구분되는 인간의 또 다른 속성, '영성'을 소환한다. 죽음은 문명 전환의 화두이자, 열쇠가 될 수 있다는 말이다. 한마디로 우리는 죽음이라는 문제에 봉착해 있다. 한편으로는 사적으로, 동시에 공적으로, 나아가 문명사적 화두가 되어 우리의 머리를 때린다. 이름하여 '죽음의 돌봄'이라는 공동의 과제가 우리 앞에 놓여 있다.

그렇다면, 어떻게 해야 할까? 나는 나의 죽음을 어떻게 돌볼 수 있을까? 아버지의 죽음을 어떻게 돌볼 수 있을까? 나아가, 문명 전환 시대의 화두로서 죽음에 어떻게 접근해야 할까? 생명사상 공부하는 나의 참고문헌은 다시 김지하(金芝河, 1941-2022)다.

한국 현대사를 대표하는 시인이자 사상가 중 한 사람인 김지하는 흔히 생명시인, 생명사상가로 알려져 있다. 그런데, 김지하의 시와 산문을 꼼꼼히 읽어보면, 통념과 다르게 그는 차라리 '죽음의 시인'이자 '죽음의 사상가'임을 알 수 있다. 김지하는 '죽임'에 저항해 싸운 전사이기도 하다. 유토피아적 이념과 싸우고 역사의 합법칙성과 진보를 확신하는 역사주의와 맞선다. 또한 자신을, 그리고 자신의 죽음을 돌보는 살림운동가였다. 수련에 매진했고, 자신만의 수련법을 개발하기도 했다.

나는 '나의 죽음'이라는 '문제'를 들고, '죽음의 돌봄'이라는 '과제'를 안고, 나아가 문명전환이라는 '열망'을 품고, 김지하와 함께 또 하나의 생명사상 공부를 시작한다.

2. 죽음의 생명사상

앞에서 김지하를 죽음의 생명사상가라고 말했거니와 김지하의 생명사상은 확실히 '죽임'에 대한 저항에서 시작되었으며, '죽음'에 대한 깊은 사유에 뿌리를 두고 있다. 그리고 그의 사상적 정차역 중 하나는 '명(冥)'의 생명사상이다. 저승의 생명사상이다. 다시 말하면, 죽음의 생명사상이다.

생사의 현장

김지하의 대표 시 중 하나인 '황톳길'의 참혹한 시 구절은 '죽음의 생명사상'을 실감케 한다. 나에게 '황톳길'은 김지하 생명사상의 원형이다.

황톳길에 선연한

핏자욱 핏자욱 따라

나는 간다 애비야

네가 죽었고

지금은 검고 해만 타는 곳

(하략)

그리고, 김지하의 시 「황톳길」은 이렇게 이어진다. 두 손엔 철삿줄 / 뜨거운 해가 / 땀과 눈물과 모밀밭을 태우는 / 총부리 칼날 아래 더위 속으로 / 나는 간다 애비야 / 네가 죽은 곳 / 부줏머리 갯가에 숭어가 뛸 때 / 가마니 속에서 네가 죽은 곳. '핏자국'과 '애비'와 '철삿줄'과 '총부리'와 '가마니 속'이라는 시어들에서 우리는 짐작할 수 있다. 여기서의 죽음의 현장은 1950년 한국전쟁 당시 아마도 그곳은 김지하의 고향 목포 어디쯤이었을 것이다. 열 살의 소년 김지하는 삼촌과 고모 등 가까운 이들의 끔찍한 죽음을 경험하고, 전쟁통 생명의 굴종과 저항, 배신과 살육을 목격한다. 그리고, 속에서 이념 혹은 역사와 구분되는 생명의 절규와 숨소리와 흐느낌을 절절히 체감한다. 그의 시 '황톳길'은 그 원초적 '생사(生/死)'의 경험을 고스란히 드러낸다. 그는 이미 생명 시인이었다.

그리고, 1970년대 김지하는 독재에 저항하는 민주화운동의 전사가 되어 '죽임의 질서'에 온몸으로 저항한다. 7년여의 고통스러운 독방의 감옥 생활과 좌절, 그리고 민들레 꽃씨와 개가죽나무와의 만남과 신비한 생명 체험과 사상적 대전환…. 김지하는 이제 생명사상가로 다시 태어난다.

이승과 저승을 넘나들기

'황톳길'을 쓸 때 김지하의 나이는 28세였다. 그리고, 45년 후 노년의 김지하는 이승과 저승을 넘나드는 '명(冥)'의 생명사상을 이야기한다. 어린 눈의 관찰자로 생/사의 현장을 숨죽여 목격했던 김지하는 먼 훗날, 이번에는 그 스스로 저승과 이승을 오간다. 『초미』(2014)와 『아우라지 미학을 찾아서』(2014) 등 말년의 저작에서 그것을 확인할 수 있다. '명'의 생명사상은 김지하가 강원도에서 발견한 '명개(冥開)'라는 지명과 관계가 있다. 김지하는 '명계(冥界)', 즉 저승에서 역설적으로 화엄세계를 발견한다.

명(冥)의 생명사상이란 직역을 하면 저승의 생명사상이다. 저승은 이 세상이 아니다. 저세상이다. 기존의 생사관에 의하면, 저세상은 죽음 이후의 세상이다. 그런 맥락에서 김지하의 '명의 생명사상'이란, 죽음의 생명사상인 셈이다. 그런데, 이때 죽음이란 소멸이 아니라 '나고/죽는(生/死)' 생명의 이중적 속성의 한 쪽 면이다. '삶'의 다른 면이다. 삶 자체가 이미 이승과 저승을 넘나듦인 것이다.

그의 시 '애린(그 소 애린45)'에서 '생명 속의 죽음'과 '죽음 속의 생명'을 발견한다. 김지하에 따르면, 생명은 "시드는 춘란 잎새에서도", "흩어진 겹동백 저 지저분한 죽음에서도", "외로운 겨울 햇빛처럼 작게 반짝"이며, "천둥 아직 들리지 않는 태풍구름 속"에서도 "번뜩"인다.

김지하에 따르면, 생명은 저승과 이승을 넘나들 수 있다. "생명은 생명과정"이기 때문이다. 정확히, 다시 말하면, '영성적' 생명과정이기 때문이다. 생명은 "섬세한 생성으로서 매우 예민하고 민감한 그리고 애틋하고 깊이 있는, 따뜻하고 거룩한 성스러움으로 가득 차" 있다. 만약 그것이 자각적이라면, "이미 저승과 이승을 넘나들 수 있는 영성적 생명과정"이

다.(『생명학1』, 251)[*]

'생명과정'으로서의 죽음

현대사회에서 죽음은 거부의 대상이다. 철학자 한병철에 의하면, "자본주의는 죽음의 부정을 기반으로 삼는다."(이하 한병철, 2014: 21-25) "죽음에 대한 무의식적 두려움이 자본주의를 추진한다." 그러나 동시에 자본주의의 "축적된 살해 능력은 상상 속에서 생존 능력으로 취급된다." '죽음'의 부정은 '죽임'의 체제를 생산하고 있는 것이다. 그리고, 이러한 "삶을 죽음으로부터 떼어놓기"가 "설죽은 삶"을, "산 죽음"을 낳는다. 자본주의는 삶을 죽이고, 동시에 '죽음 없는 삶'을 상품화한다.

그러나, 다수의 문화권에서 죽음은 배척의 대상이 아니었다. 한국의 전통사회도 마찬가지였다. 한국의 생명사상가 김지하는 이 점에 주목한다.

> 예로부터 사람들은 자연적 죽음을 삶과 대립적인 것으로 파악하지 않았습니다. 제 수명을 다 살고 가는 사람의 죽음은 그리 비통한 것이 아니었으며 유언할 것 다 하고 빚 갚으라고 모두 자상하게 지시하며 장독대 뒤에 있는 꽃들을 걱정하고 된장을 햇빛에 말리라고 하거나 또는 빨래를 걱정하며 작은아들 큰아들의 건강을 챙기며 그렇게 고요하게 편안히 갔던 것입니다.(『생명학1』, 251)

더욱이, "삶과 죽음은 아기가 태어날 때부터 하나이며 함께 동거하고 교

---

[*]   이하 참고문헌 중 이름이 없는 제목과 페이지 표시는 김지하의 저작들이다.

차"한다.(『생명학1』, 249-250) 또한 "삶이 중심이 되더라도 죽음 결코 소멸하는 법이 없다." 인간 생명만 그런 것이 아니다. 삼라만상의 모든 생명은 "죽어도 죽지 않는다." 그런 맥락에서 인간은 장생불사의 생명인 것이다. 그의 생명관은 동아시아의 이른바 '기(氣)'의 세계관'과 다르지 않아 보인다.

> 삶은 수렴과 구심 중심의 기 활동이며 죽음은 확산과 원심 중심의 기 활동입니다. 두 활동은 함께 진행되는 일원적인 기 활동입니다. 어느 쪽이 강하냐는 그때그때마다 다르고 한 목숨의 죽음이란 결국 수렴은 있되 확산 경향의 증폭의 절정에서 일어나는 기의 전면 해체인 것이죠. 그러나 해체한다 하더라도 기가 완전 소멸하는 것은 아니며 아직도 수렴력을 가진 분해된 유기물질 안팎에 신기(神氣)가 살아서 귀신 생명활동을 무궁무궁하는 것입니다. 또 자손과 이웃과 삼라만상 안에서, 자기가 남긴 여러 행동과 언어의 기억들 속에서 무궁무궁 살아 있는 것입니다.(『생명학1』, 250)

김지하에게 생명은 '나고/죽는' 생명과정인데, 또한 그것은 물질적으로 되먹임의 과정이기도 하다. 「되먹임」이라는 시가 그것을 직설적으로 설명한다. 김지하는 자신의 목숨이 아득한 '별'로부터 왔으며, 가까이는 "흙으로부터 풀 나무 벌레와 새들 물고기들"과 같은 이웃들로부터 왔음을 고백한다. 그러므로 그는 죽을 수 없다. 죽기도 어렵다. "살고 또 살아" 그 은혜를 갚아야 한다. 그러므로 "가슴팍에 깊이깊이" 새겨야 한다. 그 이름은 '되먹임'이다.

김지하에 따르면, "인간 생명은 죽어서 우주생명의 보이지 않는 근원적인 숨겨진 질서로 돌아가는 것"이다.(『생명학1』, 258) 생명이란 죽음과 대립해 있는 것이 아니다. '죽임', 살(殺)과 대립한다. 생명은 인위적 · 물리적 · 윤리적 · 교육적 살(殺), 억압, 착취, 박탈에 의해서 이루어지는 죽임에 대립해 있을 뿐이다.

3. 활동하는 무(無)

다시 한번 강조하거니와, 김지하의 생명사상은 '죽음'의 생명사상이다. 그런데, 죽음은 '나고/죽는' 생명과정의 일부일 뿐만 아니라, 우주생명의 근원과 연결하는 문턱이기도 하다. 생명에 대한 김지하의 정의인 '활동하는 무(無)'의 '무'를 떠올릴 수도 있다. 그러나 이때 무는 '없음'이 아니다. 역설적으로 '존재의 원천'이다. 그러므로 이때 '무'는 아직 생명체는 아니지만, 에너지적이며, 신체적이고, 나아가 물질적인 생명력의 근원이다. '비-생명체', 혹은 '죽음'이 돌봄'의 대상이 되어야 할 이유다.

생명, "활동하는 무"

> 고도의 전 우주적 소통을 가능케 하는 영성적인 대규모 생명시대를 열어야 하는데 바로 이것을 촉발하는 중심 명제가 '활동하는 무'가 되어야 한다.(『새 시대의 율려, 품바품바 들어간다』, 25)

김지하에게 새로운 문명의 중심 명제는 '활동하는 무(無)'다. '활동하는 무'는 그의 사상적 맹우 윤노빈과 합의한 철학적 개념 중 하나이다.(『흰 그늘의 길1』, 418) '활동하는 무'는 생명에 대한 형이상학적 명제인 셈이다.

그것은 '역설'의 형식으로 정의될 수밖에 없다. 생명의 '활동'은 관찰 가능한 것이지만, '무'는 활동 이전 규정할 수 없는 '비구별의 지대'이기 때문이다. 그러나 동시에 김지하의 생명은 '활동하는' 무이다. 그러므로 '활동' 없이는 '무'도 없고, '무' 없이 '활동'도 없다. 노자를 빌려 말하면, '유무상생(有無相生)'이다.(『도덕경』 2장) '유'와 '무'는 서로를 일어나게 한다. 하나의 짝이다. 동시발생이다. 유/무는 공동생산이다.(물론 유/무의 지평 너머에도 무엇인가가 있을 것이다.) 김지하 생명사상의 뿌리인 동학을 빌려 말하면, '불연기연(不然其然)'이다. 기연과 불연 역시 동시발생이다. 그러나, 눈에 보이는 것만 믿는 시대, 김지하는 보이지 않는 세계를 강조한다. 텅 빈 세계를 믿는다.

> 세상의 본질은 허무라는 겁니다. 흔해 빠진 허무주의가 아닙니다. 생명의 기초는 신(神)이고 신의 내포(內包)는 '무(無)'올시다. 규정되지 않은 것이 신이올시다. 자유 같은 겁니다. … 노자 장자 철학에서 허, 무는 사물, 모든 생명, 그리고 존재는 그 기초가 텅 비어 있다는 겁니다."(『디지털 생태학』, 251)

   그런데 '활동하는 무'에서 '무'는, 다시 한번 강조하거니와, '아무것도 없음'이 아니다. 그때의 '무'란 신체적이고, 에너지적이며, 물질적인 '신령한 기운'이다.
   그러므로 김지하에게 '생명'은 항상 '영성적 생명'이며 '생명적 영성'인데, 그것은 '활동하는 무'의 역설적 형식을 표현한 것이기도 하지만, 신체성을 강조한 것이기도 하다. 영성은 신체와 생명을 초월하는 것이 아니라, 그 안에 내재해 있는 것이다. 다시 말하면, 김지하에게 영성은 신체와 둘이 아니다. 그러므로 김지하에게 '영(靈)'은 항상 '육체적 영'이며, '육체적 영의 주체성'이 강조된다.(『방콕의 네트워크』, 218) 또한 "영은 사람 몸속의 천이요 숨겨진 질서"(『탈춤의 민족민학』, 50)이다.

김지하의 '육체적 영'은 한 단계 더 나아간다. 이를테면 '물질적 영'이 그것이다. 김지하의 물질은 살아 있다. 영성의 관점에서는 물질마저도 생명이다. 일찍이 〈원주보고서〉에서 김지하는 "물질도 자체적인 존재가 아니고 생명의 잠든 형태"라고 말한 바 있다. 이는 최근 유행하는 제인 베넷이나 로지 브라이도티와 같은 신유물론자들의 '생기적 물질성(vital materiality)'을 떠올리게 한다. 브라이도티의 생명론은 김지하의 그것과 구분하기 어렵다. "나의 생기론적 유물론 관점에서 '생명'은 우주적 에너지이며 텅 빈 카오스이면서 동시에 절대속도, 즉 운동이다."(브라이도티, 2015: 169-170)

김지하에 따르면, 물질 안에도 마음이 있다. 나름의 근거도 분명하다. 동아시아 한의학의 '경락계(經絡系)'나 북한의 한의학자 김봉한의 '산알'이 그것이다. 김지하는 동식물에도 경락계가 있듯이, 무기물 안에도 단전과 경락계가 있다고 믿는다. 이는 풍수학에서 말하는 지구에도 경락과 단전이 있다는 주장과 관련된다. 김지하는 러브록의 지구 가이아론도 같은 맥락에서 이해될 수 있다고 주장한다.(『디지털 생태학』, 67-68) 그것은 이를테면 '거룩한 유물론'인 셈이다.

물활론, 범신론이란 것이 뭐냐? 자꾸 나옵니다. 우리가 아까 얘기했지요? 동물, 식물, 무기물에까지도 우리의 사랑을 펼쳐야 한다는 말을 뒤집어볼까요? 그러면 결국 동물, 식물, 무기물에도 마음이 있다는 말이 됩니다. 마음. 무기물, 물질에 있는 마음이란 게 뭘까? 핵입니다. 핵, 원자핵. 핵이 수억만 년 동안 진화한 결과 오늘 인간의 마음처럼 영물스러운 존재가 되었

던 것입니다.(『디지털 생태학』, 67)

저승의 미학

김지하는 깊은 산골 강원도에서 영감을 얻은 '명계의 미학'과 동시에 경
상도 바닷가 통영에서의 해인(海印)의 기운을 고백한다. 김지하는 말한다.
그에게 통영은 "텅 빈 것도 아니고 무엇이 있는 것도 아니다. 정선 아우라
지의 며칠 전의 대원(大圓)과도 또 다른 '툭 터진 한' 그야말로 '기(氣)'였다."

그것은 이를테면, '미적 체험'이면서 동시에 '영적 체험'이다. 그것은 죽
음도 아니고 삶도 아니다. 차라리 '살아 있는 죽음'이다. 그것은 추론이
나 판단이 아니다. '비의식적인 것'이다. 자의식이 사라진 몰아(沒我)의 상
태, 혹은 무아(無我)의 상태, 그리하여, 물아일체(物我一體)의 상태이다. '우
주와 하나 되기'이다. 김지하는 아마도 살아 있는 죽음, '죽기 전의 죽음'을
체험한 것인지도 모른다. 그리하여 가장 근원적인 돌봄, 자기돌봄의 한 경
지에 이른 것인지도 모른다. 김지하 명계론의 결론은 미학이다. '우주생명
학'이다.

내가 이제껏 강조해 왔던 아우라, 아우라지, 명계(冥界) 그리고 그 명과(冥
菓) 등은 모두 이전 시대의 동·서양 미학에서 규범으로 돈독하게 모셔 왔
던 극진의 가치들, 숭고, 심오, 상서(祥瑞) 등등이다. 단순한 아름다움 따위
와는 크게 구별된다. 이제 우주생명학의 방향은 어디로 가고 있는가? 어디
로 가기에 미의 규범이 이리 크게 다른 곳을 향하기 시작하는 것인가? 오
늘날 절실히 요구되는 새 미학의 살아 있는 생명의 규범 무엇인가? '살아
생동하는 아우라(living vivid Aura)'이다.(『아우라지 미학』, 24)

그런 맥락에서 '명'의 미학은 김지하 생명사상의 핵심이라고 말할 수 있다. 그리고 그것이 곧 '흰 그늘'의 길이다. 아래 김지하의 언급은 가슴에 깊이 새기기에 충분한 가치가 있다.

> 흰 그늘은 생명만 아니라 죽음까지도 제 안에 품어 안음으로써 이승과 저승 사이에 길을 놓고 비참과 신이(神異)가 엇섞이는 산과 산 사이사이에서 빛나는 숭고가 되기도 하고 바다의 물결과 물결 밑에서 그윽한 깊이가 되기도 한다.(『흰 그늘의 미학을 찾아서』, 592)

그렇다. 삶과 죽음은 둘이 아니라는 것, 죽음도 생명과정이라는 통찰도 중요하다. 그러나 김지하의 명계는 일종의 미학적 체험이다. 형언할 수는 없지만, 체험할 수는 있는 '살아 있는 아우라'이다. 김지하의 결론은 '미적 체험'이다. 김지하에게 그것은 '영적 체험'과 다르지 않은 것으로 보인다.

'육체적 영'의 주체성을 기르는 방법

김지하의 생명은 신체적이다. '활동하는 무'로 정의될 때에도 그것은 달라지지 않는다. '미적' 체험이 감각과 연결되어 있다면, 그것은 몸과 관련이 있기 때문이다. 몸을 떠난 것이 아니라는 말이기 때문이다. 오히려 김지하에게 육체는 "영성의 그물"이다.

> 나는 육체가 깊은 우주적 영성의 그물이라고 확신해요. 손가락 하나, 발끝 하나, 털끝 하나, 피부 어느 한 부분도 깊은 정신의 그물이 다 뻗치지 않은 곳이 없어요. 그리고 피부를 통해서, 육체를 통해서 신령한 전 우주, 전 외

계 우주, 전 심층 무의식, 전 의식계와 전 감각계를 통괄하여 유통하고 순환 교섭하는 대생명, 영성적 생명, 즉 지기가 활동하는 것이죠. 육체는 바로 영성의 그물입니다.(『생명학2』, 50)

김지하의 영성적 주체성은 육체를 동반한다. '육체적 영'의 주체성이 그것이다. 김지하에게 "'영'은 사람 몸속의 천(天)이요 숨겨진 질서"다. 김지하에 따르면, "몸속에 마음이 있는 게 아니고, 내 마음 속에 몸이 있다."(『아우라지 미학』, 216)

요컨대, "개벽의 생명 주체는 신체"인 것이다. 김지하는 젊은이들이 '물질적 육체주의'를 벗어나서 '성스러운 육체주의'로 전환할 것을 기대한다. 그런 맥락에서 오늘날의 육체주의를 긍정한다. "오늘의 육체 탐닉과 육체 모색은 새로운 차원에서 발랄하고도 신령한 몸의 문화를 창조하고 나아가 문명 전환과 새로운 문화의 기초를 열 수 있을 것"이라고 김지하는 소망한다.(『생명학』, 50)

김지하에 따르면, 우리는 "감각적 관조에 의해 자기 나름의 독특한 깨달음에 도달해야 하는 카오스 민중의 신체적 미학의 시대"를 살아가고 있다.(이하『흰 그늘의 미학을 찾아서』, 523-524) 섬김의 윤리만으로는 부족하다. 우리는 춤과 음악과 같은 예술을 통해 숭고와 심연을 체험할 수 있는 시대를 살고 있는 것이다. 그것은 육체적 영의 주체성을 자각하고 기르는 과정이기도 하다. 이를테면, '윤리적 돌봄'만이 아니라, '미학적 돌봄'이 요구되는 것이다.

4. '죽음의 돌봄', 어떻게 할 것인가?

김지하, 역시 어마어마하다. 촘촘하고 섬세하지는 않지만, '명의 미학'도 '개벽하는 신체'도 차원이 다르다. 그의 말 그대로 '우주생명학'이다. 더욱이 그것은 관념이 아니라, 생사의 경계에서 참혹한 고통을 체험한 김지하의 실존에서 비롯되었을 것이다. 그러나, 인생 경험도 사유도 범상한 나에게는 쉽지 않다. 대소변을 관리할 수 없는 아버지의 냄새는 가깝고, 삶과 죽음에 대한 공부는 끝이 없다. 다행인 것은 아직 살아 있다는 것이다.

나의 소소한 '죽음 돌봄' 연습

오늘 밤에도 정읍천변을 향한다. 이어폰을 끼고, 하늘의 별과 달을 응시하며 하늘 바다를 향해 노를 젓는다. 나의 몸을 우주에 맡기는 시간이다.

올해로 환갑이 되었다. 그새 많이 편안해졌지만 50대 초반에는 제법 심각했다. 급격한 신체적 변화를 체감할 수 있었고, 공황장애까지는 아니지만, 어느 날 갑자기 죽을 수도 있다는 불안감이 커졌다.

나는 50대 초부터 한살림연수원에서 실무 책임자로 일했고, 수행프로그램 개발의 책임을 맡기도 했다. 덕분에 한국에 있는 온갖 수행 및 교육 프로그램을 경험할 수 있었다. 그 과정에서 아주 특별한 체험을 하거나 큰 깨달음을 얻었다고 말하기는 어렵지만, 문득 몰아(沒我)의 순간을 경험하기도 했다. 두 번 선명한 체감이 있다. 한번은 호젓한 지리산 중턱에서, 또 한번은 번쇄한 서해의 저녁 바닷가에서.

그리고 이후에도 나름의 공부는 계속되었다. 관점과 태도, 수련의 방법을 익힐 수 있게 되었다. 물론, 김지하의 '우주생명학'도 큰 공부 중 하나였다. 공부를 하면 할수록 그의 시와 산문이 관념과 언어만이 아니라는 사실을 절감하게 되었다.

꼭 '죽음의 돌봄'이라고 말하기도 어렵고, 수련이라고 하기엔 매우 소소하지만, 나름대로 개인적인 일상의 자기돌봄의 루틴을 지키려 노력한다. 일주일에 3, 4일 정도 정읍천변을 걷고 뛴다. 그리고 윗몸 일으키기와 팔굽혀펴기 등 몇 가지 가벼운 운동을 한다. 그중 한 가지는 10년 전 인도의 수행공동체 아난다마르가 단식 프로그램에서 배운 아사나 동작이다. 어떤 이들은 '달밤의 춤'이라고 놀리기도 한다.

나에게 가장 중요한 시간은 윗몸 일으키기 후 그대로 누워서 하는 멍 때리기 시간이다. 한밤중 검은 하늘은 나에게 심연이다. 태평양이다. 바닷속에 잠겨 '생각이 끊어지는 자리 연습'을 한다. 들뢰즈를 빌려 조금 포장해 말하면, '별 되기', '우주 되기' 연습이기도 하다. 이때 우주는 인간의 의식으로는 도달할 수 없는, 오히려 신체가 가진 감응의 능력, 다시 말해 '몸의 우주성'으로 연결되는 우주이다. 물론 '범상한 나'는 그것을 알아차리지 못할 수도 있다. 멍 때리기 시간, 나는 몸의 감각에 집중하기도 하고 '생각 없는 몸'을 연습하기도 한다. 별이 되고, 하늘이 되고, 달이 되기를 염원하면서.

그렇지만, 내 나이 또래의 남성들이 대체로 그렇겠지만 공부는 새벽에도 낮에도 주로 '머리'로 한다. 책이나 논문을 통해서, 그리고 유튜브 채널을 통해 소소한 깨달음을 얻는다. 나에겐 그 시간도 중요한 일상의 '죽음 교육'이다. 나름의 '죽음 돌봄' 프로그램이다.

생명사상 공부도 그 일환이지만, 다른 이론적인 탐색도 적지 않게 시도했다. 체계이론의 죽음에 대한 견해나 정동이론에서의 새로운 돌봄 이해도 그중 하나이다. 이러저러한 철학자와 사상가들과 만나기도 한다. 그 과정을 통해 '생명'에 대한 나름의 개똥철학을 정립하기도 했다. '몸-생/명'의 세계관이 그것이다. 그 이론적 배경은 역시 자기준거적 체계이론과 정동이론이다. 물론 두 개의 이론에서 배운 문제감각과 문제의식이 뒤섞여 있을 것이다. 그리고 이러한 나의 감각과 의식은 자연스럽게 김지하와 체험적 사유와 결을 맞추게 된 듯하다. 영성에 대한 감각도 그중 하나이다.

> 영성은 무슨 이상한 소리를 듣거나 무슨 이상한 것을 보는 것을 영성이라고 생각하지 마십시오. 영성은 우주적으로 확대된 자아입니다. 확장된 자아 체험입니다. 자기 자신에 개체성으로 좁혀져 있는 것이 아니라 풀잎, 새, 짐승, 하늘, 돌, 물, 공기뿐만 아니라 공간적으로 시간적으로 과거의 죽은 모든 사람들과 모든 생명체들 미래에 태어날 모든 생명체들에 대해서, 모든 물질에 대해서 교감할 수 있는 정도의 체험을 영성이라 부릅니다.(『김지하전집 제2권』, 206)

나에게 영성의 고양은 '감응의 능력' 기르기이다. 이런저런 명상법을 통해, 혹은 '되기' 연습을 통해 우주적 자아를 체험할 수 있다고 믿는다. 그리고 결정적인 경험은 불가에서 이야기하는 '생각이 끊어진 자리', 혹은 '생/사가 끊어진 자리'인지도 모르겠다. 들뢰즈가 '지각 불가능하게 되기'라고 했던 것일 수도 있고. 자아의 죽음을 연습하는 것, 무아를 체험하는 것인지도 모른다. 그렇다면, 생각이 끊어진 자리에 남는 것은 무엇일까? 우주다. 보이지 않는 생명이란 곧 우주 그 자체인 것이다.(장자에 나오는 '物化'라는 말이 떠오른다.) 그러므로 결정적인 것은 우주를 체험하는 '몸의 우주성'이다. 그리고 그것은 미학적 경험, 즉 '아름답다는 느낌'으로 확장될 수도 있고, 종교적 체험으로 일반화될 수 있을 것이다. 적어도 지금 나에게는 그 순간이 나의 '생/사'를 돌보는 가장 귀한 시간이기도 하다. 그리고 그 소소한 체험들은 쌓이고 쌓이며 우주적 확장의 체험과 함께 나를 좀 더 자유롭게 할 것이다.

하늘 역시 인간을 떠날 수 없다

그러나, 나는 생각이 많은 사람인 모양이다. 생각이 끊어지지 않고, 끊임없이 이어진다. 감응의 체험을 알아차리는 이는 누구인가? 무엇인가?

역시 출발점은 살아 있다는 것이다. 감각적 체험이다. 그것은 분명 불교에서 이야기한 대로 오온(五蘊)이 만들어낸 허상이지만, 우리는 모두 허상적 현실, 각자의 환상적 현실들을 살고 있다.(복수라는 점이 또한 중요하다.) 이것이 나의 출발점이다.

김지하의 생명사상은 죽음의 생명사상까지는 아니더라도 무와 허와 공의 생명사상임에는 분명해 보인다. 김지하는 허무주의가 아니라고 말하지만, 공과 허를 강조하면 할수록 허무해지지 않을 수 없다. 사실, 불교도 그런 측면이 적지 않다. 그런데 생명사상의 핵심은 '살아있는 생명의 약동' 아닌가? 한 마디 악 소리가, 아귀를 벗어나려는 저항의 몸짓이, 기존의 관념을 깨는 '파상(破像)'의 번뜩이는 한 생각이 결정적인 것 아닌가?

엄연하게 신체를 벗어날 수 없고, 늘 생각에 사로잡혀 사는 '나', 더욱이 사회를 벗어날 수 없는 사회적 '나'는 무엇을 할 수 있을까? 어떻게 살아야 할까?

돌고 돌아 다시 '생명사상'이다. 살아 있어야 생명세계다. 생각이 끊어지고, 생사가 끊어진, 비구별의 지대, 용광로와 같이 요동치는 에너지장은 생명의 원천이다. 그러나 생명세계의 태동은 어떤 움직임, 갈라짐, 찢어

짐에서 시작되는 것 아닐까. '한 기운—氣'에서 시작되는 것 아닐까. 의식 세계의 탄생과 사회세계의 탄생은 한 생각, 하나의 소통에서 창발되는 것 아닐까. 그것은 다시 말하면, 또 하나의 감각의 표현이며, 또 다른 분별의 개시 아닐까. 그것이 바로 낮과 밤, 음과 양, 여성과 남성의 분별이고 차이 아닐까. 빅뱅 이전이 무극(無極)이라면, 빅뱅은 태극(太極)이다. 그리고 빅뱅과 함께 차이와 차이를 생성하며 만물이 생겨난 것 아닐까. 다시개벽, 제2의 빅뱅이 요구되는 세상 아닐까.

그리고 특별히 오늘날 빅뱅과 빅뱅의 이전을 사유하고 소통하는 인류에게 그 '사'유와 '소통'마저도 무엇보다 사회적이라는 점이 강조되어야 할 것이다. 이 점은 니클라스 루만으로부터 배운 바이다. 이를테면, 몸과 우주 사이에는 의식이 있다. 생각이 있다. 그러나 한 발 더 나아가야 한다. 의식과 생각은 엄연히 사회와 함께 공진화해 왔다. 오늘날 인류의 놀라운 성취는 의식 없이는 불가능할 일이지만, 동시에 그것은 사회적으로 가능했다. 요컨대, 몸과 우주 사이에 '사회적 의식'이 있다는 것이다. 강조해 말하자면, '사회'가 결정적이라는 것이다. 밤마다 나를 정읍천변에 이끄는 것은 나의 신체와 우주이지만, 그것을 추동한 것은 내가 말과 글과 책과 유튜브를 통해 배운 지식과 사상과 문화적 스타일이다. 우주와 신체를 매개하는 파동과 소리도 사회적으로 조직되어 '음악'이라는 예술적 매체로 소통될 때, 공명의 힘을 더욱 증폭시킬 수 있다.

김지하는 영성을 '우주적으로 확대된 자아 체험'이라고 말한다. 대다수 종교인들과 명상가들과 크게 다르지 않다. 영성의 신체성, 신체의 우주성을 강조한 것으로 읽힐 수 있다. 그러나, '몸의 우주성'도 '육체적 영'도 사회적 소통 없이 가능할까?

천지만물 그 무엇도 하늘을 모시지 않은 존재가 없고, 물질에도 영성이 있다. 감응의 능력이 있다. 그러나 영성을 자각하는 것은, 언어로 표현하고 소통할 수 있는 것은 인간뿐인 것 아닐까? 적어도 아직까지는. 그리고 그것을 더 많은 인간 생명에게 확장하는 것은 사회적 소통 아닌가? 그것을 억제하는 것도 사회지만.

이런 생각을 할 때마다, 해월 최시형의 '인불리천 천불리인(人不離天 天不離人)'을 떠올린다. 직역하면, "사람은 하늘을 떠날 수 없고 하늘은 사람을 떠날 수 없다"는 말이 될 것이다. 나에게 중요한 부분은 '하늘은 사람을 떠날 수 없다'는 말이다. 나는 그것을 이때의 우주는 인간사회의 우주이며, 인간과 우주의 공동생산에 의해 우주사회적으로 진화한다는 의미로 이해한다. 물론 하나의 해석일 뿐이다.

공과 허와 무를 강조하는 김지하도 이 점에서는 냉정하다. 리비도와 영성을 강조하면서도 데카르트의 '코기토(이성)'를 놓치지 않는다. 영성(아우라)과 감성(리비도)과 이성(코기토)의 결합과 대차원 변화를 기대한다.(『흰 그늘의 미학을 찾아서』, 548)

죽음의 돌봄, 또 하나의 생각

돌봄이 필요한 이유는 우리가 무엇보다 신체적 존재이기 때문이다. 영성을 이야기할 때도 마찬가지다. 김지하의 생명사상에서 영은 항상 '육체적 영'이기 때문이다. 영성도 역시 돌보고 길러야 하는 것이다. 아마도 해월이 '양천주(養天主)'를 강조한 것도 이런 이유 때문인지도 모르겠다. 죽음도 돌봄도 하나의 관념이지만, 동시에 그것은 신체적이다.

'죽음의 돌봄'이란 이를테면, 죽음에 대한 관점의 전환을 바탕으로 자아의 죽음 체험을 통해 우주와 하나 되기라고 말할 수 있을 것이다. 그러나

눈앞에 살아 있는 신체인 생명에게는 당장의 위로와 고통의 완화가 절실하다. 단, '영성적 생명'의 관점, '감응'의 관점에서의 재고가 요청된다. 정동이론의 돌봄 개념은 영감을 준다. '사건으로서의 돌봄'이 그것이다. 생명과정으로서의 죽음이 그렇듯이.

정동이론에서 '돌봄'은 돌봄 주체와 돌봄 대상의 관계가 아니다. 개체와 개체 사이의 관계와 다르다. 정동이론가 브라이언 마수미(2018: 240)는 '사건-기반 돌봄(event based care)'을 강조한다. '사건-기반 돌봄' 개념은 '구조-기반 돌봄'과 비교할 수 있다. 마수미에 따르면, 우리가 진짜로 돌보고 있는 것은 '분리된 자아'가 아니다.(2018: 288) 돌봄의 대상만도 아니다. 정동적 사건을 돌봄으로써 관계 그 자체를 돌보는 것이다. 이때 관계란 인간 사이의 관계만으로 한정되지 않는다. 예컨대, 병원 돌봄은 병동 안에서의 절망과 불안과 소란스러움과 기대들이 부딪치면서 만들어내는 하나의 관계망이다. 그리고 그 여백, 보이지 않는 생명의 흐름에 주목한다. 이 과정을 통해 인간과 비-인간 사이, 생명과 비-생명 사이 돌보고 돌보아지는 서로 돌봄의 생명공동체가 창발된다.

> 정동적으로 생각한다는 것은 잠재의 생태학의 차원에서 그리고 그것을 표현하고 다양화하는 사건의 차원에서 생각한다는 것입니다. 이것은 '돌봄'이라는 단어의 의미를 바꿉니다. 우리가 진짜로 돌보고 있는 것은 우리의 분리된 자아가 아닙니다. 다른 개체들도 아닙니다. 우리는 사건을 돌봄으로써 그 둘 모두를 돌봅니다.(마수미, 2018: 288)

정동이론의 돌봄 개념을 '죽음'에 적용하면, 죽음의 돌봄이란 생명과정의 일부인 '죽음 사건'을 돌보는 것이 된다. 그리고 이때 죽음이란 개체 생명의 죽음 사건이기도 하지만, 일상 속의 생/명 과정을 돌보는 것이라고 말할 수 있지 않을까?

돌봄이란 말은 일반적으로 인간에 대해, 특히 스스로를 돌볼 수 없는 유아나 어린이 환자나 노인에게 쓰이는 말이다. 하지만 생명의 관점에서 돌봄은 인간, 비인간을 가리지 않는다. '살아 있는 것'과 '살아 있는 것' 사이에 돌보아지고 돌보는 서로 돌봄의 관계를 의미한다. 그리고 이때 '살아 있는 것'은 유기체만이 아니다.

그런 맥락에서 돌봄은 간병인과 환자 사이와 같은 돌봄의 주체와 대상 사이의 관계만이 아니다. 정동이론에서 돌봄은 이를테면, 간병인과 환자를 포함한 우주만물 사이 어울림의 한 순간이다. 나는 나의 몸을 감싸고 있는 것들, 따뜻한 온기와 모락모락 김이 나는 밥 한 그릇과 텔레비전 속 찬송가 소리들로부터 돌보아지고 있는 것이다. 아버지가 누워계시는 우리 집에서도 마찬가지다.

5. 북두칠성 되기

나는 정읍천변에서 매일 저녁 잠시 잠깐 별이 된다. 별이 되고 싶다. 우리나라의 고대적 사유는 나의 '별-되기' 연습에 아름다운 서사로 화답한다. 『환단고기』에는 이런 구절이 있다고 한다. 우리 민족 고유의 생사관이라고 말할 수도 있다.

세상에 머무름을 일러 '삶(태어남)'이라 하고, 하늘로 돌아감을 일러 '죽음'이라고 하니, 죽음은 영원한 생명의 근본이라.(住世爲生 歸天爲死 死也者 永久

生命之根本也)

하늘에서 와서 하늘로 돌아간다는 것이다. 민간 신앙과 천체 우주론으로 연결해 말하면, 별에서 와서 별로 돌아간다고 다시 말할 수 있을 것이다. 여기서 별이란, '북극성'이기도 하고 '북두칠성'이기도 하다. 북두칠성을 본떠서 일곱 개의 구멍을 뚫어 관속에 까는 '칠성판(七星板)'의 그것이다. '북두칠성 되기'는 우리 삶의 일부인 것이다. 어떤 연구자들은 정(井)을 '북두칠성 정'이라고 말하기도 한다. '이른 새벽에 길은 우물물'을 뜻하는 정화수(井華水)의 정 자도 같은 뜻으로 해석된다. 그렇다.

그런데, 이때 별이란 아름답게 빛나는 존재이기는 하지만, 유기체는 아닐 것이다. 무기물일 것이다. 앞에서 말한 '몸의 우주성'이란 자연과학으로 말하면, 몸의 원자적 성질을 말하는 것일지도 모른다. 비-유기체 되기, 즉 죽음은 영원한 생명의 근원인 것이다. 김지하는 살아있는 생명이면서 우주적인 생명인 '우주적 신인간'에 대해 이렇게 말한다. 핵심은 '물질로의 초월'이다. "'서로 얽힘의 복잡화'에 의해서 스스로를 초월하여 인류가 되고 인류를 또한 초월하여 자연생명, 우주물질이 되도록 만듭니다. 그리하여 주체와 타자가 모두 나이면서 또한 자연적 비인격적 주체이게 됩니다."(『옛 가야에서 띄우는 겨울 편지』, 154)

죽음에 대한 새로운 사유와 서사, 그리고 일상에서의 죽음 연습은 문명 전환의 필수적 과제이다. '죽음의 돌봄'은 죽음의 공포로부터 나와 우리를 조금 자유롭게 하고, 삶의 활력을 높일 수 있다. 그리고 그것은 개인의 책임이 아니다. 사회적으로 접근되어야 한다. 이를테면, 그것은 '생명과정의 회복'이라는 사회적 기획으로 가능할 것이다. 나에게는 그것이 곧 생명운동이다. 그리고 그것은 반자본주의적 체제 접근법을 넘고 존엄한 죽음이라는 '소박한 생명사상'을 안으며 새로운 죽음 돌봄 사유와 방법을 재발명할 수도 있다. 웰빙의 생명사상과 구분되는 죽음의 생명사상, 그리고 임종 돌봄과 구분되는 죽음 돌봄을 실험해 볼 수도 있을 것이다. 그리고 그것은 기존의 죽음 관념에 대한 의문과 질문에서 시작된다. 죽음에 대한 또 다른 생각으로부터 시작된다. 그리고 죽음 돌봄의 미학적 실천으로 한 단계 도약할 수 있다.

　요컨대, '죽음의 돌봄'은 오늘 나의 삶에서 가장 절실한 실존적인 과제이다. 동시에, 급박한 사회적 현실이고, 나아가 문명전환의 핵심 키워드가 될 수도 있다. 그리고 그것은 '돌보아지고/돌보는' 몸-생명, '나고/죽는' 몸-생명에 대한 생각을 더욱 깊게 만든다. 나아가 우리를 생명운동과 문명전환에 대한 새로운 생각으로 이끌 수 있을 것이다.

3장 연결된 사회에서 돌봄의 마음과 실천

유정길

1. 순환 사회의 돌봄 노동

〈장면 1 : 매일 반복되는 노동〉

나는 불교수행단체 정토회 공동체에서 약 1년간 공양주를 한 적이 있다. 일상적으로 하루 세끼, 매번 50여 명의 식사를 준비하고, 행사 때 많을 때는 600여 명까지, 더 큰 행사 때는 1천 명이 훨씬 넘는 식사준비도 했다. 물론 지원해 주시는 봉사자들이 계셨지만 이분들의 역할 분담과 배치, 조직하는 일과 메뉴 구성, 부식 구입, 차량 섭외도 나의 일이었고, 봉사자 분들 간의 미묘한 갈등을 조정하는 일까지 했다

새벽 4시에 일어나 공양(식사) 준비를 하고, 5시 예불과 기도, 명상을 한 뒤, 요리를 하여 아침 6시 30분에 50여 명이 법당에 둘러 앉아 전통 방식의 발우공양을 했다. 점심때는 재사 음식 준비를 하고 부처님께 과일이나 공양물을 올린 뒤, 점심공양 준비를 한다. 식사 후 설거지와 뒷정리를 한 뒤 오후에는 부식 준비, 공양간 정리와 청소, 또는 장을 본다. 저녁때 식사 준비 외에도 저녁법회나 행사가 있는 경우 그 준비도 했다. 저녁 설거지를 마치면 다음날 아침, 밥쌀과 부식 준비를 한 뒤 10시에 취침을 했다. 이튿날 다시 새벽 4시에 일어난다. 매일 아침 추운 겨울 공양간의 문을 열면

냉기 어린 부엌의 찬바람을 가슴으로 맞으며 생각한다. '어제 한 일을 오늘도 똑같이 하는구나….'

아버지 노동과 어머니 노동

예전에 남편을 '바깥양반'이라고 불렀다. 한편 부인을 내자(內子) 또는 '안사람'이라고 했다. 남자는 주로 집 바깥일을 했고, 여자는 집안의 일을 하기 때문에 붙여진 이름이다. 요즘에야 남녀의 역할 구분이 적어졌다지만 여전히 성역할 분담에 따른 차별이 남아 있다. 남자의 일은 시간이 갈수록 돈으로 쌓이거나 성과로 축적되고, 직책도 올라가며 사회적 명성도 얻는다. 또한 이러한 아버지(남자) 노동은 대체로 하나의 목표를 향해 지속적인 성장을 추구한다. 그 목표는 무한한 성장과 돈벌기이며, 개인적으로 높은 명예와 권력을 얻는 것이다. 이렇게 남자의 일은 목표를 향해 나가는 '직선적인 아버지 노동'이라고 표현할 수 있다.

어머니 노동은 전혀 다르다. 육아, 청소, 요리, 집안정리 등 가사노동은 힘들게 애를 쓰고 고생해도 표시가 나지 않는다. 그러나 어머니 노동이 없으면 생명이 위태롭고 생활이 심각해진다. 오래전부터 아이를 낳고 키우는 것은 여자로서 당연한 일이라고 생각했고 돈을 지급한다고 생각하지 않았다. 성스러운 일이라고 추켜세우면서도, 사회적 평가를 하지 않았다. 그런 어머니 노동은 반복적이다. 어제 했던 밥을 오늘도 또 해야 하고, 어제 한 청소를 오늘도 반복한다. 올려놓으면 다시 떨어지는 높은 산의 돌맹이를 매일 올려놔야 하는 시시포스(sisyphos)의 노동과 같다. 이것을 '순환적인 어머니 노동'이라고 이름하려 한다.

임금노동과 돌봄 노동, 지불노동과 비지불노동

직선적인 아버지 노동은 학벌과 자격증을 갖추어 상품성을 높이려 한다. 좋은 학교 졸업장, 해외 유학, 자격증, 높은 경력과 기술로 자신의 노동 상품성을 극대화한다. 최대한 고액의 연봉을 받으려 하는, 임금을 위한 노동이다. 그러나 어머니의 순환 노동은 전통적으로 모든 여성이 마땅히 해야 하고 집에서 배우게 되는 일로, 특별하다고 생각하지 않는다. 출산하고, 아이 잘 키우며, 요리 잘하고, 집안일 잘하는 것은 모든 여자가 마땅히 해야 하는 일이라고 생각했다. 고액의 임금을 지불할 만큼의 가치와 전문성을 평가받지 못한다. 심지어 전통적인 가부장 남성들은 '집에서 놀면서'라고 하며, 노동으로 조차 취급하지 않는다.

그렇게 일(Work)과 노동(Labour)은 구분된다. 일한 대가로 임금을 받는 것을 노동(Labour)이라고 한다면 임금 유무와 관계없이 자신과 이웃에게 의미 있는 활동은 일(Work)이라고 할 수 있다. 노동은 자본에 고용되어 일한 시간 또는 생산량만큼 임금을 받는다. 임금노동 중심의 사회에서는 돈 되는 일을 할 수 있는 능력의 크기로 사람의 지위가 평가되며, 나아가 노동을 할 수 있는 사람인가 아닌가로 가치가 평가된다. 그래서 임금노동을 하기 어려운 장애가 있는 사람들은 사회적으로 가치 있게 평가되지 못한다. 심지어 예술이나 문화 체육 등, 돈벌이가 안 되는 일은 쓸모 없는 일로 간주되기도 한다. 그래서 일자리가 있어야 하고, 일할 권리가 보장되어야 하며, 누구나 노동하고 싶어 한다. 그러나 역설적인 것은 대부분 사람들이 실은 일하지 않고 쉬고 싶어 한다는 사실이다.

모든 사람들은 임금 여부와 관계없이 일을 한다. 사실 의미 없이 움직이는 일이란 없다. 돈이 되지 않는 일, 즉 상품 생산을 하지 않는 노동은 자본주의 사회에서는 무가치한 것으로 평가되지만, 아버지가 다음 날 일할 수 있도록 밥 먹고 쉬게하고 힘을 내서 다시 임금시장에 재투여하도록 하는 과정은 바로 어머니의 비지불노동이다. 그래서 이러한 어머니 노동을 재생산 노동이라고 한다. 어머니 노동으로 대표되는 재생산 돌봄 노동, 즉 공동체에서 서로 돕고 협력하는 비지불노동(그림자 노동)이라는 바다 위에 비로소 임금노동이라는 배가 뜰 수 있는 것이다. 성장사회는 비지불노동을 모두가 무상으로 누리면서 지속되는 시스템이다. 그렇게 볼 때 어머니 노동으로 대표되는 비지불노동은 우리 사회의 공동성을 만드는 커먼즈(Commons)라고 할 수 있다.

자연 파괴와 오염을 만드는 아버지 노동

아버지 노동은 더 많은 이익 추구라는 목표 지향의 노동이자, 무한 확장을 추구하는 직선적 노동이다. 결국 무한 자원 채취를 위해 자연을 지배-정복하고 파괴하면서 환경재앙, 생태적 위기를 초래했다. 이 직선적 노동은 임금을 위해 일할 뿐, 내켜하지 않는 소외노동이다. 그러나 '순환적인 어머니 노동'은 생명을 포태하고 키우며, 살리는 정동노동이다. 남성의 노동은 엔트로피를 증대시키는 일이라면 여성의 일은 엔트로피를 감소시키는 일이다. 직선적인 노동은 목표를 향한 속도와 효율을 추구한다. 이를 위해 수직적이고 위계적인 사회적 조건이 필수적이다. 그렇게 남성 중심의 '가부장적' 문화는 서열과 위계의 문화가 된다. 또한 효율과 생산성을 위해 경쟁과 대립, 대결과 투쟁, 목표의 폭력적 질서가 바탕이 된다.

가부장적 사회에서 남성과의 평등을 지향하는 여성운동은 일정한 성공을 거두었다고 해도 그것은 결국 가부장적 질서에 포섭되는 것을 의미한다. 곧 여성의 남성화이다.

　그래서 생태사회의 젠더평등의 사회는 가부장적 직선적 사회질서를 순환적 사회구조로 바꾸는 것, 비지불노동, 그림자 노동, 재생산 노동 사회로의 전환을 통해 완성된다. 평등하되 평등을 뛰어넘는 일이다. 남성적 가부장 질서와 확대지향적인 임금노동 중심의 시스템이 아니라 관계지향적이고 순환적인 돌봄 노동사회로의 전환을 추구하는 것이다. 다시 말해 남성성의 사회가 아니라 여성성의 사회로, 목표와 효율 지향의 직선 노동 성장 노동사회에서 관계와 과정 중심의 돌봄 노동 순환 노동사회를 지향한다. 곧 성장사회가 아니라 돌봄 사회로의 전환이다.

2. 사물돌봄 : 모든 존재는 우주적 생명

〈장면 2 : 김치천도재〉

　한번은 700명이 참여하는 큰 행사의 식사를 준비했다. 그래서 묻어 둔 김장김치를 확인하기 위해 공동체 농장에 갔다. 그러나 김칫독이 있는 음식창고에 들어서자마자 심상치 않는 냄새가 진동하기 시작했고, 김칫독 안의 여섯 개의 김치 비닐봉지를 꺼내자 지독한 냄새가 코를 찌르기 시작했다. 김치는 형체도 알아볼 수 없을 정도로 문드러져 있었다. 다른 김치 봉지를 모두 확인해 보니 네 봉지는 그나마 빨아서 찌개용으로는 먹을 수 있을 듯했다. 결국 두 봉지의 김치는 버릴 수밖에 없었다.

　그러나 절집에서는 쌀 한 톨도 절대 버려서는 안 된다. 공양주가 되어서 섬세하게 살피지 못하고 한순간 마음을 놓치거나 게으름을 피우면 이렇게 냉장고나 김칫독의 음식이 썩어 나가도 모르게 된다. 예전 큰스님들이라면 불호령이 떨어질 일이었다. 결국 우리는 썩은 김치를 퇴비장 옆 땅에 매장할 수밖에 없었다. 그 순간 '김치가 죽는다'고 생각했다. 우리가 "김치를 죽인 것"이라는 생각에 이르렀다. 이때 돌아가신 할아버지와 할머니, 아버님을 선산에 묻던 기억이 떠올랐다. 똑같은 장면이었다. 그래서 사람이 죽으면 영가가 잘 돌아가시도록 천도재를 지내는 불교의식을 '김치의 죽음'을 위해 지내고 마지막에 해탈하여 천도하도록 해탈주(解脫呪)를 해주었다.

이 김치는 수명을 다해서 죽은 것이 아니라 우리가 죽인 것이다. '죽음'이 아니라 '죽임'인 것이다. '죽음'이야 자연적인 현상이지만, '죽임'은 자연적인 것이 아니다. 다음날 우리는 일천배 기도로 참회를 했다. 싱싱하고 맛있게 먹히는 것이 김치라는 존재의 목적이다. 몸속에 들어가 분해되어 에너지로 변하고 힘이 된다. 몸속에서 들어가 모양이 바뀌어 새로운 것으로 변하는 것이다. 단순히 먹을거리가 아니라 생명활동에 역할을 하는 생명적 존재이다.

이 김치는 우주적 존재

김치가 내 앞에 오기까지 살펴본다. 배추가 될 작은 씨앗이 있다. 이 씨가 움트기 위해 비가 내렸고, 바람이 불었고, 풀벌레가 울고 새들도 지저귀어 주었고, 천둥과 태양이 관계되었다. 기르고 키운 농부, 운반하는 트럭과 운전수, 또 그들의 가족이 관계되어 있다. 이어 시장, 가게, 마트, 그 마트의 운영자와, 유통시스템이 있다. 수립-승인-실행 등 마케팅계획이 있고 이러한 전문가를 길러낸 대학이 있다. 그들은 전공만이 아니라 수많은 인접 학문을 공부하며 성장하였다. 나아가 학문적인 교류를 하는 세계의 다른 대학도 존재해야 한다. 결국 배추가 내 앞에 오기까지, 지금 살고 있는 전 세계의 모든 사람들이 관계 맺고 있다고 할 수 있지 않을까? 또한 사람만이 아니라 바람과 구름, 태양과 달, 목성과 금성, 은하계와 우주의 모든 별들이 배추가 여기 있기 까지 관계되어 있다고 할 수 있다.

배추를 운반한 차량을 주목해 보면 아마도 배추와 똑같이 전 세계의 모든 사람과 사물들, 비인간 존재가 다 관계되어 있었음을 알 수 있다. 한편 그 '차량'을 시간적으로 살펴보자. 이 차량이 있기 위해서는 2-30년 전의 과거의 차량이 있어야 한다. 그런데 바로 2-30년 전의 차량도 연관을 살펴보면 당시에 존재하는 모든 사람들, 모든 존재들이 다 관계되어 있었을 것이다. 더 거슬러 그 차량은 100년 전의 차량과도 관계되어 있다. 더 멀리 200년 전에 초기 개발될 때의 자동차가 있어야만 존재할 수 있다.

그렇게 1천 년, 2천 년 전의 마차와 수레까지 거슬러 간다면, 현재의 이 차량은 6백만 년 전부터 시작된 인류와 모두 연결되어 있다고 할 수 있지 않을까? 아니 46억 년의 지구의 역사, 더욱 나아가 138억 년 전 빅뱅 이후의 우주가 다 연결되어 있다고 볼 수 있다. 그러면 이 김치와 차량은 공간적으로 현 시대 우주 전역에 걸쳐 존재하는 모든 인간과 사물, 비인간 존재들과 연결되어 있으며, 시간적으로 역사 이래 수백억 년의 존재들과 누적적으로 연결된 존재라고 할 수 있지 않을까? 이렇게 보면 김치나 차량은 우주가 만들어낸 작품이며, 우주적 존재라고 할 수 있을 것이다.

김치나 자동차만 그럴까. 감자조림, 수저, 밥상, 삽과 톱, 농기구 등 모두 똑같을 것이다. 나를 존재하게 하는 모든 존재들 하나하나 이렇게 우주적 존재임을 증명하는 것은 어렵지 않다. 존재만이 아니다. 움직이는 사건과 행동 하나하나 조차 우주의 모든 존재들의 노력이며 그들의 힘이 작용된 것이다. 이것은 '티끌 하나에도 우주가 들어 있다'는 의상조사 법성게(法性偈)에 있는 '일미진중함시방(一微塵中含十方)'이다. '좁쌀 한 알에도 우주가 담겨 있다'는 무위당 장일순 선생의 깨달음이다. 존재 하나하나가 모두 우주적 창조물이며 거룩하고 숭고한 존재이다. 그러니 모두 존귀하고 경외스러운 존재인 것이다.

쓰레기란 본래 없다, 모두 존귀한 존재

이렇게 볼 때 과연 쓰레기, 쓸데없는 물건이 있을까? 쓰레기란 있을 수 없다. 모든 존재가 질량을 갖고 있는 한 에너지화 할 수 있다는 것이 물리학 법칙이다. 이들이 태어난 의미를 구현하고 그 모양을 바꿀 때까지 존재하게 만드는 것, 그것이 그 존재를 잘 살리는 것이다. 모든 존재는 공경을 받아야 하며, 잘 모셔야 할 거룩한 존재이다. 그래서 이러한 생태적 각성, 생명적 의식의 바탕이라면 "쓰레기를 잘 분리수거하고 적게 버리는 대상"으로서가 아니라 "쓰레기란 본래 없으며 모든 사물을 철저히 공경하는 대상"만 있을 뿐이다. 이러한 자세는 〈사물 돌봄〉이라고 할 수 있고, 더 나아가 〈사물 공경〉, 〈대물(待物) 모심〉이라고 할 수 있다. 동학의 삼경 사상 중에 경물(敬物)의 자세이다.

우주에는 바위나 산, 흙처럼 정지하여 고정된 풍경처럼 존재하는 것도 있다. 이들은 짧은 시간으로 보면 고정되고 움직이지 않는 것처럼 보일지라도 수만 년의 지질학적 시간대로 확장하면 이들 땅과 바다, 강은 고정된 존재가 아니다. 침식, 융기, 퇴적, 침강 등을 통해 수시로 변화하며 거대하게 움직이며 존재한다. 우리가 딛고 있는 땅, 지각도 액체인 맨틀 위에 떠 있어, 그 대류에 따라 거대한 지각의 판이 이동한다. 고정되어 있지 않고 모두 움직이고 있다.

한 줌의 흙 속에는 살아 있는 수많은 박테리아와 미생물, 수억 마리의 균류가 살고 있다. 흐르는 강물의 한 그릇을 떠도 그 속에 수많은 박테리아, 플랑크톤이 존재한다. 이들 모두 눈에 보이지 않게 작지만 저마다 생존을 위해 꾸물대는 생명이다. 우리 몸조차도 내 안에 수억 마리의 세균과 미생물들이 존재하고 있으며 이들이 군집을 이루어 인간과 공생(共生)한다. 나는 나 한 개체가 아니라 공생체인 것이다. 개체와 존재가 아니라 관계와 연결의 관점에서 보면 생명과 비생명을 나눌 수 없고 인간과 비인간 존재를 구분할 수 없다.

3. 연결된 세계에서 모두가 나

산천초목 모두가 생명, 인간과 비인간과의 돌봄

불교는 "살생을 하지 말라"는 불살생(不殺生)을 중요한 첫째 계율로 한다. 그리고 그 생명의 구제를 가장 큰 서원으로 삼는다. '만 생명이 함께 행복할 수 없을까' 하는 고뇌가 석가모니 부처님의 출가 이유이다. 불교에서 생명이란 인간을 포함한 동물인 유정물(감각이 있는 생명)은 물론이거니와 식물과 바위, 강와 산, 바람 같은 무정물(감각이 없는 생명)도 모두 포괄한다. 각각 모두 그 안에 부처가 될 거룩하고 성스러운 불성이 있다고 생각한다. 그래서 초목성불론(草木性成佛論)이 나온다. 동학에서 내 안에 모셔진 한울, 모든 사물에 존재하는 한울님이라는 의미, 그래서 만물 막비시천주(萬物 莫非侍天主)라는 의미와 일치한다. 따라서 거룩하고 신령한 존재인 것이다.

아버지 노동이나 어머니 노동이라는 표현은 아버지와 어머니로 상징화된 노동을 표현한 것이다. 환경 위기는 결국 아버지 노동으로 대표되는 직선적인 확장과 위계적인 지배 정복의 가부장적 질서가 원인이다. 따라서 새로운 전환 사회는 어머니 노동으로 상징되는 순환 노동, 관계와 과정을 소중히 하는 생명살림의 돌봄 노동, 돌봄의 가치가 우선되는 사회이다.

근대사회는 독립되고 독자적인 개체들을 기조로 한 사회이다. 개체 중심의 사회는 이들 간의 경쟁과 대립을 통해 지배 정복을 일상화한다. 또한 귀족이 노예를, 백인이 흑인을, 남성이 여성을, 인간이 자연을 지배하는 위계구조를 만든다.

그러나 돌봄 사회는 중생 모두가 서로 연결된 존재, 의존적 존재라고 본다. 연결된 관계로 보는 사회에서는 개체와 개체를 구분하거나 나눌 수 없다. 근대사회는 존재에 주목하지만, 전환의 돌봄 사회는 관계에 집중한다. 이렇게 연결된 존재로서 인간과 비인간 존재는 서로 의지하고 돕고 살리는 존재이며 구분할 수 없는 하나이다. 마치 10개 손가락은 별개처럼 보이지만 손으로 연결되고 몸으로 연결되어 하나이듯이, 인간과 인간 사이의 돌봄의 관계와 인간이 비인간 존재를 돌보는 일과 형식은 구분되어 보이지만 근본의 차원에서는 구분될 수 없다.

당신이 곧 나이다

부모는 사랑으로 아들과 딸을 키울 때 '자식을 자신처럼' 생각한다. 그들이 아프면 자신도 아프고, 그들이 잘되면 자신도 덩달아 행복해 한다. '동물의 왕국' 등 자연 다큐멘터리에서 사자에게 먹히는 사슴의 처참한 모습,

맹수에 잡혀 잔인하게 죽어 가는 작은 생명들을 보면 마치 자신인양 진저리를 친다. 모두 '저것이 나'라고 생각하는 것이다. 사람이나 동물 등 어떤 존재에 나를 투사하여 그들이 되는 경험, 그래서 그 고통과 느낌에 동참하고 체험하는 감각, 감수성이다. 이런 감수성이 유달리 예민하고 많은 사람들, 그래서 더 많은 생명들의 아픔과 기쁨에 인입되어 함께하는 섬세한 감각을 갖고 있는 사람을 우리는 자비심과 사랑의 감수성이 많은 사람이라고 한다. 이처럼 사랑과 자비는 상대에게 들어가 그가 곧 내가 되는 감수성이다. 그렇게 내가 확장되는 것이다.

나무를 흙에서 뽑아 버리면 나무는 곧 죽는다. 나무와 흙이 연결되어 있어 그 연결이 끊어지면 죽는다. 물고기를 물 밖에 꺼내면 그 물고기는 죽는다. 사람을 공기와 차단시키면 곧 죽는다. 모든 생명은 연결되어야 살수 있다. 연결이 끊어진 것이 곧 죽음이다.

나는 홀로 존재할 수 없다. 우리는 그동안 '피부로 덮인 나'만을 나라고 생각해 왔다. 그러나 실제 나는 타자(당신)와 연결되어 있다. 사람만이 아니라 만물과 연결이 끊어지면 죽는다. 그들이 만들어 주는 물건이 없으면 내가 살 수 없다. '타자는 곧 확장된 나'인 것이다. 이들 모두 연결되어 관계 맺으면서 의존하며 서로 살려나가는 존재인 것이다. 이들 모두 '나'이다.

연결된 관계를 깨닫고 난 뒤에 새롭게 열리는 세계는, 나만 잘되면 성공하는 것이 아니라, 오히려 타자가 잘되는 것, 자연과 비인간 생명들이 풍요로워지는 것이 성공하는 것이다. 그래서 나를 위한 이기적 노력이 아니라, 상대와 자연이 잘되도록, 행복하도록 노력하는 것이 곧 내가 잘되고 행복하게 되는 일이다. 이제껏 사랑와 자비의 대상 폭을 자신과 가족 정도까지로 확장했지만 이제는 애정을 투사하는 가족(친족)을 이웃과 뭇 생명,

자연에게 확대하는 일(친족의 확대)도 생태적 각성이자 영성이다.

나와 나의 이익만 생각하는 것을 '개별적 자아'라고 한다면, 당신이 곧 나라고 생각하는 확장된 자아는 '관계적 자아'이다. 또 자연과 비인간 생명으로까지 확장된 나는 '생태적 자아'이며, 타자를 위해, 뭇 자연과 생명의 행복을 위해 노력하고 돕는 나는 '보살적 자아'이다. 보살적 자아가 바로 돌봄의 자아이다. 남을 돌보는 것이 곧 나를 돌보는 것임을 깨닫는 것이다. 이기적 이타주의(Selfish Altruism)라고 할 수도 있다. 다른 이를 돌보는 과정에서 자기 긍정성을 깨닫고 스스로 행복해진다. 남 걱정을 하면 내 걱정도 치유되어 사라진다.

4. 수많은 돌봄 속에 살고 있는 삶

나는 수많은 돌봄 속에 살고 있다. 돌봄을 받고 싶어 하기 전에 '내가 남을 돌보려는 마음'을 가져야 한다. '돌봄을 받는다'는 생각 이전에 '내가 돌본다', '남을 돌보는 삶을 살아야 한다'는 것을 깨닫는 일이다. 그러나 이보다 먼저 할 일은 자신이 수많은 돌봄 속에 살고 있다는 사실을 깨닫는 일이다. 내가 조상과 부모로부터 큰 은혜를 입고 있고, 천지자연으로부터 크나큰 혜택과 은혜를 입고 있다는 사실을 아는 것이다. 온 우주가 자신을 돌봐주고 있다는 깨달음이 돌봄을 시작하는 근본이 되어야 한다.

가피(加被), 가호(加護)를 입는 삶

가피(加被)란 부처님이나 여러 불보살들이 베푼 자비의 힘과 보호 덕분에 자신이 무사하고 일을 원만히 잘 성취한 것을 말한다. '힘 입다'라는 말과 유사하다. 불교에서는 "칠불암 부처님에게 백일 치성을 드려 그 부처의 가피로 소원을 성취했다"는 식의 체험 사례가 전승되어 온다. 천주교나 개신교 등에서는 신의 가호(加護)라고 쓰기도 한다. 현대 종교 모두 신의 가호를 기원하고 불보살의 가피를 입기를 간절히 기도한다. 나아가 전통의 굿에서도 조상의 구체적인 보호와 도움을 만신을 통해 청해 받기도 한다.

동양종교의 전통은 자력(수행)을 강조하지만, 큰 뜻을 이루려면 인간의 힘만으로 안 되며, 하늘과 신령, 조상들의 은혜, 은덕이 있어야 한다는 말이 있다. 손병희 선생과 3.1운동을 함께 준비하던 용성스님은, 대한의 독립은 인간의 힘만으로는 안 되며 하늘의 힘을 빌리고 하늘을 감동시켜야 한다고 말씀하셨다. 그래서 불교의 33개 하늘의 천신들을 감동시키고 그들이 힘을 주시기를 빈다는 의미로 민족대표를 '33인으로' 구성하자고 제안했다고 한다. 가피는 보이지 않는 힘이다. 그러나 보이지 않아도 존재하는 힘인 것이다.

어릴 때 부모의 사랑과 보살핌 속에 자란 아이와 반대로 부모 사랑을 받지 못하거나, 학대 속에 살아온 사람의 정서와 정신은 큰 차이가 있다. 남편과 자식의 안전과 성공을 위해 새벽마다 정화수를 떠놓고 기도하는 어머니와, 100일 기도, 천일기도를 하거나 새벽기도를 하는 정성과 치성은 근대사회에서는 무의미하고 미신적인 일로 보일지 모르지만, 보이지 않는 그 마음의 에너지, 정성과 치성이 만드는 관계의 장, 그런 모습을 지켜보아 온 자식의 마음속에는 부모에 대한 무한한 신뢰와 감사의 마음이 각인되며 보이지 않는 에너지로 전화된다.

죽어 본 사람 덕분에 안전한 사회

지금 우리는 무엇이 먹을 수 있는 버섯인지, 먹을 수 없는 독버섯인지 알고 있다. 또한 어떤 뱀이 독이 있는지, 독이 없는지도 구분할 수 있다. 이러한 지혜는 인류 선조들의 오랜 역사적인 경험의 축적에서 비롯된 것이다. 오래전 누군가 그걸 먹고 죽은 그 죽음 덕분에 그 사실을 알게 된 것이다. 그 뱀에 물려서 다쳤거나 죽어 본 그 첫 사람이 있었기 때문에, 지금은 버섯을 가려먹을 수 있고 뱀을 피할 수 있게 된 것이다. 지금 나의 안전과 안락은 바로 위험 속에 죽어 간 선조 덕분(가피)이다. 우리가 누리는 수많은 지식과 정보, 지혜는 수많은 조상들의 죽음, 희생과 노고 덕분이다.

이렇게 볼 때 우리는 헤아릴 수 없이 많은 가피를 누리며 살고 있다. 조상들이 축적해 놓은 수천 년간 과학기술과 개발로 이룩한 도시, 건축, 사회와 교육체계, 경제적 성취들을 누리며 살고 있다. 이뿐 아니다. 과거 노예와 노비로 살며 억압과 차별에 반대하여 죽음을 불사한 노력을 통해 지금의 나는 자유와 평등, 인권의 가치를 누릴 수 있게 되었다. 또한 제국주의 식민 지배와 억압 착취에 반대해 온 수많은 피억압 민중들의 피어린 투쟁[가피] 덕분에 내가 살아온 것이다.

지금의 나는 주변사람들 덕분에 살고 있으며, 천지자연의 은혜를 입고 살고 있음을 깨닫고 알아차리는 것이 중요하다. 이것을 두고 원불교의 소태산 대종사는 사람들은 네 가지 은혜(四恩)로 살고 있다고 가르치셨다. 대자연의 은혜인 천지은(天地恩), 낳고 키워준 부모은(父母恩), 이웃과 조상들의 동포은(同胞恩), 사회시스템의 법률은(法律恩)이다. 최근에 생긴 종교답게 불교나 유교, 동학은 물론 근대사회의 지혜가 모두 녹아 있으나, 그 뜻은 모두 지금 여기의 나가 무궁한 가피(加被) 속에서 살아 있음을 말하는 것이다.

5. 돌봄 사회로의 전환 동력 : 감사하기

내가 온전한 삶을 사는 것은 바로 이러한 은혜에 힘입어 살고 있다는 각성이 돌봄 사회, 전환 사회를 만드는 시작이다. 그 은혜를 깨달은 뒤 해야 할 행동은 바로 감사이다. 조애나 메이시(Joanna Macy)는 그녀의 저서 액티브 호프(Active Hope)』와 생명으로 돌아가기(Coming Back to Life)』에서 대전환 사회를 이루는 재연결 작업의 첫 일이 "고마움에서 시작하기"라고 말했다. 대부분의 종교적 전통은 감사하는 마음에서 신행과 영성이 시작된다. 감사하는 마음이야 말로 자신의 삶을 행복하게 하고, 긍정적인 자존감을 갖게 하며, 이웃과 가족들이 행복한 관계를 갖게 하는 마음가짐이고, 어려움과 문제를 해결하는 시작의 마음이기도 하다.

그러나 지난 100년 사이 한국 사회는 풍요로운 성장을 달성했고, 물질적 편리와 시스템의 혜택을 누리고 있음에도, 그러한 편익과 행복은 당연한 것으로 생각하며, 감사보다 오히려 부족함으로 괴로워하고 앞날을 걱정하고 두려워한다. 가난하고 춥고 배고팠던 보릿고개 시절, 입에 풀칠만 하면 아무 걱정이 없겠다고 생각했던 때가 있었다. 그러나 배부른 지금 더 많은 사람들이 자살하고 우울증에 빠지며, 돌연사, 고독사하는 사람들이 많은 것은 왜일까. 그것은 현재의 '은혜를 입고 있는 삶', '덕분에 사는 삶'에 대한 감사를 잊고 살기 때문이다. 그래서 '감사를 발견하는 일', '감사를 깨닫는 일'이 돌봄 사회, 전환 사회의 첫 번째 일이다. 삶에 깊이 감사하는 마음을 갖게 되면 다음과 같은 효과가 있다.

첫째, 감사의 마음을 갖는 자신이 우선 큰 행복감을 느끼게 된다. "꽃을 보고 행복하면 꽃이 좋은 것이 아니라 내가 좋은 것"이다. 감사한 마음은 삶의 활력을 주며 일하는 동력이 된다. 그리고 이웃과 주변 사람에게 감사하는 마음은 그들을 행복하게 만들며 사이좋은 관계를 만든다.

둘째, 감사할수록 감사의 감각이 발달한다. 과거엔 당연하다고 생각했던 것들이 당연하지 않은 것임을 깨닫고, 매사에 감사하는 마음으로 가득차게 된다. 그러면 외부의 어려움에 휘둘리지 않는 굳건한 자존감을 갖게 된다.

셋째, 많은 사람들의 은혜와 사랑을 받고 있다고 생각할수록, 부족하다는 마음, 부러워하는 마음이 사라진다. 스스로에 자존감과 중심이 있으면 무시당했다는 생각에 움츠러들지 않고 당당한 중심을 갖게 된다.

넷째, 감사의 마음은 내 삶이 이미 충분하고 만족스럽다는 생각을 갖게 한다. 지족(知足)의 마음을 갖게 된다. 따라서 소비주의의 허영심이나 욕망에 포섭되지 않고, 탐욕과 빈곤에 대한 균형의식을 갖게 하며 삶의 품위와 위엄을 갖게 한다. 감사는 자기를 소진하지 않고 자기 충전, 자기돌봄의 동력이 된다. 이러한 삶은 주변 사람들에게 감염되는 의미 있는 확장성을 갖는다.*

---

* 감사에 대한 실습은, 조애나 메이시, 몰리 영 브라운, 『생명으로 돌아가기』, 2020, 이은주, 유정길 옮김, 모과나무, 190쪽. 참고.

6. 이미 충분한 지족(知足)의 삶

괴로움은 과거에서, 불안은 미래에서, 오직 현재일 뿐

우리의 괴로움, 고통은 바로 서로 연결되어 있기 때문에 발생한 것이다. 자신이 고통을 받고 있거나 괴로움과 열등의식에 휩싸여 고민을 주체하지 못하면 남을 돌아볼 겨를이 없게 된다. 그러나 반대로 남의 고통을 돌보다 보면 자기 고민이 없어지기도 한다. 남의 아픔을 듣고 위로해 주면서 그들의 고통을 어루만지다 보면 자신의 고통은 별 것 아니라고 생각되거나, 스스로 괴로워할 여지가 없어지는 경우도 많다.

불가에 현존일념(現存一念)이라는 말이 있다. 모든 괴로움과 상처는 과거(past)에서 비롯된 것이며 모든 두려움과 걱정은 미래(future)에서 온다. 과거는 이미 지나가 버려 존재하지 않는다. 단지 기억에만 있을 뿐이다. 미래는 아직 오지 않아서 존재하지 않는다. 상상 속에만 있을 뿐이다. 명확히 실재하는 것은 오직 현재, 지금일 뿐이다. 오늘날 경쟁 사회 속에 많은 사람들은 좌절과 패배, 실패와 상처를 안고 산다. 이러한 상처는 과거에 대한 기억으로 있을 뿐, 현재 존재하지 않는다. 한편으로 현대의 많은 비즈니스가 앞날에 대한 불안감과 두려움을 팔아 이윤을 추구한다. 충분한 돈을 모아둬야 하고, 연금이 있어야 하고, 보험이 있어야 안심할 수 있다고 위협하고 겁박한다. 그래서 미래를 대비하지 않으면 큰일이 날 것처럼 말하면서 다양한 금융상품을 판매한다.

그러나 미래에 대한 걱정은 그저 '상상' 속에 존재할 뿐이다. 나를 괴롭히는 과거의 '기억'이나 나를 불안하게 하는 미래의 '상상'은 결국 마음이 만들고 생각이 지어낸 허상일 뿐이다. 오히려 지금의 삶에 집중하고 충실하면 그것이 축적되어 미래가 만들어지는 것이다. 걱정 없이 현재에 집중하다보면 그것이 미래를 더욱 낙관적으로 만들어준다.

오늘의 자본주의 산업사회는 광고를 통해 욕망을 부추기고 결핍감을 자극하며 먹고 입고 쓰고 버리며 더 빠른 구매와 소비를 조장하는데 전 미디어가 동원되고 있고, 실제 그 소비를 동력으로 이 시스템을 유지하고 있다. 여기에 앞날의 두려움을 조장하며 만족을 모르고 더 많이 축적하려는 욕구의 동력을 제공하고 있다. 이제 충분하다는 생각. 지족(知足)의 마음이 중요하며 미래의 불안감을 내려놓는 일이 소비사회를 건너는 마음자세이다.

세상의 삶이란 지금 좋았던 일도 지난 뒤에 반드시 좋았다고 할 수 없는 경우도 있고, 반대로 어려움과 괴로웠던 일도 지난 뒤에는 그것이 전화위복이 되어 오히려 좋은 일의 토대가 되는 경우도 있다. 또한 지금 내가 어떤 마음으로 일을 하느냐에 따라 나쁜 과거가 좋은 과거로 바뀌기도 한다. 예를 들어 과거 감옥을 들락거리는 나쁜 짓을 했다고 해도, 개과천선하여 그 경험이 기반이 되어 바람직한 선한 일을 하는 계기가 된다면 그 과거는 나쁜 일이 아니라 오히려 미래 큰일을 하게 만드는 좋은 경험적 자산이 된다. 현재 삶은 나의 과거의 총체이다. 과거의 모든 업식이 축적되어 지금의 나를 만들었다. 그리고 동시에 미래는 현재가 쌓여 만들어지는 것이다. 지금 무엇을 하는가가 나의 미래인 것이다.

연결된 관점으로 보면 미래가 열려있듯이 과거 또한 닫혀있지 않다. '이 순간에 충실하라'는 뜻의 '카르페디엠(Carpe Diem)'이나 '현재를 잡아라'라는 의미의 'Seize the day' 모두 과거에 얽매이거나 미래를 두려워하지 말고 현재에 집중하라는 현존일념(現存一念)의 깨우침이다. 이런 마음이 오늘의 자족의 삶을 유지하는 동력이다.

7. 돌봄의 가치 : 평등 넘어의 불평등

일상적으로 우리는 '아마존의 밀림이 파괴되든 말든 나와 무슨 상관인가'라고 생각해 왔다. 가난한 사람들이 고통을 받건 말건 '나와 관계없다'고 외면했다. 상관(相關)없다는 말은 '서로 아무런 관련이 없다'는 뜻이다. 실제 근대사회는 고립된 개체를 근본 단위로 생각해 왔고 각각의 개인들의 자율성과 독립성을 중요한 가치로 생각해 왔다. 그래서 독립적일수록 성공적 삶이라고 평가한다. 그러나 인간은 독립적 존재가 아니라 관계적 존재이자 의존적인 존재이다. 근대사회는 홀로 우뚝 선 독립적 존재가 되기 위해 경쟁과 대립을 일상화하고 다른 사람들을 밟고 올라가는 과정에서 결국 투쟁과 전쟁을 기반으로 한 사회를 만들어 왔다. 또한 이러한 생각이 자연을 지배-정복하고 생물의 멸종과 기후위기를 초래한 원인적 사고였다. 인간의 어리석음으로 '인류의 성공이 곧 인간의 실패가 된 것'이다. 앞서 언급했듯이 우리가 느끼는 모든 고통은 연결되었기 때문에 발생한 것이다. 마음의 변화를 통해 치유될 수 있는 개인의 고통도 있지만, 함께 해결하지 않으면 안 되는 사회적 고통도 있다. 그리고 개인적 고통과 사회적 고통은 나눌 수 없이 연결되어 있다.

모심, 공경, 섬김 : 불평등을 통해 평등이 완성된다

근대사회는 많은 불평등을 극복하며 평등을 이루어온 사회이다. 모든 인간은 평등하다고 생각하며 모두 1/n의 동등한 권리와 책임이 있다고 믿는 사회이다. 당연히 시스템은 평등을 이루어야 하고 그를 기반으로 조직되고 배치되어야 한다. 그러나 시스템을 통해 평등이 궁극적으로 완성될 수 있을까. 다시 강조하지만 보편적으로 선택과 기회의 평등은 여전히 중요하다. 그러나 그러한 평등만으로 진정한 평등이 완성되지 않는다. 그 '평등'을 넘어서야 실질적으로 평등이 구현된다.

부부가 결혼하여 상대를 통해 편익과 이익을 보려고 한다면 아마도 부부간의 갈등과 대립이 날로 심해질 것이다. 부부간의 평등이 50 : 50을 이루는 것에 집착하면, 실제의 현실에서 발생하는 미묘한 불평등으로 끊임없는 분쟁과 갈등의 원인이 된다. 그러나 상대가 20이나 30밖에 못하더라도 나는 그를 위해 70이나 80을 하며 돌보며 돕고 배려하는 것, 더 나아가 70, 80을 했다는 계산조차 하지 않는 관계가 되어야 한다. 이처럼 평등을 넘어서는 '돌봄적 불평등'을 통해 평등이 완성된다. 상대가 얼마를 하든 자신이 70이나 80을 더 베풀려고 노력하는 것을 돌봄적 불평등이라고 한다면, 평등이라는 용어 사용보다 '공경'이라는 용어가 적절하다. 나아가 '모심'이라고 표현할 수도 있다. 동학이나 불교에서 '모심'이 그토록 강조되는 이유이다. 평등을 구현하되 그를 넘어서서 생명에 대해 모심, 섬김이 관계적 돌봄으로서 살림의 궁극이라고 할 수 있다.

8. 보은의 삶과 돌봄의 실천 : 은혜 갚기, 빚 갚기

앞서 천지자연과 이웃들의 은혜를 입고 있다고 언급했듯이, 우리가 은혜를 입고 있음을 알았다면 마땅히 보은의 삶을 살아야한다. 은혜를 저버리고 배신하는 태도를 배은망덕(背恩忘德)이라고 한다. 우리 인류는 자연과 사람들에게 배은망덕한 삶을 살아 왔다. 그래서 배은의 자기 삶을 돌아보고 참회하며 회개하는 일이 바로 지금 우리가 해야 할 일이다. "선의

가 반복되면 권리인 줄 안다"는 말처럼 우리 인간은 현재 누리고 있는 모든 이익을 당연한 것으로 생각하고, 불편하고 힘든 일은 억울하게 느끼며 잘못된 것으로 생각하며 상황과 사람과 자연을 변경, 개조하려고 해 왔다. 산과 바위가 있으면 돌아가면 되는 것을 굳이 터널을 뚫고 다리를 놓고 자연을 무리하게 변형시키며 그 과정에 수많은 동물과 생물들의 터전을 파괴해 왔다. 또한 자연 속에서 수많은 편익은 자신이 누리고 온갖 오염과 피해는 힘없는 사람, 가난한 지역, 가난한 국가, 약한 생명이 사는 바다, 또는 말할 기회조차 없는 미래세대에게 떠넘기며 오염을 외부화(Externality)해 왔다. 시쳇말로 "자기가 싼 똥은 자기가 치워야 한다."는 말처럼 자기가 지은 과보는 자기가 책임져야 함에도 불구하고, 우리 인류는 "편익은 자신이 누리고 피해는 남에게 떠넘기는" 태도가 바로 오늘 인류와 지구 전체 위기의 또한 원인이다.

유럽과 미국 등의 오늘과 같은 찬란한 경제적 풍요와 선진적인 삶의 조건은 과거 아프리카나 아시아의 식민 지배를 통해 자원과 원료를 강탈하고 식민지에 상품을 팔아서 이룬 것들이다. 그 성취는 자신들이 발생시킨 온갖 오염과 피해를 다시 가난한 나라에 떠넘기며 누려온 것이다. 이를 생태부채(Ecological debt) 또는 기후부채(Climate debt)라고 한다. 한때 그들의 식민지였던 우리나라의 오늘의 성장과 발전도 역시 그러한 논리를 기반으로 이룩된 것이다.

잘못은 참회하고, 그러한 삶은 중단해야 한다. 또한 빚을 졌으면 갚아야 한다. 그러나 오늘날 가난한 나라를 지원하는 ODA(Official development assistance, 정부개발원조, 공적개발원조) 프로그램은 거지에게 적선하는 오만함이 배어 있다. 빚진 자의 자세는 참회하고 미안해하는 마음이어야 한다. 받는 사람들이 미움과 증오를 표현한다고 해도 그들에게 자기 자신이 더 많은 위해와 고통을 주었다는 점을 잊지 않고 마땅히 감내해야 한다. 더 나아가 한국을 비롯한 대부분 국제개발협력 공여국 정부와 그 나라의 NGO들은 여전히 자신들의 '성장 지향의 지속 불가능한 발전 모델'을 가난한 나라에 이식하며 오만하게 베푸는 듯한 태도는 내려놓아야 한다.

베풀되 베풀었다는 생각이 끊어져야

돌봄의 마음가짐으로 보자면, 그들로부터 과도하게 수탈해 온 스스로를 참회하고 살피며 그들에게 빚을 갚는 자세가 우선되어야 한다. 선의를 베푸는 사람들은 수혜를 받는 사람들이 자신에게 감사할 것이라거나 누군가로부터 칭찬을 받을 것이라고 기대하지만 반드시 그렇지 않을 수 있다. 잘사는 나라(사람)의 입장에서 가난한 나라(사람)에게 실질적인 도움이 되는지 섬세한 조사와 확인도 하지 않은 공급자 중심의 지원은 도움보다 오히려 위해가 되는 경우가 많다. 또한 지원할 경우에도 그들의 자존감이 손상되지 않도록 살펴야한다. 부국의 시각에서의 일방적 지원은 지역 공동체를 파괴하고, 자립적 삶보다는 잘사는 국가를 부러워하게 하고(영혼의 식민지화), 경제적으로 종속되게 만드는 결과를 초래하는 경우가 많다. 잘못을 잘못으로 덮는 어리석음을 되풀이 하지 말아야 한다.

9. 다양한 돌봄의 마음과 자세

베푸는 마음과 삶 : 팔정도, 사무량심

불교에서는 이웃과 중생을 돌보는 방법과 자세를 자세하게 설명하고 있다. 우선 중생을 구제하고 위하기 위해서 육바라밀의 삶과 수행실천을 권한다. 보시(布施)는 남에게 베푸는 삶이다. 지계(持戒)는 계율을 지키며 선을 실천하는 것이다. 인욕(忍辱)은 고난을 참고 견디는 것이다. 정진(精進)은 도를 이루기 위해 끊임없이 수행 정진하는 것이다. 선정(禪定)은 명상을 통해 항상 고요한 물처럼 평화로운 마음을 갖는 것이다. 지혜(智慧)는 반야의 지혜를 얻어 깨달음을 완성하는 것이다. 이 모든 수행의 첫 번째는 바로 베푸는 것[布施]이다.

그리고 사람들에게 괴로움을 없애고 즐거움을 주고 돌봄의 마음가짐으로 네 가지의 태도와 실천이 있다. 사무량심(四無量心)이다. 자무량심(慈無量心)은 분노하거나 증오하는 마음 없이 모든 존재에게 즐거움과 행복감을 주고 싶은 자비로운 마음이다. 비무량심(悲無量心)은 해롭게 하는 마음 없이 모든 중생들을 불쌍히 여기며 그들이 고통에서 벗어나도록 측은히 여기는 마음이다. 희무량심(喜無量心)은 모든 중생들이 기쁨과 희열을 누리기를 바라는 마음이며, 사무량심(捨無量心)은 평등심으로 차별적으로 대하지 않는 마음이다. 사무량심은 인간과 비인간, 생명과 사물 모두에게 대하는 자세이다. 이런 마음으로 부처님에게 공경하는 음식이나, 의복, 약 등을 바치는 것을 공양(供養)이라고 한다. 또한 그렇게 부처님께 올린 공양물을 대중들이 평등하게 나누어 먹는 것도 역시 공양이라고 말한다.

돌보고 베푸는 보시의 방법도 세 가지가 있다. 깨달음을 얻어 행복한 삶을 살도록 말씀을 설하고 가르침을 주는 것이 법보시(法布施)다. 또 물질이나 재물을 보시하는 것은 재보시(財布施)이다. 그리고 걱정거리나 두려움을 없애주고 마음을 편안히 해주는 것을 무외시(無畏施)라고 했다.

무재칠시, 무주상보시

그러나 물질적 지원이 아니더라도 남을 돕고 베풀 수 있는 일곱 가지가 있다. 이것을 무재칠시(無財七施)라고 한다. 화안시(花顔施)는 웃는 얼굴로 부드럽고 정다운 얼굴로 대하는 것이다. 언시(言施)는 공손하고 아름다운 언어, 사랑과 위로의 말로 대하는 것이다. 심시(心施)는 착하고 어진 마음을 가지고 사람을 대하는 것이다. 안시(眼施)는 호의를 담아 부드럽고 편안한 눈빛으로 대하는 것이다. 신시(身施)는 몸으로 베푸는 것이다. 공손하고 예의 바르게 몸으로 직접 도와주는 것이다. 상좌시(床座施) 또는 좌시(座施)는 다른 사람에게 자리를 내주어 양보하는 것, 지치고 힘든 이에게 편안한 자리를 내주는 것이다. 찰시(察施) 또는 방사시(房舍施)는 요청하고 묻지 않아도 상대의 마음과 속을 헤아려주는 것이다. 사람들을 돌볼 때 바로 이런 자세와 마음으로 해야 한다.

그러나 마지막으로 중요한 것은 '무주상보시(無住相布施)'이다. '머무르는 마음 없이 하는 보시', 즉 '집착 없이 베푸는 보시' 베풀되 베풀었다는 그 마음조차 갖지 않는 것이다. 보통 베풀거나 혜택을 주면서 '내가 너를 도와줬다'는 생각을 갖는다. '내가 너를 키우느라 얼마나 고생했는데…. 내가 너를 얼마나 도와줬는데…. 내가 이 단체에 얼마를 기여했는데….' 하는 마음의 집착(相)을 갖는 것이다. 이런 마음은 이후 '나에게 어떻게 이럴 수 있어'라는 보상받고 싶은 마음을 낳는다. 이런 보상심리는 이후에 관계의 독(毒)이 된다. 금강경에 무수히 강조된 것이 바로 무주상보시이다. 도우면서도 도와줬다는 마음을 지워야 하는 것이다. 이처럼 돌봄이 넘치며, 돌봄이라는 말이 사라진 세계, 그것이 바로 돌봄이 완성된 사회아닐까.

10. 마무리하면서

연결된 사회에서 자신을 존재하게 하는 것은 바로 다른 인간과 비인간 존재들이다. 이들의 행복이 나의 행복과 직결되어있다. 따라서 이들이 행복하도록 하고 자연이 풍요롭도록 돌보는 일은 곧 자신의 돌봄, 나의 행복이 된다.

기후위기, 생태위기는 그 자체도 해결의 과제이다. 그러나 기후와 탄소 문제만 해결되면 모든 위기가 해결된다고 생각하는 것을 '기후환원주의, 탄소환원주의'라고 비판한다. 기후해결 뒤에 생물종 멸종문제와 쓰레기 오염 등의 문제는 여전히 넘어야 할 위기적 증상들이 대기하고 있기 때문이다. 근본적으로 생태위기는 이제껏 사람들과 자연과 잘못 관계 맺어 온 것에 대한 전환의 메시지이다. 지구적 통증인 것이다. 증상만 없애는 작업만이 아니라 원인 치료를 해야 한다. 그 원인은 바로 서로 나눠지고 분리된 것을 재연결하는 일이다. 그 연결의 실천행위가 바로 돌봄이다.

이제껏 기후환경운동이 탈성장을 강조했지만 그것만으로 안 된다. 궁극에는 재연결된 사회를 만드는 것이 목표라면, 이제 우리의 과제는 "성장 사회에서 돌봄 사회로의 전환"하는 것이다.

4장 인류세의 의복 돌봄
—알면 수선한다

우석영

1. 옷은 직물이고, 직물은 돌본다

'알몸'이라는 말은 이상하다. '알몸'이라는 말을 들음과 동시에 우리의 머릿속에서는 발가벗은 몸이 떠오른다. 발가벗지 않은 몸이 일상의 인체가 되는 상황에서, 발가벗은 몸은 즉각 주목을 일으킨다. 그만큼 알몸은 샤워실, 목욕탕, 병원 같은 특별 공간에서만 당연시되는 예외적인 몸이다.

그러나 시선을 인간에게서 거두어 인간 이외의 세계로 돌리면, '알몸'이 다른 의미로 기이한 단어라는 사실이 곧장 공개된다. 인간계 바깥의 세계에서는 모두가 알몸으로 살아가고 있기 때문이다. 알몸 아닌 몸이 이 지구에 하나라도 있는가?—이 질문을 음미할 때, 우리는 인간의 특이성을 새삼 발견하고 놀라게 된다.

옷은 호모 사피엔스라는 종의 특이한 정체성을 그만큼 잘 말해준다. 때로 우리는 알몸이 되어 자연 상태로 돌아가지만, 오늘의 사회적 마당에서 인격 있는 자로서 '사람대접'을 받고자 하는 자는 무조건 무언가로 몸을 가려야만 한다. 정반대로, 타인을 모욕하거나 비인간 동물 취급하거나 그 자에게서 현재의 지위를 박탈하고자 할 때, 인간은 해당 인물의 옷을 (여러 사람이 보는 자리에서) 가차 없이 벗기곤 했다. 이때 알몸 만들기는 단죄의 방식이었다. 사람다움(personhood)은 옷이라는 물질을 통해서만 가능했다.

옷은 사람(person)의 필수물이기 이전에 인간(human)의 필수품이었다. 옷은 추위와 더위로 표현되는 혹독한 자연의 공격으로부터 알몸을 보호해주는 필수적 보호장치였다. 양털은 겨울의 옷이었고, 모시는 여름의 옷이었다. 옷의 원초적 기능은 처음부터 지금까지 취약한 인체를 보호함, 즉 돌봄이었다. 홀로세라는 안정적 기후환경은 그 역사가 1만 2천 년도 채 되지 않는다. 홀로세 이전의 혹독한 기후환경을 살아가던 사피엔스에게 옷은 '일상이라는 기후 전장'에서 신체를 보호해준 '전투복' 같은 물질이었을 것이다. 그런 점에서 사피엔스에게 옷은 셸터(shelter)* 이전에 먼저 갖춰야 할 필수품이었다. 한마디로, 옷은 인간에게 절요한 '생명적 보철'이면서 동시에 '문명적 보철'이었고, 지금도 의당 그렇다.

그러나 엄밀히 살펴보면, 취약한 인간의 알몸을 돌봐온 물질은 옷이기보다는 직물이다. 한국민족문화대백과사전에 의하면, 옷은 "인간이 몸 위에 입는 천이나 가죽 등으로 된 물건"이다. 여기서 가죽은 동물의 가죽이고, 천은 '직물'의 다른 표현이다. 인간이 크게 두 가지 종류의 물질을 옷으로 삼았다고 추정할 수 있다—사냥한 동물에게서 벗겨낸 가죽이나, 실을 직기에 넣어 짠 직물. 오늘날 동물의 가죽, 즉 모피 역시 의복으로 사용되는 경우가 제법 있지만, 그보다 주류인 것은 직물을 사용하는 경우라고 봐야 할 것이다.

현대의 옷은 특정 방식으로 직조된(짜인) 직물이지 다른 것이 아니다. 내가 지금 입고 있는 이 청록색의 면 티셔츠 역시 두 손으로 그것을 세게 당기면, 씨실과 날실이 직조되어 있는 제 본모습을 고스란히 보여준다. 이

---

* 피난처, 대피처라고 이해되고 있지만, 여기서는 동굴, 움막, 오두막, 텐트, 집 같은 임시적·장기적 보호공간 일반을 의미한다.

면 티셔츠의 본질적 정체는 실로 된 직물이다.

직물은 문명화된 인간세계 안이라면 어디든 널려 있다. 직물은 옷이 되기도 하고 가방이나 쿠션, 이불, 침대보, 포대기, 수건이 되기도 한다. 목재로 된 물건처럼, 실로 된 이 물건은 집과 유치원, 학교와 사무실, 마을회관, 그 어디를 가든 쉽게 눈에 띈다. 갓난아기는 태어나자마자 돌봄자가 준비해 놓은 포대기 같은 직물에 몸이 휘감긴다. 그 순간부터 죽는 순간까지 (입관될 경우는 죽어서도) 줄곧 직물은 우리의 알몸, 우리의 삶과 언제나 함께한다. "직물은 우리의 몸을 감싸고, 침대를 장식하며, 바닥의 카펫이 된다. 안전띠와 소파 쿠션이 되고, 텐트와 수건이 되며, 의학용 마스크"가 된다. "직물은 모든 곳에 있다."* 코로나19 상황에서 우리가 착용하지 않으면 안 되었던 마스크들은 부직포가 그 내용물의 대부분인데, 부직포(不織布)는 섬유(纖維, 실을 잣는 데 사용되는 털 모양의 물질)를 직조하는 방식이 아니라 일정 방향 없이 배열함으로써 만든 가공 직물이다. 마스크 역시 가공 직물로 된 물건인 셈이다. 코로나19 당시 그 가공 직물은 숱한 목숨을 살리는 대단한 구생(求生)의 물건이었다. 이 놀라운 사실은, 직물이 얼마나 인간의 삶에 중요한지를 대번에 알려주는 듯하다.

옷의 성격, 그 심층부에는 이처럼 직접적 인체 돌봄의 성격이 있지만, 그 상층부에서 우리는 다른 성격을 발견하게 된다. 상층부의 성격은 상징성과 심미성이다. 모든 존재는 사밀성과 공개성을 동시에 지니는데, 옷은 공개성에 관여하는 물질이다. 옷은 상징하고 미적으로 매혹하면서 옷 입은 사람을 공적 장에 연루시킨다.

옷은 사회적 상징물이다. 옷은 개인을 사회에 매개하는 중요한 물질이

---

* 버지니아 포스트렐, 『패브릭』, 이유림 옮김, 민음사, 2024, 12쪽.

다. 각종 유니폼은 옷과 사회적 지위-직업의 오래된 유착 관계를 말해준다. 유아를 위한 직업 도감을 펼쳐보면, 각종 직업별 의복이 등장한다. 우주항공사에게는 우주복이, 간호사에게는 간호복이, 경찰관에게는 경찰복이 매칭되는 식이다. 옷의 지위-직업 상징 역할을 여실히 보여주는 대표적인 자료라고 할 수 있다.

옷은 미적 감각을 표출하면서 보는 이를 매혹한다. 인간은 아름다움에 민감한 동물이다. 어떤 옷이든 일단 입은 사람은, 그 형태가 공개되는 한, 그 옷을 입기로 결단한 사람의 심미적 취향과 감각을 어쩔 수 없이 드러낸다. 사회에 참여하는 한, 그 드러남은 필연의 사태다. 드러냄의 뒷면은 드러남이다. 중요한 것은, 전자인 것 같지만 사실 후자라고 할 수 있다. (누군가에게, 누군가를 향한) 드러남이 없다면, (자신의) 드러냄도 없다. 사회구성원의 상당수가 좋아할 드러냄의 양식이 탄생할 때, 옷의 유행 즉 패션은 시작된다.

이처럼 옷은 기묘한 물건이다. 입는 사람을 털이나 가죽 대신 돌봐주고, 그 사람의 미적 감각과 취향을 대신 표현해주고, 사회적 지위를 대신 말해준다. 옷은 돌보는 물질로서는 필수품이지만, 심미적인 측면에서는 선택지이기도 하고, 사회적인 지위의 면에서는 성취물이기도 하다. "보호에 대한 필요, 명예를 향한 욕망, 장식의 아름다움"* 이 세 갈래 가치를 향한 발걸음이 오늘날 우리가 보는 옷을 만들어냈다.

하지만 옷이 수행하는 이 세 가닥의 역할 중에서 핵심적인 것은 어디까지나 돌봄이다. 취약한 알몸을 돌봐주는 것은 물론이지만, 미적 감각을 대신 표현하는 역할 역시 실은 미적으로 취약한 알몸을 일정하게 보완해주

---

*   버지니아 포스트렐, 같은 책, 456쪽.

는 일이기 때문이다. 물리적, 미적 돌봄이 옷의 결정적인 기능이다. 사회적 상징은 이 돌봄 위에 부가되는 사회적 기호라고 봐야 한다.

2. 시선을 매혹하는 자는 누구인가?

미적 구조물로서, 옷은 매혹한다. '옷은 매혹한다'는 이 문장은 기괴스러우면서도 자연스럽다. 기괴스러운 것은, 옷이 매혹하는 것이 아니라 옷이 어떤 알몸에 착용되었기에 비로소 그걸 본 타인이 그것에 매혹되기 때문이다. 옷은 누군가의 몸에 착복되었을 때 빛난다. 그러나 이것은 전체 사태의 일부에 불과하다. 어떤 옷이라도 신체와 결합해야 매력을 발산한다는 건 맞지만, 그 신체만큼이나, 아니 그 신체보다 더 중요한 것은 미적 구조물인 옷 자체의 매력, 매혹하는 힘이다. 옷이 매혹한다는 말은 자연스럽다.

옷 입은 인간이 아니라 옷 자체가 매혹한다. 옷은, 특정한 직조 스타일(양식), 문양, 패턴, 색깔, 옷감의 질감 같은 여러 요소들로써 보는 이의 시선을 끌어당긴다. 그러나 이 매혹의 원천은 정확히 무엇일까? 옷이 매혹한다면, 옷의 어떤 물질적 요소가 매혹하는 것일까? 그 매혹의 원천은 제작인, 디자이너의 미적 창조력이라고 봐야 할까?

특정 동식물을 길러내고, 그 부분의 일부를 실로 제작하고, 물레를 돌리며 그 실을 잣고, 바느질하거나 재봉틀을 사용해서 특정 스타일로 직조해내고, 염색하고, 문양과 패턴을 새겨 넣고, 석유 가공물을 추가하는 등 의복 제작 일체를 담당하는 것은 당연히 제작인들, 즉 인간이다. 그러나 미적으로 매혹하는 성질을 창조하는 과정을 소상히 살펴보면, 수많은 비인간 행위자들의 참여적, 수행적 면모가 발견된다.

비인간 행위자들의 참여적, 수행적 면모가 확연히 드러나는 좋은 사례는 바로 염색이다. 예컨대, 염료의 원재료로 유명한 식물인 '쪽'은 마디풀과의 풀이다. 이 식물은 '남(藍)'이라 불리기도 하고 목람(木藍), 마람(馬藍), 다람(茶藍) 등 여러 다른 이름으로 불리기도 한다. 동북아시아에서는 이풀의 잎에서 '쪽물'을 뽑아내 염료로 써 왔다. 이 쪽물 염료를 유럽에서는 '인디고'라고 불러 왔다.*

쪽으로 인디고를 만들려면, 우선 쪽잎을 이룬 분자들을 물분자와 결합시켜야 한다. 이를 위해 염색공은 쪽잎을 물에 담가 둔다. 얼마간 시간이 흐르면, 잎을 이룬 세포들이 분해되면서 인디칸(indican)과 어떤 효소를 동시에 방출한다. 이 효소가 인티칸과 바로 반응해서 인독실(indoxyl)을 만들어낸다. 그리고 인독실은 산소와 결합해 색소인 인디고틴(indigotin)을 만들어낸다. 그런데 색소인 인디고틴은 그 자체로는 염료 역할을 할 수 없다. 그것은 녹아들 수 있는 성질(용해성)을 지녀야 비로소 염료 구실을 하는데, 그러려면 알칼리성이 강한 물질과 만나 변형되어야 한다. 따라서 염색공은 인디고틴을 알칼리성 물에 넣는 방식으로써 녹을 수 있는(용해 가능한) 인디고틴을 만들어낸다. 그렇게 변형되어 나온 화합물을 류코-인디고(leuco-indigo)라고 부른다.**

과정이 꽤나 복잡하다. 이 과정에서 누가 행위자일까? 인간을 중심에 두고 보면 행위자는 염색공일 뿐이지만, 화학적 결합이라는 행위를 수행하는 주체들이 누군지 냉정히 따져 보면 쪽이라는 식물의 잎, 물, 산소, 알칼리성 물 같은 비인간 물질들이라고 대답해야 맞다. 이들을 중매하는 이

---

* 버지니아 포스트렐, 같은 책, 207쪽.
** 버지니아 포스트렐, 같은 책, 208-209쪽.

는 염색공이지만, 실제로 결혼하는 이들, 이 화학적 변전들의 주인공들은 이들 비인간 물질들이다.

염료는 섬유에 입히기 위해 제작되는 물질이다. 염료는 섬유와 어떻게 만나게 될까? 버지니아 포스트렐(Virginia Postrel)은 이렇게 말한다.

> 물에 용해된 류코-인디고는 섬유의 미세한 틈과 구멍에 **침투해** 초록빛 색조를 띠게 한다. 그다음으로 염료 통에 담갔던 섬유를 꺼내 공기에 노출시키면 류코-인디고는 산소와 **결합해** 인디고틴을 형성하게 된다. 이때 섬유는 마법처럼 푸른색으로 **변한다**. 염료 통에 담갔다가 꺼내는 작업을 반복하면 인디고틴 분자가 겹쳐지며 더욱 짙은 색을 낼 수 있다.*(강조는 인용자)

류코-인디고가 담긴 염료통에 섬유를 집어넣으면, 그 섬유는 초록빛을 띤다. 류코-인디고가 섬유 속에 '침투'하는 행위를 수행했기 때문이다. 달리 말하면, 그 섬유는 류코-인디고 분자들을 흡수하는 행위를 수행했다. 그 섬유는 류코-인디고 분자들과 얽힌, 결합한, 변신한, 결혼한 섬유라고 해도 된다. 바로 그 섬유를 공기에 (염색공의 손이) 노출하면, 이번에는 그 섬유 속에 들어간 류코-인디고가 산소분자와 결합해서(또는 산소분자가 류코-인디고 분자에 들러붙어) 인디고틴 분자를 만들어낸다. 그리고 이때 섬유의 빛깔은 초록색에서 푸른색으로, 즉 쪽빛으로 변한다.

이 과정에서도, 화학적 결합의 행위자/수행자는 류코-인디고 분자, 섬유를 구성하는 분자, 물분자, 산소분자 같은 분자화합물이다. 이들은 침투하고, 수용하고, 결합하고, 형성한다. 이 모든 행위의 순간에는 이들 분자

---

* 버지니아 포스트렐, 같은 책, 211쪽.

화합물들의, 더 정확히 말하면 그것들을 이루는 원자들의, 더 정확히는 그 원자들 안 전자들의 선택과 결단이 연루되어 있다.

그러니까 어떤 사람이 인디고 빛깔의 어떤 리넨 셔츠를 입고 있을 때, 그 사람이 매혹적으로 보인다면, 즉 그 셔츠가 그 사람을 미적으로 돌봐준다면, 그 매혹과 돌봄의 원천은 단지 제작인과 염색공만은 아니다. 그 원천에는 자기의 모든 것을 인간에게 일종의 '선물'로서 내준 쪽이라는 식물들이 포함된다. 이 식물 친척의 "관용, 돌봄, 창조성"*이 아니었다면, 리넨 직물을 쪽빛으로 만든 쪽물도, 그리하여 인디고 색 리넨 셔츠의 매혹적인 모습도 이 세계에 출현하지 못했을 것이다. 다른 렌즈로 보면, 그 리넨 셔츠가 하나의 매혹적인 미적 구조물로서 미적 돌봄을 수행하게 된 과정은 곧 쪽, 리넨 섬유, 물, 알카리성 물, 물통, 기체 등 여러 분자화합물의 퍼포먼스가, 그것의 구성인자들인 원자와 전자의 선택과 결단이 시행되는 과정이기도 했다. 만일 어떤 옷이 미적으로 매혹적이고, 그리하여 미적 돌봄을 수행한다고 말할 수 있다면, 그 매혹과 돌봄의 힘의 창조에는 무수한 비인간 존재들이 참여한다고 말해야 한다.

3. 물리적으로 돌보는 자는 누구인가? : 지구적 동족의 돌봄

미적 구조물로서의 옷의 일차적 기능이 인간의 신체를 물리적으로 돌보는 활동임은 아무리 강조해도 지나치지 않다. 혹독한 날씨에 노출되지 않는 한, 이 사실이 너무도 자주, 쉽게 망각되기 때문이다. 물론, 우리의

---

*   Robin Wall Kimmerer, *The Serviceberry*, Scribner, 2024, p. 7.

사례가 되고 있는 쪽빛 리넨 셔츠의 경우, 쪽이라는 식물보다는 리넨 천, 리넨 직물이 돌봄 작용을 하는 물질이다. 그러니 이 리넨 셔츠의 돌봄 수행적 면모를 살펴보려면, 리넨 직물이 무엇인지를 알 필요가 있다.

리넨은 의복용 섬유로는 가장 오래된 종류에 속한다. 인류가 가장 먼저 입었던 옷 가운데 하나가 리넨 소재의 옷으로, 농업이 시작되기 전부터 리넨 옷이 제작된 것으로 추정되고 있다.

인디고라는 옷 빛깔의 원천이 쪽이라는 식물이었듯, 리넨 천(옷감, 원단)의 원천도 식물인데 그 식물을 오늘날 우리는 '아마(亞麻, Flax)'라고 부른다. 아마가 없다면, 리넨도 있을 수 없다. 아마는 대마(大麻, 삼, Hemp)와 동족이다. 둘 다 중앙아시아가 원산지이다. 저마(紵麻, 모시, 모시풀), 황마(黃麻)와 더불어 인피섬유(靭皮纖維, 식물 줄기 형성층의 바깥 부분에서 뽑아낸 섬유)에 속한다는 공통점도 있다. 조선의 삼베옷은 대마(삼)를 원재료로 하며, 네덜란드의 리넨 옷은 아마를 원재료로 한다. 고려 말 문익점이 '목화'라는 나무의 씨를 조선 땅에 들어올 때까지 조선인들은 주로 삼베옷을 입었다고 알려져 있다. 그만큼 대마와 아마는 오래된 섬유 원료다.

그러니 리넨 천을 얻으려면, 의당 아마부터 재배하고 봐야 한다. 씨앗을 심고 길러서 수확하는 과정이 먼저 진행된다.(문제는 아마의 경우, 연작이 불가능하다는 것이다. 아마는 6년에 한 번만 재배 할 수 있다.) 긴 시간을 들여 어렵게 수확된 줄기는 손에 쥐기 쉬운 정도로 묶인다(Stooking). 이제 이 줄기 다발들은 공기와 햇볕에 노출되어 건조된다. 이 과정이 끝나면 그 열매들을 털어내는 작업이 이어진다(Rippling). 열매를 떨군 아마 줄기는 물통으로 이동하는데, 이 물통에는 박테리아가 가득 차 있다. 약 8일간 아마 줄기는 이곳에서 살아야만 한다. 줄기 중 안쪽 부분을 썩게 하는 과정(Retting)을 이곳에서 겪게 되는 것이다. 물에서 나온 아마 줄기는 다시 햇

왕거정(왕주쩡)王居正, 방차도(紡車圖), 중국 북송, 중국 고궁박물원 소장

빛과 공기에 노출되어 건조된다. 이때 아마 줄기는 초록색을 전부 잃고 누런색을 띤다. 리넨 제조공은 이 누런 아마 줄기에 열을 가해(물에 삶아), 줄기를 한층 더 부드러운 물질로 바꾼다.

이 뒤로도 작업은 이어진다. 줄기 안쪽 부분을 잘게 쪼개는 작업(Breaking)과 나무칼 같은 도구로 내리치거나 문질러서 쪼개진 그 안쪽 부분을 완전히 해체하고 바깥쪽 줄기 부분만 남기는 작업(Scutching)이 수행된다. 그런 후에는 남은 아마 섬유줄기를 해클(Hackle, 철심으로 된 빗 같은 도구) 안에 넣었다 뺐다 하며 한결 더 매끄럽게 다듬는다(Hackling, Combing). 이 과정이 끝나면 마치 금발金髮 같은, 얼핏 보기에 금발인 것처럼 보이는 다발이 최종적인 결과물로 남게 된다.

이 빗질을 마친 금발의 아리따운 아마 다발은 이제 실, 즉 아마사(亞麻絲, Flax yarn)로 변신한다. 실을 잣는 (아마사라는 결과물로 뽑아내는) 방법은 여러 가지이다. 최소 5,000년이 넘는 역사를 지닌 원시 물레인 가락바퀴부터 원형의 나무틀 모양을 갖춘, 11세기에 이슬람권에서 발명되어 세계로 퍼진 물레, 18세기 중엽 이래 유럽에서 나온 방적 기계들, 방적기와 11세기 형

물레의 중간 형태 등 다양한 기구가 세계 곳곳에서 사용돼 왔다.

물레/방적기를 통과해 나온 실의 묶음, 즉 실타래가 완성된 이후 (원단 제조자에게) 필요한 물건은 베틀/방직기이다. 실은 이 베틀/방직기에 들어가 씨실과 날실로 나뉘어 직물을 조형하게 된다. 그렇게 나온 것을 우리는 천, 옷감, 원단이라고 부른다.

식물 씨앗이 천 조각으로 대변신하는 이 전체 과정에서도 우리는 리넨 제조공이라는 인간이 아닌 존재자들, 이를테면 아마라는 식물, 태양의 열기, 공기, 박테리아, 물, 나무칼, 해클의 철심, 물레, 베틀 같은 도구들이 능동적 참여자들임을 확인할 수 있다. 그러나 좀 더 정확히 말하자면, 참여자들은 이런 사물들이 아니라 이런 사물들의 존재로 표현되는 활동들, 과정들 자체다. 아마 줄기의 자율적인 성장 활동과 거기에 개입된 여러 과정, 태양 광자의 자기 표현행위로서의 열의 발생이라는 활동, 공기 중에

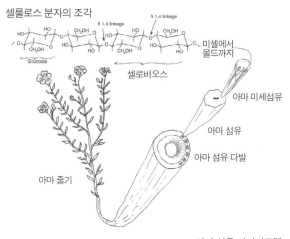

아마 섬유 다이어그램
출처: https://www.sciencedirect.com/science/article/pii/
B9781782421221500022

적정 비율로 섞인 채로의 기체분자와 물분자의 활동, 물분자와 박테리아의 아마 줄기 내부로의 침투 활동, 나무칼/철심/물레와 아마 줄기와의 상호작용, 실과 베틀의 상호작용, 이 모든 활동이 아마 실, 아마 천 생산 과정에 참여하는 자들이다.

앞서 옷은 결국 직물이라고 했지만, 직물은 결국 씨실과 날실의 결합물이다. 따라서 옷은 실을 직조한 물질이다. 그리고 이 실의 기원은, 리넨의 경우, 아마라는 특정 식물의 줄기이다. 이 줄기는 앞서 말한 금발 같은 다발이 되는데, 바로 이 다발이 실이 되기 직전의 물질이다. 이 다발을, 전문가들은 '아마 미소섬유(Flax microfibril)'들의 다발이라고 부른다. 그러니까 이 아마 미소섬유가 리넨 실의 정체, 따라서 리넨 셔츠의 정체라고 봐도 그리 틀린 말은 아니다. 리넨 셔츠의 정체가 리넨 실이라면, 그 정체는 사실상 아마 미소섬유인 것이다.

그런데 이 미소섬유를 이루는 기본 분자화합물(글루코세, 셀로바이오세)은 수소, 산소, 탄소 원자들로 이루어져 있다. 아마사의 물질적 정체는 수소, 산소, 탄소라는 말이다. 그토록 복잡다단한 공정을 거쳐, 그토록 많은 비인간 참여자들과 리넨 제조공이 아마에서 산출해낸 것은, 수소, 산소, 탄소 원자들이 특정 양식으로 결합된 분자화합물인 셈이다.

아마와 리넨을 예로 들어 설명했지만, 다른 식물과 동물을 원재료로 한 옷에도 비슷한 이야기를 할 수 있다. 면직물을 입든, 모직물을 입든, 모시를 입든, 리넨을 입든, 아니면 합성섬유를 입든 우리는 동식물이나 광물의 변형물, 즉 자연의 변형물을 몸에 걸친다.

여기서 우리는 두 가지 점을 발견하게 된다. 첫째, 리넨 셔츠가 여름날 더위에 취약한 인체를 돌보는 작용을 한다는 점을 인정한다면, 그 돌봄의 주체는 아마 미소섬유이고, 사실상 그것의 구성인자들인 수소, 산소, 탄소 원자들이라는 점도 인정해야 한다는 것이다. 아마라는 식물의 변형물로서의 특정한 수소, 산소, 탄소 원자들의 결합물이 우리를 돌봐주는 효력을 낸다고, 발언해야 한다. 물론, 이 리넨 셔츠 제작 과정에 기여한 참여자들, 즉 아마 농부, 리넨 제조공, 물레/방적기와 베틀/방직기를 다루는 인간, 아마, 햇빛, 공기, 박테리아, 물, 해클, 물레/방적기, 베틀/방직기 등 숱한 인간, 비인간 존재들 모두가 이 돌봄 효력을 가능하게 한 공신들로서 그 공로가 적절히 인정되어야 한다.

둘째, 아마 미소섬유를 구성하는 원자들(수소, 산소, 탄소)이 인체를 구성하는 원자들의 일부와 완전히 동일하다는 사실을 우리는 발견하게 된다. 인체는 약10^{27}개 정도의 원자들로 구성되어 있지만, 그 종류는 그리 많지 않고 그 대다수는 수소, 산소, 탄소, 질소 원자이다. 물론, 이 원자들은 아마로 뽑아낸 실을 구성하는 원자들보다 훨씬 더 복잡한 양식으로 분자결합을 하며 미토콘드리아를, DNA를, 세포막을, 세포를 이루고, 혈관과 뉴런을 이루고, 조직과 기관을 이루고 있다. 인체는 걷고 생각하고 글쓰고 토론하지만, 아마에서 나온 실은 그렇게 하지 못한다. 의식을 갖추게 된 동물과 더는 유기체조차 아닌 식물의 사체 사이에는 삼도천(三途川) 같은 강이 흐르고 있다. 그러나 이런 사실들이, 그 두 몸이 빅뱅이 일어난 지 약 38만 년 후에 발생한 최초의 수소 원자를 모태로 한다는 또 다른 사실을 무너뜨리는 것은 아니다. 또한 아마와 인간이 지구의 원시 바다에서 창발했던 어떤 단세포 생물을 공통 조상으로 하는 생물들이라는 사실을 무효화하는 것도 아니다. 인간보다 훨씬 더 단순한 양식으로 조합되었지만, 아마/아마사는 분명 지구에서 탄생해서 진화했다는 점에서 인간의 먼 친척이다. 아니, 지구의 시각에서 이 둘을 보면, 각기 식물계통과 동물계통에서 나타난 생물들이라는 차이는 있지만, 생물권에서 시작되어 대기권과 수권과 대지를 도는 생화학 순환 운동에 참여한다는 점에서는 거의 동일한 생태적 역할을 수행하는 존재들일 뿐이다.

이 두 사실로부터 우리는 다음과 같은 결론을 자연스럽게 도출하게 된다―만일 리넨 셔츠가 인체를 돌본다면, 실제로는 아마사가, (아마사의 변형물인) 아마 미소섬유가 인체를 돌보는 것이며, 이때 우리는 사실상 어떤 지구적 동족의 돌봄을 받고 있다.

4. 옷의 지옥 속에서 생각하는 의복 돌봄

오늘날 옷을, 리넨 셔츠를, 아마를, 아마의 실을 인간의 동족이라고, 그것도 인간을 돌보는 지구적 동족이라고 생각하는 이는 거의 없을 것이다.

리넨 셔츠의 탄생 과정에 참여한 숱한 비인간 존재자들이 그 참여로써, 리넨 셔츠의 미적·물리적 돌봄을 가능하게 했다는 사실을 생각하는 이 역시 거의 없을 것이다. 그러나 이런 식의 생각이 지금보다 더 절실히 요구되던 시대도 일찍이 없었다. 옷을 비롯한 상품의 과(過)생산과 과폐기가 지구의 곳곳을 쓰레기 화석층으로 만들고 있고, 거주 가능 지구를 훼손하고 있다. 매년 호모 사피엔스는 약 21억 톤의 쓰레기를 지구 어딘가에 내버리는 짓을 계속하고 있다.* 이 쓰레기들은 "이 시대의 화학물질로 직조된 두꺼운 담요로 온 지구를 뒤덮고, 돌출된 바위틈마다 파고들며, 깊은 바다 밑바닥에 가라앉고, 나무와 습지와 웅덩이에 자리를 잡는다."** 20세기 후반기형 근대인의 삶의 배설물인 이 물질들이야말로 지구 생물권과 그 안의 수많은 생물 동료들의 삶을 괴롭히는 주범들에 속한다. 그런데 과폐기라는 이런 파괴적 경향은, 궁극적으로는 상품과 그 원료가 되는 물질에 대한 그릇된 태도에 기인하므로 그 물질에 대한 새로운 생각과 태도야말로 오늘의 질병적 상황에 대한 긴요한 처방일 것이다.

문제는 대다수의 생각, 즉 상식의 악질적인 관성이다. 상식은 자기를 완고히 유지하려는 관성을 지닌다. 이 무서운 관성의 힘으로 계속 굴러가는 공 같은 것이 바로 상식이다. 아마라는 식물이 없으면 아마사는 나올 수 없고, 아마사가 없으면 리넨 셔츠 역시 나올 수 없다는 자명한 진실이 있지만, 그 전체 풍경에 무관심한 이에게 리넨 셔츠는 그저 구매하고 사용하고 폐기하면 그만인 물품일 뿐이다. 그것이 그의 상식이다. 전체 과정에 관한 정보에 대한 (의도적, 비의도적) 차단은, 리넨 셔츠의 출현에 참여한 무

---

* Theworldcounts.com.
** 브라이언 딜, 한유주 옮김, 『쓰레기』, 플레이타임, 2017, 12쪽.

수한 (인간/비인간) 참여자들을 향한 감사의 마음이 발생할 가능성도 차단해 버린다. 그리고 바로 이러한 차단으로 인해 쉽게 구매했다가 쉽게 폐기하는 못된 짓들은 반복된다. 이 반복되는 행위의 무수한 실들이 모여 옷의 지옥을 이 지구에 만들어내고 있다.

어디에 옷의 지옥이 있단 말인가? 오늘날 전 세계에서 생산되는 의복은 약 1천억 벌로 추정된다.* 중량으로 따지면, 2021년 기준 매년 생산되는 양은 6,200만 톤에 이르지만 2030년경이면 1억 200만 톤으로 늘어날 예정이다.** 21세기 들어 첫 15년간 연간 의복 생산량은 2배로 증가했는데,*** 2030년까지도 이 증가 추세가 이어질 것으로 전망되는 것이다. 이토록 많이 생산된 옷들은 다 어디로 갔을까? 소비자들이 가정 밖으로 내보낸 옷들 중 대부분은 폐기물 처리장에 쌓이거나 소각된다.(소각되지 않거나 처리장으로 가지 않는 의복의 비율은 미국의 경우 15%, 유럽의 경우는 12%로 추정되고 있다.)**** 매년 약 9,200만 톤의 의류가 매립지에 버려지고 있다. 그리고 매년 바다로 들어가는 미세 플라스틱의 약 10%가 섬유에서 나오고 있다.*****

버려진 옷들이 쌓여 썩어가는 곳, 옷의 지옥 가운데 하나는 나이로비(케냐의 수도) 외곽 단도라(Dandora) 매립지이다. 세계 최대 쓰레기 매립지 중 하나인 이곳의 면적은 12헥타르(1헥타르=10,000m²)가 넘는다. 이곳에 매일 쌓이는 쓰레기는 약 2천 톤으로 추정된다. 유럽과 미국, 중국에서 케냐가 수입한 중고 의복 중 상당수 역시 이곳에 매립된다 처분해야 하는 양이 수

---

*   Greta Thunberg et al., *The Climate Book*, Allen Lane, 2022, 283쪽.

**   Ellen MacArthur Foundation, 「Circular Business Models: Redefining growth for a thriving fashion industry」, 2021, p. 8.

***   ibid. 이 추세는 같은 기간 세계 GDP 상승률을 훨씬 상회한다.

**** Ellen MacArthur Foundation, Pushing the boundaries of EPR policy for textiles, 2024, 11.

***** Earth.org

요보다 더 많거나, 입을 수 없는 상태의 옷이 많기 때문이다.

국내에서 볼 수 있는 의류 폐기물 풍경도 그다지 다르지 않다. 환경부 자료에 의하면, 의류 폐기물 양은 2020년 기준 약 8만 2천 톤으로 추산된다. 폐기된 이것들은 어디에서 삶을 마감할까? 일부는 상대적 빈국으로 수출된다. 한국의 중고 의복 수출량은 세계 5위 수준으로, 대부분 방글라데시, 필리핀 등으로 수출된다. 물론, 이렇게 상대적 빈국에 도착한 낡은 옷들은 상당수가 쓰레기로 변신한다.*

지구의 어딘가를 쓰레기 지옥으로 만드는 이런 짓에는 이제 제동을 걸어야만 한다. 그러려면 다각도에서 다양한 행위자의 행동 변화가 요구된다. 국가 간 중고품/쓰레기 거래량을 줄이거나 없애려는 노력이 필요하다. 즉, 각국은 국경 안에서 자국의 쓰레기들을 책임져야 한다. 패션 산업이 순환 경제로 전환되도록 유도하는 각국 정부의 정책도 필요하다. 각 기업 역시 자사의 이익 모델을 지구의 어딘가에 부담을 주지 않는 방식, 생물권의 일부를 오염시키지 않는 방식으로 전환할 책임이 있다. 그러나 이런 전환의 노력은 생산-유통-폐기 시스템을 아래에서 지탱하고 있는 소비주의 문화에 모종의 변화가 동반되지 않는 한, 쉽게 시행되거나 지속되지는 않을 것이다.

그러나 소비주의 문화라는 것도 그 실체가 개인을 제외하고 달리 어디에 있는 것이 아니다. 만일 소비주의 문화가 정말로 문제라면, 그 문화의 신체적 구현자인 개별 소비자들에게 화살이 돌아가야 한다. 오늘날 옷의 지옥이 지속되고 있는 현실이 전적으로 소비자들 책임이라는 발언은 터무니없지만, 소비자들에게도 책임이 있다거나 소비자들의 발심과 결단으

* 배정철 기자. 「한철 입고 버린 옷, 썩지 않는 쓰레기산 된다」. 한국경제. 2022.11.17.

로 옷의 지옥을 해소해 가는 새로운 문화가 태동할 수 있다는 발언은 그렇지 않다.

이 지점에서 어떤 무책임한 소비행태라도 그것은 소비 대상인 사물에 대한 악질적인 무관심과 무지 덕분에 지속 가능하다는 점을 새삼 환기하고 싶다. 소비자의 진짜 문제는 사물에 대한 무관심과 무지이다. 문제 해소를 위한 출발점이 있다면 그것은 아마도 이 사물에 대한 무관심과 무지의 제거일 것이다. 반대로 말해, 사물에 대한 앎의 증대일 것이다.

그런데 여기서 조금 다른 방향으로 생각해보면, 소비주의 문화에 가장 찌든 사람이라 해도, 옷을 귀히 생각하고 옷이 있다는 사실 자체에 고마워하는 마음만은 (그것을 의식하지는 못할지언정) 그의 심부 깊은 곳에 희미하게나마 남아 있다고 봐야 하지 않을까? 사실, 인공물 가운데 옷만큼 우리에게 살가운 것도 많지 않다. 옷은 심지어 시계나 스마트폰보다도 우리의 살과 삶에 가까이 있다. 아니, 옷은 우리에게 피부 밖 사물이라기보다는 또 하나의 피부, 겉피부 같은 느낌의 사물에 가깝다. 옷은 장신구나 안경과 더불어 거의 인간 신체나 다를 바가 없게 된 비인간 사물이다. 피부라는 막만큼이나 옷은 인간에게 긴요하다. 우리의 실존은 우리가 입는 옷에 스미고, 그 옷은 그것을 선택한 우리의 신체를 심미적으로, 물리적으로 돌봐준다. 우리가 '애정'하는 "그 옷에 우리의 존재는 나날이 깃든다. 그리고 그 옷은 세월이 흐를수록 우리를 더 단단하게 감싸고 붙들어준다."* 즉, 우리가 좋아하는 옷은 단 한순간도 우리를 배반하지 않는 사물이다. 옷은 늘 우리의 우군, 지원군, 우리 편이다. 어린 시절 우리에게 옷을 입혀주시던 그 어머니는 우리에게 더는 없지만, 옷만은 그대로 우리 편으로 남아 있

* 마크 헤이머, 『봄비와 정원사』, 황재준 옮김, 산현글방, 2024, 228쪽.

다. 누구라도 이 정도는 어렴풋이나마 느끼고 있지 않을까?

그렇다면 리넨 직물에 쪽물을 섞듯, 이런 느낌에 약간의 앎을 혼합해서, 옷이라는 사물 자체를 존중하는 마음을 빚어내는 것도 그리 어려운 일은 아니다. 옷을 존중하는 마음의 확산은 오늘날에도 얼마든지 가능한 일이다.

그러나 오늘날 필요한 것은 옷을 존중하는 마음을 넘어서, 옷을 돌보는 마음이다. 존중하는 마음과 돌보(려)는 마음은 같은 것이 아니다. 존중할 수는 있지만, 군이 돌보고 싶지는 않거나 돌보고 싶다 해도 실제로 돌볼 수는 없는 객체는 많다. 이를테면 공원에서 만나는 이웃의 강아지가 그런 객체에 속한다. 이산화탄소, 메탄, 아산화질소로 대표되는 온실 기체 역시 그런 것에 속한다. 마을과 도시를 쑥대밭으로 만드는 태풍으로 돌아오는 이 기체 분자들의 행위력을 존중하지 않을 길이 없는 시대를 우리는 살아 가고 있지만, 우리는 기체 분자들 자체를 돌볼 수도, 돌볼 필요도 없다. 그 기체 분자들의 발생을 저감하는 행동으로 우리가 실제로 돌보게 되는 것은, 인간 동료이거나 생물 동료일 뿐이다.

하지만 어떤 객체, 어떤 사물, 특히 의복을 포함한 각종 재화-상품은 존중의 대상이면서 동시에 돌봄의 대상이 될 수 있다. 흔히 돌봄의 주체와 객체를 인간에게 국한하는 사고방식이 만연해 있지만, 인간이 더 중요한 존재라거나 인간이 우선이라는 편협한 사고의 산물일 뿐이다. 당연히 인간 돌봄은 중요하다. 그러나 그렇다고 비인간 돌봄이 그보다 덜 중요한 것은 아니다. 비인간 돌봄이 인간 돌봄과 충돌하거나, 인간 돌봄을 훼손하는 것도 아니다. 의복을 돌보면서 재난민이나 쓰레기 매립지 처리 노동자를 돌보는 일은 가능할 뿐만 아니라 긴요한 일이기도 하다. 패션 산업의 탄소 배출량과 쓰레기 매립지의 해악한 기체 환경을 생각해 보면, 의복 돌봄과 인간 돌봄은 서로 연결되는 활동이기도 하다.

'나 혼자 옷을 돌본다고 무엇이 달라질까?'라고 질문할 이가 있을지 모른다. 그러나 그렇게 묻는 대신 "모두가 옷을 돌보기 시작한다면 어떻게 될까?"라고 물어보면 어떨까?

5. 수선 공예 : 영적 회복과 성숙의 길

의복을 돌보자고? 정말로? 언뜻 듣기에 '의복 돌봄'이라는 기표는 지루하게만 느껴진다. 의복 돌봄 비즈니스인 수선 비즈니스는 오늘날 매우 주변화 되어 있다. 수선 따위는 주변인인 수공업자들에게 맡기고, 우리는 그들보다 세계의 안쪽에 서서 그저 입고 (그래서 표현하고) 즐기면 그만이라고 생각하기 쉽다.

이러한 사고와 행태를 떨쳐 버릴 때가 되었다. 사물의 지구적 동족성을 깨닫고, 모든 사물을 친구로 여기는 태도를 들이고, 사물을 소유물로만 대하는 태도를 내버릴 때가 되었다. 옷이 친구가 될 때, 옷을 입어 나를 표현하며 옷을 즐기는 관행과, 인류세에 요구되는 옷 돌봄의 실천은 행복하게 합수(合水)한다.

의복 돌봄을 쉽게 실천할 수 있는 또 하나의 방법은, 돌봄 실천에 착근된 비-창의성의 장막을 제거하는 것이다. 대체로 돌봄 실천은 재생산과 관련된 실천이어서 돌봄 수행자는 돌봄 과정에서 소진된다는 느낌에 젖기 쉽다. 예컨대 세탁이나 설거지 같은 돌봄 노동의 수행자는 '깨끗하게 정돈된 상태'라는 결과물을 얻는다. 하지만 그 과정에서 그는 반드시 자신이 일정하게 소진되었다고 느끼게 된다. 자기실현의 기쁨 대신 (미약한 수준이라도 일정한) 에너지의 소모를 느끼게 된다. 노동 결과물인 '깨끗하게 정돈된 상태' 역시 그 유효기간이 길지는 않다. 그 상태는 금세 낡기 시작한다. 더욱이 그 상태는 창의성이 발현되어 나온 어떤 결과도 아니다. 돌봄 노동은 이처럼 그 수행자에게 소진감을 주기 쉽지 창작의 희열을 선사하기는 어렵다. 바로 이것이 돌봄에 착근된, 우리를 괴롭히는 악마인, 비-창의성의 장막이다.

이 비-창의성의 장막을 제거한 돌봄은, 적어도 의복 수선의 꼴로는 가능하다. 빨래하기는 그 자체가 (수선처럼) 의복 돌봄이라고 할 수 있다.(이미 우리는 빨래하기, 다리미질, 바느질 수선 같은 행동으로 의복 돌봄을 숱하게 실천하고 있다!) 옷 세탁은, 옷을 돌봄으로써 옷 입을 사람을 돌보는 노동, 즉 이중적 돌봄 노동이다. 음악을 들으며 빨래하는 사람은 그 음악으로써 노동의 지루함을 씻어내지만, 그 음악이 그 노동 자체를 창의적으로 변형시키는 것은 아니다. 그러나 공예적 성격이 가미된 의복 수선은 이와는 판연히 다르다. 헤진 옷, 닳은 옷, 뜯어진 옷이 그렇지 않은 상태가 되도록 그 옷을 돌보는 행위와 새로운 뭔가를 창조하는 작업이 완전히 일치하기 때문이다. 돌봄과 창의-창조, 이 둘의 상극성을 해소하는 마법이 이 자리에서 펼쳐진다.

소비 쾌락이 중독적인 것은, 그것이 새로운 자극을 소비자의 뇌에 주기 때문이기도 하고, 동료[친구]들의 세계에서 인정을 받는 강력한 방법이기 때문이기도 하지만, 그것이 예술적 창작 욕구를 대리 충족하는 방법이기 때문이기도 하다. 특히 옷처럼 착용 가능한 미적 구조물인 경우, 소비자는 구매상품을 착용함으로써 상품에 깃든 미감과 예술적 기품/특질을 마치 자기 정신의 산물인 것처럼 보이게 하는 효과를 거둔다. 적어도 그는 동료[친구]들로부터 미적 안목의 소유자로는 인정받는다. 요컨대, 미적 자기표현 욕구의 대리 충족 기제가 여기서 작동하고 있다.

옷 소비 중독의 주요 원인이 (옷 소비를 통한) 미적 자기표현 욕구의 만족이라면, 이 중독을 끊을 방도 역시 단순해진다. 그 욕구를 그대로 만족시키되, 그 만족의 경로만 바꿔주면 되기 때문이다. 이를테면 수선 공예라는 경로로.(그러나 다른 방식을 통해 미적 자기표현 욕구를 계속해서 만족시키는 길이 아니라, 그 욕구 자체를 억압하고 제한하는 식의 방안, 예컨대 1년에 몇 벌만 구매하자는 제안은 결코 대중적으로 수용되지 못할 것이다.)

그러나 수선 공예를 그저 미적 창작욕을 만족시키는 대안적인 방식으로만 이해해서는 안 된다. 수선 공예의 미덕은 창의적 몰입 상태를 즐기는 것에 한정되지 않는다. 이 창의 활동의 미덕은 그것 이전에 '회복'이다. 인류세의 질주 속에서 잃어버렸던 비인간 존재들과의 진정한 연결감을 회복하는 경험이야말로 수선 공예가의 행복한 경험일 것이다. 소냐 · 니나 몬테네그로 자매는 이렇게 말한다.

> 수선은 우리의 옷을, 그리고 우리와 세계와의 관계를 **회복**하는 강력한 행동이다. 우리는 **감사**하는 마음으로, 우리의 옷을 만드는 과정에 참여했던 **모두**를 기리며 수선한다. 그 옷이 나올 수 있도록 노동한 사람들, 옷의 창조에 기여한 식물과 동물들을. **우리를 돌보는 그것을 돌보며,** 우리는 이 세계의 부분들 전부와 우리가 연결되어 있음을 깊이 이해하고 있음을 표현한다. … 수선을 통해서 우리는 우리가 가진 사물 속에 있는 우리의 손을 발견하는 데 익숙해진다. 우리는 그 사물들의 진화에 능동적인 참여자가 된다.*(강조는 인용자)

---

*   Nina and Sonya Montenegro, *Mending Life*, Sasquatchbooks, 2020, xxv.

수선 공예가가 이런 경험을 하게 되는 것은 아마도 자신의 손으로 직물이라는 사물을 느린 속도로 느끼고 알아가기 때문일 것이다. 그 직물의 생산 과정에 관한 앎이 있는 경우라면, 느끼고 알아가는 이 과정은 곧 그 직물의 생산에 함께했던 숱한 존재들을 떠올려보는 과정이기도 할 것이다. 동시에 그 직물의 돌봄 효력이 그 존재들의 협력의 결과물이라는 사실 역시. 이런 느낌과 알아감과 더불어, 수선 공예가의 손길은 돌봄을 행해 온 그 직물을, 이번에는 거꾸로 돌본다. 돌보는 작용을 해 온 그 타자의 신체 쪽으로, 이번에는 자기 쪽에서 나가는 돌봄의 손길을 내민다. 이렇게 해서 그 손길은 옷이라는 신체만이 아니라 그 옷에 관여된 세계 쪽으로 뻗어나간다. 하지만 이 손길은 돌봄의 손길이면서 동시에 창작의 손길이기도 하다. 그리하여 이 손길은 그 직물의, 새로운 창조적 진화에 능동적인 참여자가 된다. 어떤 아름다운 얽힘이 새로움을 세계에 창조한다.

　소냐·니나 몬테네그로에 따르면, 수선 활동은 불완전함을 포용하는 능력을 키워준다. "명상과 매우 유사하게, 수선은 우리가 불완전함을 포용하도록 가르쳐 준다."* 이것은 수선 공예가의 경험에서 자연스럽게 무르익어 나온 지혜일 것이다. 그러나 그 지혜는 놀라운 철학적 통찰을 보여준다. 지구에 나타난, 수소 원자를 모태로 하는 모든 원자결합물들, 모든 몸 가진 것들은 대체로 취약하고, 불완전하다. 그 몸 가진 것이 만일 생물이라면, 취약성과 불완전함은 기본값이 된다. 그러건만, 우리는 만물의 이러한 보편 성질을 포용하기보다는 외면하도록 교육받아 왔다. 우리가 배운 바로는, 불완전함은 극복 대상, 나쁜 것, 추악한 것, 추레한 것이다. 모든 자기계발서는 불완전함의 대극점을 개인의 지향점으로 가리킨다. 이

* 　Nina and Sonya Montenegro, ibid.

러한 정신의 왜곡된 지향 속에서, 늙음과 낡음, 병듦, 기운의 쇠락은 포용 대상이 아니라 타개의 대상이다. 그렇게 해서 안티-에이징, 새것에 의한 헌것의 신속한 교체, 기술혁신, 트랜스휴먼은 이 시대의 절대선이 되었다. 그러나 바로 이런 정신의 고속 운동이 지구 행성의 신진대사를 교란하고, 지구 생물권을 파괴하고, 지구 곳곳에 쓰레기들이 쌓이게 하는 인류세적 행동의 주요 원천임을 직시해야 한다.

그렇다면 처방전은 불완전함/완전함에 관한 정반대의 교육이다. 그리고 수선 공예의 현장은, 소냐·니나 몬테네그로에 따르면, 이 정반대의 교육이 일어나는 현장이다. 수선 공예는 영적 교육이다.

어떤 돌봄이 창작의 환희를 수반하고, 세계의 동료 참여자들의 존재를 알아차리고 그들을 존중하게 되는 영적 알아차림과 영적 성숙의 계기가 될 때, 그것을 그저 돌봄이라고 불러도 될까? 우리는 그것을 무엇이라고 불러야 할지 아직 모른다. 하지만 그것이 오늘날의 긴급한 돌봄이라는 것, 이 시대적 질병을 치유하는 다급한 돌봄이라는 것만은 안다.

5장 시각적 자기돌봄

—이제는 비주얼 리터러시

신현경

1. 추마시 동굴벽화에서

제목부터 생소하다. 시각적 체험 속에서 자기를 돌볼 수 있다는 이야기를 하려고 한다. 우선 본다는 시각적 기능을 살펴보자. 시각은 사회문화적으로 구축된 감각이자 정체성이다(Hoffman, 1988; 신현경, 2020). '시각이 곧 나'라는 말이다. 더군다나 시각은 오감으로 받아들이는 외부 정보의 70~90%를 담당한다(신현경, 2019). 이 사실은 시각이 가장 중요한 감각이요 모든 면에서 이 시각을 활용하는 방법이 가장 효과적임을 말해 준다.

이렇게 중요한 시각이 자기중심의 한계를 갖는다. 이 시각 안에서 사고이자 믿음이 된다. 미술비평가 버거(John Berger, 1926~2017)는 근대로 들어와 시각이 우리가 아는 사고이자 믿는 방식이 된 현실을 보여준다(Berger, 1972). 사실 우리는 자신이 보고 싶은 것, 아는 것만 편향되게 본다. 이 지점에서 짚고 넘어가야 할 개념이 있다. 시각 기능을 언어적 개념으로 보고 생각하며 판단, 분리하는 좌뇌적 시각과 직감으로 보고 느끼며 모든 것을 통합, 연결하는 우뇌적 시각으로 나누는 것이다(이하 '좌뇌시각', '우뇌시각'으로 쓴다). 같은 시각이지만 보는 방법은 완전히 다르다. 그 차이를 한마디로 하자면, 너무 이분법적이라고 할지 몰라도, 좌뇌시각은 자기중심의 합리화가 강하여 세상을 좁게 보는 '나뿐인-나쁜 눈'이고, 우뇌시각은 다양한 사물을 체화하며 넓게 보는 '선한 눈'이다(임철규, 2004). 그런데 근대교육에서는 좌뇌시각을 우선으로 하는 데카르트적 관점에서 보는 훈련을 시키고 있고, 이는 우리 시대의 많은 사회적 문제를 일으키는 요인으로 작용하고 있다. 그래서 우리가 보고 있는 관점을 다시 보고 직시할 필요가 있다.

이 좌뇌시각과 우뇌시각의 차이를 우리가 보아온 미술 작품을 통해 분간해 보자. "당신은 어느 작품을 좋아하나요?" 이런 질문을 받으면, 세잔이나 피카소의 작품, 요즘 전시 중인 뭉크의 작품을 떠올리는 분도 계시겠다. 나는 미대 입시를 위하여 천여 장의 그림을 그렸고, 세계 각국의 유명 미술관과 갤러리를 거의 다 다녀보았지만 내가 가장 좋아하는 그림은 따로 있다. 그것은 바로 추마시 동굴벽화이다. 이 그림은 작가가 자신의 우뇌시각을 백분 활용했고 바로 그 점을 시각적으로 너무 잘 보여주고 있기 때문이다.

2022년 캘리포니아를 방문했을 때 내가 꼭 보고 싶었던 것은 그 해변에 살았던 원주민인 추마시 인디언들이 그린 동굴벽화였다. 사실 나는 이 벽화를 책을 통해서 먼저 만난 적이 있었다. 구석기 후기 동굴벽화의 생명성에 대한 논문을 쓰고 있을 때였다. 동굴 벽에 그려진 도형들은 샤먼이 사냥을 시작하기 전에 땅 여신의 자녀(동물)들을 데려가기 위해 치르는 희생적 제의의 과정에서 다른 세계로 넘나들며 본 이미지들을 형상화 한 것이다. 그림 속에서 부유하는 듯이 보이는 사람의 모습은 다른 세계로 여행하는 샤먼 자신의 모습이자 땅의 어머니로 표현된 여신의 모습이다. 시공간을 넘어 모든 것이 연결되어 있는 세상, 그리고 그 세상을 함께 보며 즐기는 상황을 생생하게 보여준다. 여기까지는 누구라도 관심만 있다면 좌뇌시각만으로도 볼 수 있는 풍경이다.

　나에게는 이 동굴벽화를 만난 것이 놀라운 '사건'이 되었다. 우뇌시각을 활용하여 보고 느끼고 또한 그것을 체화하는 생생한 예를 보여주었기 때문이다. 애써 찾아가 본 동굴 입구는 마름모형으로 짜인 철문으로 막혀있어, 철망 사이로 핸드폰을 들이대어 사진을 찍는 수밖에 없었다. 벽화는 믿지 못할 정도로 돌보지 않아 누군가 부주의하게 낙서해 놓기도 하였고 주변에는 더러 먼지까지 쌓여 있었다. 그럼에도 어둠 속에서 샤먼의 모습과 도형들이 빛나고 있었다. 서울로 돌아와 나는 그곳에서 보고 체험한 것을 그림으로 그려 보았다. 내가 그린 추마시 동굴벽화는 왼쪽 하반부에서 점 하나에서 시작되는 여행을 묘사하고 있다. 태평양을 건너 서부영화에서 본 듯한 인디언들의 메마른 땅과 산을 넘어가는 풍경들로 이어진다(사진). 이처럼 어떤 사물을 직접 가서 보고 그것을 다시 그림으로 그리며 체험하는 과정은 우뇌시각이 작동하는 예를 좀 더 명확하게 보여준다.

　이러한 체험의 과정은 하나의 이미지(image)를 본 것으로 끝나지 않는다. 그 이미지를 통하여 또 다른 상상의 세계로 넘어가서 맞닥뜨리는 이

매지네이션(imagination)의 과정으로 연결된다. 이 그림벽화에 그려져 있는 샤먼은 우리에게는 땅과 하늘 사이를 이어주는 고구려 고분벽화의 해신, 달신이며, 또한 마고할미이다. 그리고 이들은 석기 시대 비너스라 불리는 여신들이기도 하다. 벽화에서 드러나는 크로스 서클 문양의 도형은 세계의 근원을 표현하고 있는 것으로서, 고구려 고분의 천장벽화에 묘사된 연화문과 별, 그리고 북한산 등에 그려진 윷판 암각화 등 한국 미수에 등장하는 도형들과 같은 맥락이다. 이들은 한 우주 속에서 생명력을 가지고 연결되어 있다.

뜻밖의 일이 있었다. 여신 공부를 함께하는 '아카데미 할미' 멤버들과 함께 여신 순례의 일환으로 공주로 여행을 간 적이 있었다. 그때 무슨 조화인지는 모르겠지만 내 몸에 아홉 개의 점으로 된 연화문이 새겨졌던 적이 있다. 아무튼 나는 그 연화문이 추마시 동굴벽화 속의 상징들과 만나 하늘과 땅 사이를 함께 거니는 상상을 한다(신현경, 2022). 추마시 동굴벽화를 만난 우뇌시각적 여행은 나와 나의 그림으로 연결되어 시공간을 넘나드는 우주로 확대된다. 나의 그림에서 하나의 점으로 시작됐던 추마시 동굴벽화의 이미지가 그림이 진행되는 동안 시공간을 넘나드는 상상의 세계(이매지네이션)로 연결되고 체화되면서 이 모든 과정은 내게 있어서 우뇌시각을 제대로 활용하는 놀라운 사건이 된 것이다.

이 사건에서 나는 두 가지 질문에 주목했다. "구석기 후기에 살았던 호모 사피엔스는 왜 동굴에 그림을 그리기 시작했을까?" "그토록 살아 있는 생생한 묘사가 도대체 어디에서 나왔을까?" 이 질문을 던지는 것은 이 시기 동굴벽에 그려진 동물 그림이야말로 최고로 살아 있는 그림이기 때문이다. 그림의 생명성은 우뇌시각적 소양을 말하는 비주얼 리터러시 최고의 단계를 보여주며, 이는 좌뇌시각의 강화로 죽어가는 현대인이 그들의 그림을 통하여 우뇌시각을 되찾아 모든 것을 연결하며 살아 있게 하는 근원을 찾을 수 있다고 생각하기 때문이다. 이를 위하여 시각과 미술, 살아 있는 삶을 꿰고 있는 맥락을 생명학 또는 생명미학으로 관점으로 설명하는 동시에, 우뇌시각으로 사물을 보고 느끼며 다시 그것을 그림으로 그리면서 체화하는 전 과정을 '시각적 자기돌봄'의 과정으로 제시하고자 한다.*

이 글은 일반적인 학술 글쓰기와는 매우 다른 태도로 문제에 접근한다. 우뇌시각으로 넓게 가로지르며 깊게 세로로 파내면서 보고 쓰기이다. 그래서 우뇌시각으로 보고 읽어야 하는 글이다.

2. 왜 생명학으로서 시각적 자기 돌봄인가?

생명학연구회에서 돌봄을 주제로 출판을 기획했다. 왜 돌봄인가? 요즈음 닥친 인류세 위기는 인간 중심의 이기주의가 타자를 분리, 소외하고 갈취한 대가이다. 특히 기후 재앙은 자연에 가한 인위적 충격의 결과로, 자연뿐 아니라 서로를 배려하고 나누려는 돌봄이 필요하다는 방증이다. 나는 전반적으로 현대 한국 사회가 서로 연결하고 배려하는 특성을 가진 우뇌시각을 제대로 활용하지 못하고 있고 그로 인해서 개인의 몸과 마음, 그리고 사회 전체가 병들어 있다고 본다. 시각적 자기돌봄을 못하여 일어나는 증상이다. 죽어가고 있는 인류와 자연을 살릴 수 있는 대안이 시각적

---

* 이는 자연미를 특성으로 하는 한국미술에 이 맥락이 이어져 왔으나 근대 좌뇌시각으로 잃어버렸다고 본다. 이 주제는 다음 과제에서 다룰 예정이다.

자기돌봄이며, 이는 생명미학을 기반으로 하는, 모두를 위한 미술에 있다는 이야기를 하려고 한다. 나는 이 이야기를 '본다는 것이 보는 것이 아니다', '미술이 미술이 아니다'라는 다소 역설적인 말로써 시작하고자 한다.

인간의 다섯 감각 중에서 청각은 소리를 듣고 그것을 말하고 쓰기를 활용한다면, 시각은 이미지를 보고 느끼며 그것을 그리기에 활용한다. 이 이미지를 보고 활용할 줄 아는 소양이 비주얼 리터러시(visual literacy, 시각적 소양)이다(Debes, 1970). 좌뇌시각으로 말미암아 발생하는 문제의 해결책은 우뇌적 비주얼 리터러시에 기초한 시각적 인식과 시각적 사고의 훈련에 있다(Shin, 2012). 하지만 오늘날 공교육 체계에서는 철저히 이를 무시하고 있다.

현대가 직면하고 있는 좌뇌시각으로 인한 문제를 직시하고, 교육에서 우뇌 시각의 훈련을 통하여 극복해야 한다. 이 교육은 우뇌로 보고 그리기가 가장 효과적이다. 더군다나 우뇌로 보고 그림을 잘 그리는 것은 누구나 할 수 있는 일이다(에드워즈, 2015; 신현경, 2016). 즉 모두를 위한 비주얼 리터러시로서의 미술이다. 우선 우뇌시각을 깨워야 한다. 그렇게 하려면 우선 우리 사회와 교육 체계가 좌뇌시각 중심의 교육에 집착함으로써 '나뿐인 나쁜 눈'을 양산하게 되는 행태를 심리와 교육적 측면에서 직시해 볼 필요가 있다!

3. 근대 데카르트 관점과 심리 : 좌뇌 시각의 작란

구조주의 언어학에서는 인간의 인식을 언어와 결부된 사회문화적 구축이라고 본다. 서양은 플라톤 이래 가시세계와 비가시 세계를 분리하며 가시세계를 허상으로, 비가시 세계를 실상으로 보았다. 자기중심적 한계를 가지는, 언제나 변하고 있는 시각은 믿을 수 없는 감각이 된 것이다. 그러니 시각 문화는 무시하고 청각 문화를 발달시켜 왔다.

특히 근대문명은 인본주의를 바탕으로 하는 인간 중심의 이원론적 세계관 안에서 유럽 백인 남성 중심의 데카르트 관점을 구축한다. 이 관점은 근대화의 진전과 함께 자기중심주의의 시각적 한계를 강화해 나갔다. 갈수록 이성적 논리와 사고로 무장을 강화한 이 자기중심적 관점은 오직 자기가 본 것만 믿으며 오직 자기만 옳다는 편협한 좌뇌시각에 매몰되어 다른 것들은 모두 틀렸다고 외면하고 무시해 버린다.

그런데 이 근대인들은 이성을 앞세워 감성을 무시하고 오직 자기 방어와 합리화에 몰두함으로써 결국 내면이 텅 비게 되었고, 이 텅 빈 내면을 알량한 자존심으로 채울 뿐이다. 일부 심리학자들은 이 부분을 주목하면서 '내면 아이(the inner child)'가 현대인의 무의식에 자리 잡고 있다고 풀이하기도 한다. 이 내면아이는 어렸을 때, 특히 유아기에 경험하는 박탈에서 생성되는 것으로서 특히 이 같은 유아기의 박탈은 무엇보다도 자연스럽게 생성되는 감성을 발현될 수 있도록 돕는 것이 아니라 오히려 이를 억압한데서 비롯된다. 불교 심리학자 콘필드(Kornfield, 1993)는 이 내면아이를 '헝그리 고스트(Hungry Ghost, 배고픈 아이, 餓鬼)'라고 명명한다. 어둡고 추운 무의식에 버려져 돌봄을 받지 못하여 '어른이 되어도 아직 자라지 못한' 내면 아이가 아귀가 되어 자기를 봐 달라고 따라다니는 것이다.

자아의식이 싹트는 사춘기에 이르러 이 내면아이의 무의식이 드러나기 시작하는데 이 시기를 여명기라고 한다(Lowenfeld, 1955). 그래서 어렸을 때 억압이 많을수록 사춘기를 심하게 겪는다. 사춘기에도 감성을 제대로 표출하지 못하고 억압이 계속된다면, 내면아이의 집착에서 벗어나지 못한 채 육체만 성장하는 비정상적인 상황이 노정된다.

인생의 완성기라 할 노년에도 그나마 바깥에서 주어졌던 세속적 권위가 있는 동안에는 외형을 유지하지만, 퇴직 후에는 문제가 드러나게 되어 있다. 권위에 의지하던 자기 방어력이 여지없이 무너지니, 내면 아이를 건드릴 수밖에 없다. 에릭슨은 사회심리 발달 8단계 이론에서 마지막 단계인 노후에도 내면을 통합하지 못하면 좌절이 기다리고 있다고 진단한다. 더 나쁜 상황은 사회적으로 실패하는 경우이다. 외부적으로 무너지니 부정적인 태도를 선택하면서 허울뿐인 자존심으로 싸우며 살아가는 것이 일상이 된다. 나태로 빠지거나 허무주의에 이은 우울증 등으로 나아간다. 치매가 죽음 전에 무의식이 먼저 알고 뛰쳐나오는 증상이라고 하지 않는가? 무의식은 의식이 알 수 없기 때문에 정신적으로 약해질 때 삐져나온다. 의식의 구심력이 약해질 때 무의식이 자의식을 지배하면서 언제라도 터져 나올 수 있는 시한폭탄이 된다. 마음이 아프니 몸도 아프게 된다.

현대인의 내면아이는 무서울 정도로 집착하는 욕망에 가득 찬 아이이다. 이 아이를 직시하고 자기성찰을 하지 못한다면 자기합리화와 자기 방어가 평생 가는 성격으로 고착된다. 자신의 문제를 느끼지도 못하고, 문제가 일어나면 해결하는 것이 아니라 본질을 회피하며 원인을 바깥에서 찾아 투사한다. 끊임없이 남 탓을 하며 자기 스스로의 삶이 아니라 타인 또는 다른 것에 의지해서 살아간다. 마약과 알코올, 게임 중독이나, 종교에의 탐닉으로 빠진다. 그러나 결국 무의식에 휘둘려 마음의 병을 앓게 되고 심하면 자신을 스스로 매질하며 자살 충동을 느끼게 된다. 아니면 문제를 투사하여 남을 괴롭히는 원인이 된다.

당연히 내면 아이의 자기중심성은 타자와의 관계에서 갈등을 유발한다. 집착은 강화되고 대상은 주체로부터 멀어지고 만다. 왕따나 스토킹

범죄의 심각한 양상이 이것이다. 특히 부부 관계는 보통 감성적인 여성이 사랑에 집착하기 마련이고 남성은 회피하기 마련이다. 대부분 남자는 돈과 명예, 그리고 권력에 집착하지만, 만족을 느끼지도 못하고 감성적인 국면을 회피한다. 어떤 부분에서는 일방이 집착하는 반면 상대방이 회피하고, 다른 부분에서는 상대방이 집착하는 등 상호간의 갈등과 엇갈림은 시간과 장소의 차이만 있을 뿐이다. 이처럼 대응하는 방식을 바꾸지 못한 상태에서 갱년기에 접어들면 집착이나 회피하는 증상이 조울증이나 우울증으로 드러나게 되어 있다. 사실 그 무섭다는 갱년기도 상대방이 충분히 받아들여준다면 3개월이면 끝난다고 한다. 그러나 대부분은 그렇지 못하니 부부가 같이 우울을 앓게 된다. 각자의 내면아이를 만나는 것이다. 서로 채워 줄 수 없으니 이들 부부는 끊임없이 냉담하게 외면하거나 부딪치는 관계로 그냥 살아간다. 안에서만 들끓는 냉전이 되거나 바깥으로 드러나는 파괴적인 열전이 벌어진다. 심하면 서로를 죽이려 드는 결사 항전으로 비화하는 것이다.

집착과 회피가 일상이 되는 가정이라면, 부부 관계에서 아내인 엄마는 남편으로부터 받지 못한 것들을 자신과 가까운 대상, 즉 자녀에게 집착하게 된다. 온갖 사교육을 동원하여 교육에 매진하는 것은 결국 집착의 또다른 형태일 뿐이다. 아이는 영문도 모른 채 부모한테 배운 대로 자기 문제에 대해 방어적인 태도를 취하면서 회피를 선택하거나, 타자(부모)의 욕망을 대리 추구하는 존재로 전락해 간다. 결혼해도 집착, 회피, 방어의 사이클을 벗어날 수 없다. 무의식을 제대로 다루어 주지 않은 채 감정을 억누르니, 자신이 무엇을 느끼는지 또한 무엇을 원하는지 알 수도 없다. 이 좋은 예가 '마마보이/엄마의 아이'로 자라는 남자들이다. 이들은 엄마한테 의존한 채 몸만 커진 어른이다. 이들은 내면에서 우는 배고픈 아이의 무의식적 트라우마로 형성된 자신의 내면 아이를 돌봐 줄 수 없으니 다시 집착과 회피를 반복한다. 살아갈수록 자기소외를 가져올 수밖에 없다. 각자 서로를 소외하는 삶을 산다. 모든 관계, 특히 가족 관계가 이런 식으로 고착되면, 가족 누구도 문제를 해결해 줄 수 없다. 구성원들은 매일 부딪치며 살얼음판을 걸으며 살게 되어 있다. 이같이 불행해진 환경에서 어느 사람도 자유로울 수가 없다.

데카르트적 관점에서 비롯된 이성과 감성의 분리, 그리고 이성을 앞세운 감성의 억압은 몸과 마음을 분리시킬 뿐이다. 이토록 억압된 내면에 존재하는 내면아이는 상처투성이일 뿐이다. 결국 이들은 자기중심의 시각으로 세상을 보고 재단한다. 누누이 말하지만 자기중심적 시각의 본질은 좌뇌시각의 증상이다. 그런데도 우리 교육이 좌뇌시각의 강화에만 매달리고 있으니 그것이 문제이다.

4. 근대 교육의 부작용

근대 데카르트 관점은 자신들 중심에서 세상을 보고 경계지었다. 문자와 언어 중심의 교육은 저변을 구축하여 평준화를 이루었지만, 현대사회의 물질적, 경쟁적 환경 속에서 형성되고 개념화된 언어를 매개로 좌뇌시각을 고취한다. 이러한 교육환경 속에서 성장하는 아이들의 내면에는 자기중심의 시각적 왜곡 내지 편향적 세계관이 고착되게 된다. 그리고 그 비뚤어진 세계관은 이성적 언어와 논리적 잣대라는 허울 좋은 이름 아래 객관적, 합리적 시각인양 포장된다. 그러나 이러한 좌뇌시각은 자기중심에서 나와 세계를, 사물과 사물을 분리하며 틀 짓고, 나밖에 모르는 나뿐인-

나쁜 눈을 조장한다. 현대인은 이 관점으로 이데올로기화되어 자유의지의 이름으로 일상을 살아가게 된다. 유치원이나 초등학교에서 문자교육이 시작되면, 부지불식중에 언어적 관념으로 사물을 보는 훈련을 받아 좌뇌시각이 발달하고, 결국 좌뇌 편향 성향이 강화되는 가운데 성장하게 된다. 그러니 교육을 받으면 받을수록, 다시 말해 문자로 배우면 배울수록, '좌뇌적 까막눈이'를 양성하는 꼴이다.

이러한 좌뇌시각이 지속해서 심화되는 편측화의 증상은 우뇌시각의 미숙으로 귀결된다. 우뇌시각을 애매하고 비합리적이라고 판단하면서, 무시해버린다. 이로 인하여 우리는 갈수록 우뇌적 감성이 보고 느끼는 우뇌적 정보에 둔감해지고, 비정형의 정보를 감수하는 우뇌 기능은 점점 숨겨지고 퇴화해 간다(신현경, 2005). 그리고 정서는 메말라 간다.

당연히 우뇌시각의 미숙은 우뇌감성의 미숙으로 귀결된다. 감성을 의식적으로 회피하고 억누르려고 하기 때문이다. 이는 또한 자존감의 상실을 가져온다. 자존감은 나를 진정으로 사랑하는 감성이다. 우뇌시각의 감성 능력이 충분히 발현되는 내가 진정한 '나'라고 할 수 있다. 이것이 바로 자존감이다. 그래서 우뇌시각의 미성숙은 자존감이 하락한 자아의 미성숙이기도 하다(신현경, 2019). 우뇌시각이 미숙한 사람들은 그나마 쌓아온 알량한 자존심으로 버티고 산다. 결국 자존심이 강화될수록, 자존감은 하락한다. 지독한 자존감 저하에 빠져 진정한 '나'를 스스로 소외시키고 있다는 사실을 모르고 산다.

우뇌적 감성은 좌뇌시각 중심의 사회뿐 아니라, 심지어는, 가족에 의해서도 억압되고 있다. 현대적 삶에서 좌뇌시각으로 구축된 편협한 거짓 환상 속에서 나이 들수록 삶이 피폐해질 것은 명약관화한 일이다. 진정으로 살아 있는 삶이라 할 수 없다. 이는 좌뇌시각의 편측화에 의한 전도 증상이다. 좌뇌 편측화의 증상은 개인의 잘못이 아니라 사회 잘못이다. 근대 데카르트 관점의 폐해이자, 근대 교육의 폐해이다. 이 시대를 사는 사람들이 앓는 집단 감염병의 원인이다. 본다는 것은 보는 것이 아니다. 교육은 교육이 아니다.

5. 분리하는 데카르트 관점에 의한 주변화

데카르트의 과학적 인식 방법론을 무조건 비판하는 것이 아니다. 시각이 자기중심의 한계가 분명하고 그만큼 위험하기 짝이 없는 감각이지만, 데카르트적 관점 중심으로 사태를 규정하고 정의하는 것이 문제이다. 그리고 자기 관점으로 정한 이분법적 기준에서 벗어난 것들을 대상화하는 것이 잘못되었다는 이야기이다. 데카르트적 관점은 '나뿐인 나쁜 눈'이다. 그들 중심의 나쁜 눈은 세계가 자신을 중심으로 돌고 있다는 좌뇌적 편견에 따른 단절과 왜곡에 의한 오만한 허상에 사로잡혀 있다. 그 오만한 관점을 비판하는 것이다.

이 관점은 자신의 내면을 소외시킬 뿐 아니라, 다른 사람을 타자화하여 소외시킨다. 자신뿐 아니라 타자를 있는 그대로 볼 수 없게 한다. 필요 없다면서 외면한다. 그들의 분리적 사고는 대상이 시공간적으로 멀면 멀수록 더 사소한 것으로 취급한다. 작고 안 보이는 타자는 단지 열등하고, 하찮고, 미미한 존재인 것이다. 시대적, 공간적으로 멀어서 제대로 이해하기 어려운 대상들을 천편일률적으로 '틀린 것, 모자란 것'이라고 규정하고 계몽의 대상으로 삼는다. 이 자기중심의 관점을 개인이나 지역사회에 국한하지 않고, 절대적인 기준으로 무한정 확대하여 제국주의를 통하여 강요해왔다.

임철규(2004)가 볼 때 이러한 눈의 '작란'은 자기만의 좁은 관점으로 전체 세계를 규정하는 데에서 시작된다. 부분이 전체를 참칭하고, 인식의 파편화, 타자의 대상화를 필연적으로 초래한다.

> 인식의 역사는 감옥의 역사이며, 인간 사유의 역사는 '틀 짓기'의 역사다. 틀 짓기의 역사는 전체를 부분으로 난도질하는 '비틀기'의 역사다. 눈이 있고 그 눈이 바라보는 대상이 있는 한, 즉 인식의 주체인 '나'가 있고 인식의 대상인 '너'가 있는 한 '틀 짓기'의 역사, '비틀기'의 역사는 필연이자 숙명인 것이다. 눈이 본 부분을 전체인 것처럼 절대화하는 인식의 폭력은 실로 오랜 역사를 지닌다(임철규, 2004, 32쪽).

이러한 눈이 없었다면 종교분쟁이나 전쟁과 같은 파국의 역사는 없었을 것이다. 사회 문제는 자기중심적 시각의 한계를 강화하는 개념화된 좌뇌시각으로 말미암아 일어나는 것이다. 이는 파괴와 학살로 치달아 스스로를 파멸시킨다. 한 개인의 불평이나 좌절로부터 국가 간 전쟁까지…. 그 예를 히틀러뿐 아니라 그를 따랐던 독일 군인과 시민의 환상에서 보게 된다. 데카르트 관점의 분리하는 나쁜 눈이 자기중심적 환상에서 환화(幻花)로 꽃피워 저질렀던 폐해가 극명하게 드러난다. 한나 아렌트는 예루살렘에서의 전범 재판에서 자신은 그저 명령을 따랐을 뿐이라고 변명하는 아이히만을 두고, 히틀러의 악한 눈에 비판 없이 복종하던 집단의 수동적이며 자기중심적 관점 문제를 "악의 평범성"이라고 하였다(아렌트, 2006). 좌뇌시각이 저지르는 나쁜인 나쁜 눈의 평범성이다.

근대 데카르트 관점으로 인하여 제3세계는 근대화의 물결 속에서 수동적으로 대상화되었다. 근대화(modernization)는 서양의 근대문물을 받아들인다는 의미이며 '서양화(westernization)'의 동의어나 마찬가지이다. 데카르트적 관점은 자기중심으로 세상을 본다. 자기중심을 가지는 것이 꼭 나쁜 것은 아니다. 문제는 상대방의 실체를 바로 보지 않고 제멋대로 왜곡하고 비튼 이미지로 받아들인다는 것이다. 그런데 문제는 거기에서 끝나는 것이 아니다. 서구인들의 데카르트적 관점보다 그것을 받아들인 우리의 근대화된 시각이 더 큰 문제이다. 서구의 관점에 의해서 타자화되고 정형화된 대상이 우리였는데, 근대화와 함께 서구적 관점을 받아들인 우리가 이제 우리 스스로를 그들의 왜곡된 관점으로 바라보고 있는 것이다. 주체적이어야 할 눈에 암의 안경을 쓰고 세상을 보는 꼴이다. 대상을 '있는 그대로' 볼 수가 없다. 그런데 우리는 그런 시각으로 우리 자신을 보고 제3세계를 보고 있다. 자기소외에 이어서 타자소외의 인식에 지배되어 있다. 이는 이중의 시각적 왜곡이며 정체성의 자발적인 포기이다. 이 모두 우리가 우뇌시각과 우뇌감성을 모두 잃었기 때문이다. 이제부터 우리가 해야 할 일은 자명하다. 그것은 좌뇌편측화에 문제를 제기하며 그 해답을 찾기 위해 현실을 직시하는 일이다.

대부분 한국인이 미성숙한 내면아이를 억압한 채 좌뇌시각에 사로잡혀 있다. 교육 수준은 높아졌지만 시각이 병들어 물질 위주의 경쟁 사회 속에서 각자도생에 따르는 갈등과 질시로 매몰된 자신을 합리화하며 그 메마른 삶을 살아간다. 이들의 삶은 탈출구 없는 길로 가속하며 달려가는 중이다. 대상뿐 아니라 자신도 있는 그대로 볼 수 없다. 나는 내가 아니다.

6. 나쁜 눈을 극복하기 위한 비주얼 리터러시

좌뇌 편향의 교육으로 강화되는 우뇌시각의 미숙은 비주얼 리터러시의 미성숙을 가져온다. 이를 극복하기 위하여 비주얼 리터러시를 훈련하는 가장 효과적인 방법이 '우뇌로 보고 그리는 그림 놀이'이다. 이 비주얼 리터러시의 인식과 사고의 훈련을 다섯 단계로 나눈다.

첫 단계는 기본적으로 우뇌 시각을 깨우기 위하여 '우뇌로 보고 그리는' 과정을 즐기는 일이다. 이를 위하여 쉽고 재미있게 마음 가는 대로 하는 낙서미술이다. 특히 새로운 재료를 대할 때 언제나 시작은 낙서미술이다. 아이들이 낯선 재료를 마음대로 다루는 과정에서 재료나 하얀 도화지에 대한 부담을 덜어내며 스스로 재료에 대한 자신감과 조형요소의 형태감과 색감을 익히기 때문이다(신현경, 2015). 이 지점에서 강조해야 할 사안이 있다. 연필과 같은 마른 재료의 성질과 붓과 물감 등의 젖은 재료는 그 기능이 전혀 다르다. 마른재료는 형태를, 젖은 재료는 면을 칠하는 재료이다. 이를 혼동하고 있어 아이들이 마른 재료로 칠을 하게 한다. 이 과정에 아이들은 칭찬 받기 위하여 힘들다는 표현도 못하고 감정을 어렸을 때부터 억압하는 것을 배우는 것이다.

젖은 재료는 연필보다 훨씬 부드럽게 나아가며 상상력과 감성 등을 훈련한다. 시각적 인식을 그만큼 풍부하게 잘 훈련하여 시각적 사고를 증진할 수 있는 재료이다. 그 과정에서 자유를 만끽하며 훨씬 풍요로운 체험을 할 것이다. 그래서 젖은 재료를 가지고 마음대로, 마음껏 노는 색칠놀이로서 낙서미술이 기초가 되어야 한다. 교육적으로 젖은 재료가 감성을 훈련하는 가장 좋은 재료인 것이다.

외부 세계의 정보를 받아들일 때 시각이 70%~90%를 차지하는 중에, 색

공동육아 어린이집 어린이 그림

이 60%를 차지한다. 이 색을 보며 느끼는 감성, 즉 색감의 단계도 초등학교를 들어가기 전까지는 나이에 따라 발달하는데 1, 2살 아이들은 무채색, 세 살이 되어야 삼원색의 세상을, 나아가 일곱 색깔 무지갯빛 세상을 본다. 초등학교에 들어가 시각이 객관화되며 50가지 색을 알아보고 사용할 줄 알며, 대개 성인은 250여 가지 색을 구분하고 활용할 줄 안다. 또한 색은 수많은 느낌과 이야기를 전달한다.

이리 중요한 색의 역할은 미술 교육을 위한 조형 훈련으로서 좋은 배색을 만드는 것에 국한되지 않는다. 색을 활용할 줄 아는 능력이 색감과 감성 훈련과 더불어 비주얼 리터러시를 훈련하는 가장 효과적인 방법이다. 그러나 현 교육은 색감의 가장 낮은 단계인 흑백의 명도 단계, 즉 이분법적인 것으로 나누어진 개념화된 세상에서 살게 한다(신현경, 2014).

공동육아의 어린이집 아이들은 수채화 물감으로 하는 낙서미술을 하면 생각보다 스스로 잘하며 좋은 작업들을 만들어낸다. 그러나 일반 학교 아이들의 경우에는 '낙서하면 혼나요'라며 걱정하는 어린 눈들을 먼저 마주하게 된다. 그리고 교사들과 부모님들의 몰이해에 부딪친다. 그래서 '낙서 미술 워크숍'은 시작 이전에 교사와 어머니 교육을 통하여 재료와 맘껏 놀아 보며 아이들과 함께 마음을 풀어보는 일이 선행되어야 한다. 컬러풀하게 풍부해야 할 삶을 오히려 교육이 막고 있다(신현경, 2014). 교육이 교육이 아닌 것만큼 색도 색이 아니다.

두 번째 단계는 우뇌시각으로 자세히 천천히 대상을 보는 '사실적으로 그리기'이다. 이 방법은 베티 에드워즈의 『오른쪽 두뇌로 그림 그리기』(2015)에 소개되어 있다. 그녀는 수십 년간의 워크숍을 통하여 '우뇌로 이행하여 보는 방법을 배우면 누구나 잘 그릴 수 있다'라는 사실을 증명하고 있다. 닷새 동안 진행하는 프로그램인 그녀의 워크숍에서는 자기 손조차 제대로 그리지 못하던 참가자들이 우뇌로 이행하여 보고 그리는 방법을 배워 가장 어렵다는 자신의 자화상까지도 잘 그리게 되었다(사진). 필자가 진행했던 '우뇌로 보고 그리기'나 '자아를 찾아가는 미술 여행' 프로그램도 누구나 잘 그릴 수 있다는 사실을 경험적으로 공유하는 과정이었다. 닷새면 우뇌 시각을 깨워 잘 그릴 수 있는 일을, 현재의 학교 미술교육은 학생들을 수년에 걸쳐 고문하며 헛발질을 시키는 것이다.

하나의 사물을 그냥 보는 것과 보고 그릴 때의 시각은 다르다. 보고 그려보면 훨씬 더 잘 보게 된다. 하나의 대상을 보고 그린다는 것은 단순히 보는 것보다 대상에 대해 훨씬 더 많은 관심을 갖게 한다. 더 많이 보이는 것이다. 대상을 자세히, 잘, 제대로 보게 한다. 우뇌로 보고 그리기는 '있는 그대로' 그리며 '있는 그대로' 보는 방법을 훈련하는 방법이다.

세 번째 단계는 그리는 과정에서 자신을 인식하고 내면과 연결, 표현하는 시각적 자기표현이다. 그 속에서 내 느낌을 찾아 간다. 자신이 원하는 것을 보고 느끼며 스스로 마음을 푼다. '자아를 찾아가는 미술여행'이다. 비로소 "나를 보았나요?"라고 물을 수 있다. 이는 자신의 중심성을 인식하고 나의 시각, 즉 나를 객관화하는 데 좋은 방법이다. 자존심으로 가득찬 텅빈 내면을 자존감으로 채우기 시작한다. 또한 이 과정을 통해 마음으로 보는 관심, 즉 심안을 깨운다. 관심이 심안을 활용하여 언어 너머 사이의 세계를 보고 느끼는 우뇌 시각을 연마한다. 더군다나 관심에서 창의성의 기초 단계인 호기심을 불러일으켜 창조력을 키운다. 필자의 프로그램인 "자기표현 워크숍 : 자아를 찾아가는 미술 여행"이 베티 에드워즈의 워크숍과 차이가 있다면, 우뇌로 보고 그리기 다음 단계를 시각적 자기표현으로 연결하여 자존감과 창의성을 높인다는 점이다.

우뇌시각으로 그린 그림은 손으로 잘 그린 기능적인 그림과 다르다. 또한 색감이 발달해도 기능적으로 쓴다면, 기능화 될 수밖에 없다. 즉 몸과 마음이 분리되어 있다면, 우뇌시각을 활용하지 못한다. 기능적으로 좋은 배색을 만들 수는 있다. 하지만 풍부한 감성을 훈련할 수도 전달할 수도 없다. 그리는 사람도 보고 있는 사람도 풍부한 감성과 그 이미지가 전달하는 이야기를 보고 느끼지 못한다.

네 번째 단계는 시각적 자기표현의 심화 과정으로, 내면을 시각화하며 좀 더 깊숙하게 억압된 감성을 풀어내는 자기성찰과 자기치유로 나아간다. 이 시각화는 자신을 객관적으로 볼 수 있는 객관화의 가장 효과적인 방법이다. 나의 내면과 외면이 만나 치유되는 과정이다. 이러한 내적인 자기치유를 통하여, 그리고 무의식을 사랑으로 바꾸며 자존감을 회복하면서 내 안의 힘을 기르는 몸의 치유로 이어진다. 몸과 마음은 분리된 것이 아니기 때문이다.

마지막 단계가 생명성의 발현이다. 그림의 생명성은 우뇌 시각으로 보고 그리는 순간에 완전히 몰입되는 상태에서 발현된다. 바로 그때 그리는 이의 온몸이 마음과 연결되면서 우주의 기운과 그림이 합일되고, 그 순간에 모든 것이 살아난다(김용옥, 2001). 그 순간에 나를 잊고 그림이 내가 되고 내가 그림이 된다. 완전한 연결을 말한다. 모든 것이 연결되면서 영안이 열린다. 이때의 시각이 우뇌시각으로 존재를 관계로 보고 느끼며, 세계를 향해 열린 시각이다. 나의 외면과 내면, 우리 그리고 땅과 하늘의 '사이에서' 모든 것을 연결하는 '선한 눈(임철규, 2004)'이다. 우뇌시각은 좌뇌와 우뇌의 더욱 조화로운 시각으로 살기 위하여, 자기중심의 편협하고 주관적으로 미성숙한 좌뇌시각을 치유한다. 그리고 좌뇌 시각의 육안을 넘어 심안과 영안을 훈련한다. 충분히 활용할 줄 알아야 자신을 돌보며 풍요롭게 살아있는 삶을 살아갈 수 있다. 좀 더 넓게 열린, 객관적으로 성숙하게 보고 느끼는 우뇌시각을 회복하기 위하여, 시각적 자기 돌봄이 필요하다는 이야기이다.

이와 같이 그림 놀이를 통하여 우뇌시각의 다양한 인식 과정들을 경험하며 넓고 깊이 있게 열어 가는 비주얼 리터러시 훈련을 하는 것이다. 한 단계 더 있다. 자신의 체험을 자신이 그린 그림을 가지고 나누는 일이다. 비주얼 리터러시 다섯 단계의 과정을 필자의 '자아를 찾아가는 미술' 워크숍에서 다른 이들과 나누면 한 번 더 자기중심을 인식하고 함께 소통과 공감을 통하여 효과는 배가된다는 사실을 참여자들과 함께 직접 체험하였다(Shin, 1994; Shin, 2012). 또한 함께 한 과정을 '우리들의 만찬'으로 전시를 통하여 나눈다. 이렇게 되면 효과는 더욱 좋다.

누구나 글을 쓰고 읽는 방법을 배우면 할 수 있듯이, 누구나 우뇌시각을 활용해서 보고 그리기를 배우면 우뇌시각을 깨워 잘 그릴 수 있을 뿐 아니라(에드워즈, 2015) 살아 있는 그림을 그릴 수 있다(신현경, 2000). 이를 통하여 좌뇌시각의 미성숙을 극복하며 자신을 돌볼 수 있다. 그림놀이는 시각적 자기돌봄의 방법이다.

7. 구석기 후기 동굴벽화의 생명성과 한국미술

살아 있는 미술의 생명성을 추마시 동굴벽화에서 보았다. 인류 최초의 그림인 구석기 후기 동굴벽화에서도 그러한 생명성과 마주쳤다. 이 그림들의 생명성은 비주얼 리터러시 최고의 단계를 보여준다. 현대인들은 우뇌시각을 활용하지 못하고 있기에 아쉽게도 그 생명성을 놓치고 있다. 여기에 시각적 자기돌봄의 실마리가 숨어 있다. 이를 찾기 위하여 우선 이 벽화들을 그 시대의 눈으로, 즉 우뇌시각으로 보고 느끼며 이해하는 일이 우선이다.

1879년 스페인 알타미라 동굴 벽화의 천장에서 들소(사진)를 본 마리아는 "아빠! 들소가!"라고 두려움에 외치며, 바닥만 조사하고 있던 아빠한테 안겼다는 일화가 유명하다. 이는 그림이 살아있음을 직관적으로 체험한 사례이다.* 이후에도 많은 사람이 이 벽화를 보고 놀란다고 한다. 한편 프랑스 쇼베 동굴벽화(사진)는 1994년 발견 당시에는 3만 년 전 것으로 추정되면서 가장 오래된 구석기 후기 동굴벽화로 알려졌다.** 이를 다큐멘터리로 찍은 베르너 헤어조크 감독 촬영 팀도 그곳에 무언가 다른 것이 있었다

---

* 이 동굴벽화가 인류 최초로 발견되었지만, 사람들은 구석기 후기 그림으로 믿지 않았다. 2차 대전 이후에야 시간을 측정할 수 있는 C14이라는 방사성 동위원소를 발견하고 유럽에만 200여 개의 동굴벽화가 발견되며 구석기 후기 그림으로 판명되었다.
** 최근 인도네시아에서 5만 년 전 동굴벽화가 발견되어 그 시기는 더 올라간다.

고 말한다. 특히 촬영기사는 촬영 기간 내내 그의 꿈속에서 벽화 속 동물들을 만난다며 호소했다.

이들의 공통된 체험은 벽화의 동물 그림을 단순히 본 것이 아니라 살아 있는 동물을 만났다는 것이다. 그림이 아니다. 무엇일까?

동굴벽화의 동물 그림은 샤먼이 사냥 나가기 전 땅의 어머니 여신에게 자식을 하나 데려오기 위하여 기도하는 제례를 위하여 그려졌다. 어머니에 대한 감사와 생의 안녕을 기원하는 기도가 담겨 있다. 그림의 마지막 작업은 춤을 추고 노래 부르며 모두가 하나 됨을 표현하는 일이었을 것이다. 일상을 지탱하기 위해 꼭 필요했던 사냥의 두려움을 그림으로 치유하고, 씨족이 함께 제사를 지냄으로써 안 보이는 세계와 연결하는 역할을 미술이 담당했던 것이다. 씨족 공동체를 위한 미술의 제례적, 치유적 기능은 그들 삶의 모든 부분을 관통하는 것이었다. 이러한 공동체적 미술은 그림도 살아있을 뿐 아니라 시공간을 포월하며 모든 것을 살아나게 한다.

여기에서 그림의 생명성은 당시의 정령신앙으로 인하여 생태적으로 자연과 함께 살아가는 삶의 방식을 보여준다. 생명성과 연결성을 특성으로 하는 이들의 미술은 공동체를 위한 제의적, 치유적 과정으로서의 미술의 기능을 여실히 보여준다고 할 것이다(신현경, 2004; 신현경, 2022). 또한 구석기 후기 미술의 생명성과 연결성은 생태적 사실주의로 드러난다.

한편 원래 전통 시각은 생태적 시각이다. 가시세계를 보는 눈과 비가시세계, 즉 안 보이는 세계를 보는 망울을 연결하는 눈망울이다. 이러한 시각이 한국미술의 생태적 사실주의 양식을 구현해 왔으며(Shin, 2024), 어떤 측면에서는 구석기 후기 미술을 맥을 이어왔다고 볼 수 있다. 또한 이러한 전통은 한국미의 특성인 자연미로 모습을 드러난다(허영환, 1997; 김원룡, 1998). 이는 자연(自然), 즉, '스스로 그러한 그림'이다. 자연스럽게 그리고 즐기는 과정에서 서로를 살리고 연결하며 함께 연결하는 풍류의 미술이요, 살아있는 신명을 표출, 체험하는 미술이다. 자연의 색이 반대색인 보색을 품고 있어 서로 자연스럽게 어울리는 것이 자연미이고 여기에는 보색의 아름다움이 숨어 있다(신현경, 2014). 서로가 없는 색을 조화롭게 드러내는 자연의 미는 구석기 후기 동굴벽화에서 보이는 제의적 치유적 기능으로서의 미술이 한국미술의 특성으로 지속적으로 이어져 서로를 조화롭게 살리는 자연미로 드러나는 것이다.

8. 과정으로서의 미술/교육, 아트잉의 시각적 자기 돌봄

근대문명으로 들어와 생각하는 인간(Homo Sapiens)은 교육에서 좌뇌 편측화의 합리화에 의하여 자기중심의 시각적 한계를 강화하며 좌뇌시각의 나쁜인 나쁜 눈을 구축한다. 우뇌시각을 훈련해야 할 미술교육도 결과를 중시하여 오히려 진정한 미술의 구현을 저해하고 있다. 이에 따라 절름발이 문명이 폭력을 휘두르게 되고, 현대인은 자신뿐 아니라 모두를 죽이고 있다.

좌뇌시각의 부작용에 따른 문제를 해결할 수 있는 실마리는 우뇌시각에 달려 있지만, 좌뇌시각은 그나마 희미하게 흔적만 남아있는 우뇌시각을 틀린 것이라고 단정한다. 더군다나 교육의 현장인 학교에서도 우뇌시각의 훈련은 너무나 소홀히 취급당하고 있다. 우리 교육은 비주얼 리터러시를 훈련하기는커녕 우뇌시각을 앞장서서 말살하고 있다고 해도 과언이 아니다. 우뇌시각을 훈련해야 하는 미술교육조차 결과를 중시함으로써 작업 과정을 통해 자연스럽게 발달하기 마련인 우뇌 시각적 소양을 원천

봉쇄하고 있는 것이 현실이다.

미술을 미술이 아니게 만드는 것은 교육만이 아니다. 우리 미술이 상업화랑 중심으로 움직이는 것도 문제이다. 화랑 중심의 미술은 미술을 전문화가들의 배타적 영역으로 만들고, 일반인들을 미술의 능동적 생산자가 아닌 수동적 소비자로 전락시킨다. 인구 비례로 볼 때 극히 일부의 전문화가들을 제외한 대부분의 사람들은 기껏해야 그들의 그림들을 잘 받아들이고 소비하는 기능적 훈련을 받을 뿐이다. 이는 올바른 시각훈련이 아니라 오히려 그것을 방해하는 것에 다름 아니다. 우리 일상의 주인공이 되어야 할 미술이 상업적 화랑이라는 이름의 게토에 유폐되어 있는 꼴이다. 우측 깜빡이를 켜고 좌회전하는 것과 같다.

미술은 미술이 아니다.(사진). 좌뇌시각에 물든 이들은 매일 반복되는 일상 속에서 자신의 잠재적인 능력과 재능이 발휘될 기회를 스스로 박탈한다. 우뇌시각이 좌뇌시각의 묵은 찌끼를 밀어내며 새로운 대안을 제시하지만 사람들은 이 '오래된 새로움'을 선뜻 받아들이지 못한다. 그들은 이 오래된 미술을 무척이나 낯설어 한다.

비주얼 리터러시로서의 미술은 결과가 아니다. 작업하는 과정에서 보고 느끼며 재미있고 신나게 체험하는 시각적 자기치유로서의 미술이다. 이 미술은 '아트잉(art-ing)'이라는 말로 개념화되고 있다.

그림의 생명성은 그린 이가 우뇌시각으로 그렸음을 말한다. 이 우뇌로 보고 그리기는 후기 구석기시대 동굴벽화 동물 그림들에서 보여주는 생명이 깃든 그림을 그리는 방법이다. 우뇌로 보고 그리는 과정에서 모든 것을 연결하는 훈련을 한다. 그리고 이러한 상태의 연결성은 우뇌시각적 인식과 사고에서 기인하며 이를 통하여 비주얼 리터러시가 향상되면서 이미지가 살아나며 그림을 그리는 자신도 살아난다. 그림뿐 아니라 그리는

이것은 선이 아니다.

이도 살아있게 한다. 이를 보고 있는 우리 시대의 관객도 연결되며 살아 있게 한다. 우뇌시각에 기초한 시각적 자기돌봄의 긍정적 효용성을 잘 보여주고 있다.

우뇌로 보고 그리는 그림은 내가 원하는 것과 상대방이 원하는 것이 무엇인지를 보고 느끼며 살피면서 이해해가는 과정으로서, 이는 심안의 단계로부터 시공간을 넘어 모든 것이 연결되는 영안의 단계로 나아가는 여정이다. 나와 너를 연결하며 함께 살리는 여정이다. 그림을 그리는 이도 살아나고, 보고 있는 이도 살아난다. 우리가 잃어버린 우뇌시각을 되찾아 시각적 풍성함이 회복되며, 자기를 돌보는 길이다. 사람들은 이 시각적 자기돌봄을 통하여 다른 삶을 이해하게 되고, 소통과 공감, 그리고 타자 돌봄으로 이어진다. 이 제의적, 치유적 과정으로서의 미술의 기능이 '자기돌봄'의 역량 강화로서의 비주얼리터러시 훈련법이다.

우뇌시각을 훈련하기 위한 그림놀이의 기초 방법은 우뇌로 보고 그리며 시각적인 자기표현의 과정을 즐기는 아트잉이다. 이를 통해서 표현력이 풍부한 생명성이 있는 좋은 그림을 그리게 된다. 점에서 선이 되고 면으로 이루어지는 과정에 다른 이미지(image)의 이야기를 드러내며 상상(imagination)의 세계로 안내한다. 새로운 꼴의 세상 속 창조의 세계로 나아가는 방법이다. 당연히 아트잉이 우뇌시각의 감성과 창의성 훈련으로 직결된다. 이 새로운 미술을 즐기면서 그림도 살아나고, 몸과 마음을 연결하여 자신의 느낌도 살아난다. 생명성이 충만해진다. 생생한 삶은 자존심이 아니라 보며 느끼는 그림놀이를 통하여 자존감을 회복하는 자기돌봄에 있다고 해도 과언이 아니다. 창의력과 문제해결력의 향상은 우뇌시각 중심의 자기돌봄 훈련이 주는 덤이다.

　이러한 아트잉(art-ing)의 살아 있는 그림 그리기는 특별한 천재만의 일이 아니다(이호철, 2001; 신현경, 2022b). 작가들만의 고유한 능력이 아니기 때문이다. 즉 누구나 예술가가 될 수 있다. 대문자로 시작하는 아트(Art)를 전문화가들의 미술이라고 할 때 이 아트(Art)만이 미술인 것은 아니다. 물론 르네상스 시대의 천재화가들처럼 많은 사람들에게 감명과 영감을 주면서 새로운 시대를 열어간 전문 화가들이 있다. 그들과 그들의 작품들은 나름의 커다란 가치가 있다. 그렇다 하다라도 미술이 그들의 전유물은 아니다. 모든 사람들의 숨겨진 내면에는 창조의 욕구가 신이 내린 본성으로 자립잡고 있기 때문이다. 그렇기에 누구나 할 수 있는 것이 미술이다. 이들의 미술을 소문자로 시작하는 아트(art)라고 할 때, 이 소문자 아트가 대문자 아트보다 가치가 낮다고 말해서는 안 된다. 과정을 즐기는 아트잉은 미술에 대한 선입견과 잘 그리려는 의도와 결과에 대한 욕심을 버릴 수 있으면 어려운 일이 아니다. 이러한 맥락에서 현 미술교육은 미술교육이 아니다. 결과에 마음이 간다면 우뇌시각을 깨울 수 없기 때문이다. 누구나 잘 그릴 수 있다. 누구나 예술가이다. 소문자 아트는 우리들의, 우리를 위한, 우리들에 의한 미술이다. 여기에 미술/교육의 진정한 역할이 있다. 모두를 위한 미술/교육이 아닐까? 과정으로서의 미술, 아트잉을 시작해 보자.

9. 일상으로서의 미술, 미학적 인간으로서의 시각적 자기돌봄

샤먼이 우뇌로 보고 그린 동굴벽화는 그림을 그린 순간에 모든 것이 합일, 연결되어 있기에 그림을 살아 있게 한다. 샤먼은 제정일치 시대의 여성 제사장으로, 우뇌 시각의 비주얼 리터러시를 최고로 발휘했던 미학적 인간의 전형이다. 구석기 후기 인들은 모계 중심의 씨족 사회 안에서 서로를 돌보며 평등하게 살았던 미학적 인간이다. 이들의 미술은 공동체의 일상적 삶을 위하여 사냥 이전에 치르는 제례로서 두려움을 직시하며 극복하는 치유적 기능을 하였다(신현경, 2004). 그러나 오히려 문명화 이후 비주얼 리터러시는 쇠퇴했다. 지금 우리는 자연을 대상화하고 약탈한 대가를 톡톡히 치르고 있다. 이 시대를 사는 많은 작가들도 이 병든 시대의 어두운 문명을 직시한다. 특히 독일의 작가 보이스는 샤먼으로 자처하며 다양한 치유적 작업을 수행하였고, 물의 수호자 베티 데이먼은 하천을 되살려 생태도시로 전환하는 작업을 하고 있다.

쉴러는 그의 미학에서 의·식·주의 3개 영역과 더불어 사람이 살아가는 데 가장 필요한 것으로 '유희 충동'을 이야기한다. 미학자들도 이 시대를 치유하기 위한 예술의 역할을 강조해 왔다. 문화인류학자 디사나야케(Ellen Dissanayake)는 『미학적 인간』(Homo Aestheticus, 1992)에서 인간을 인간으로 인정하는 원형이자 기준으로 '미학적 인간'을 말한다. 그녀는 원시사회 제례에서 감성적 순간들에서 놀며, 총체적으로 연결하는 미적 체험을 체화한 석기 시대 원시인들에 주목한다. 생각하며 분리하는 이성적 인간

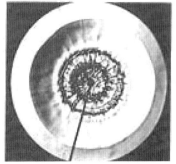

보다, 보고 느끼며 연결하는 미학적 인간의 본성을 되찾아야 한다고 역설한다. 한국의 미학자 오병남(2003)은 『미학 강의』에서 이러한 미학적 인간을 정상인으로 규정했다. 한국의 시인이자 미학자인 김지하는 흰그늘의 미학에서 한국 전통의 생명미학으로서 카오스모스의 우주적 휴머니즘 또는 육체적 영의 율려 운동으로 동학 정신을 되살리고자 하였다(2003).

쉴러의 유희 충동을 미적 놀이로 풀어내는 것이 그림놀이이며, 디사나야케의 미학적 인간을 위한 훈련 방법 또한 그림 놀이이다. '스스로 그러한(自然)' 그림의 풍류와 신명이 미학적 인간의 전형적 속성이다.

한국적 자연미 전통에 입각한 '스스로 그러한 그림'의 훈련이야말로 우뇌로 보고 그리며 마음껏 놀이하는 아트잉의 본질적 역할과 완벽하게 부합된다. 이를 통하여 밝은 눈망울을 회복하고 좌우 뇌의 조화로운 미감, 조화로운 삶에 다다르는 것이 우리가 미학적 인간을 회복하는 길이다. 한국 미술의 '스스로 그러한 자연미를 체화하는 그림놀이'이다. 우리가 잃어버린 우리 안의 본성/잠재력을 깨워 자기중심의 시각적 한계 안에서 구축된 사고에서 벗어나는 시각적 자기치유의 길이다. 이를 훈련하는 방법이 우뇌로 보고 느끼는 그림놀이의 아트잉이다.

칸트(2009)는 아름다움에 관한 감성적 학문인 미학의 한 속성을 목적이 없지만, 목적에 부합하는 무목적적 합목적성이라고 말한다. 이는 개념으로 보는 좌뇌시각의 한계를 넘어서는 무관심의 텅 빈 상태이다. 이 순간이야말로 우뇌시각의 직관이나 직감으로 보고 느끼는 무관심의 합일되는 상태를 훈련하는 순간이다. 이 지점에서 살아 있는 기(氣)가 결과물에 투영, 그림에 생명성이 드러나고 사람도 살아있게 하는 것이다. 이 우뇌시각을 활용하는 인간이 미학적 인간이다. 미학적 인간은 무관심 상태의 영안을 깨워 우뇌시각을 체인(體認)하는 훈련을 통하여 가능하다.

우뇌시각은 나를 중심으로 분리하여 나의 내면도, 타인도 보고 느낄 수 없는 무감응의 세계에서 자신과 서로를 보고 느끼며 연결하는 감응세계로 나아간다. 정동(情動)이다. 정동 이론에서의 문제 제기나 들뢰즈가 말하는 타자되기의 구체적인 방법이 우뇌시각의 훈련에 있다.

우뇌로 보고 그리는 그림 놀이는 오감 중에 가장 학습효과가 크다는 시각을 활용하여 비주얼 리터러시를 증진한다. 또한 미술이 심상의 표현이기 때문에 이는 미적인 마음 놀이이다. 아트잉은 사물에 대한 관심으로 시작하지만 그것에 집착하는 것이 아니다. 그것이 무엇이건 언제라도 그것을 어느 빈 공간에 맡기거나 내려놓을 수 있기 때문이다. 또 그로 인해 새로운 것을 받아들일 공간도 생긴다. 이러한 과정을 통해 사람들은 자신의 내면에 드리운 어둠을 밝은 빛의 생명으로 변화시키며, 이 힘을 원천으로 삼아 시각적으로 자기를 돌본다. 이는 나눔의 실천으로 이어진다. 이 전 과정이 비주얼 리터러시로서의 미술, 아트잉이다.

아트잉은 쉽고 재미있다. 이는 나의 삶을 꽃피우는 일상으로서의 미술이다. 미학적 인간으로 살아가는 일상으로서의 미술이자 나와 우리를 돌보는 시각적 자기 돌봄의 방법이다. 권리이자 의무이다. 여기에 일상적 삶 속에서 미술의 역할이 있다.*

10. 이제 다시 시작이다

사람을 사람답게 하는 것이 미학적 인간으로서의 삶이다. 우리의 일상 안에서 풍요롭고 창의적인, 또한 살아있는 삶이 이루어지려면 의식주뿐 아니라 자기표현으로서의 미술 활동이 꼭 필요하다. '우뇌로 보고 느끼는 그림 놀이'가 바로 그것이다. 일반인을 위한, 일반인에 의한, 일상적 삶을 위한 비주얼 리터러시로서의 미술이다. 이를 위한 아트잉은 살아 있음을 위하여 나를 사랑하고 돌보는 방법이다.

여기에서 미술을 한다는 것은 연결하고 살아 있게 하는 시각적 자기 돌봄의 방법인 것이다. 이를 통하여 다른 사람에 대한 돌봄으로 이어진다. 나를 잃지 않고 내 삶을 노예처럼 소모하는 생이 아니다. 수돗물처럼 그냥 살아가는 삶이 아니라, 샘물처럼 살아 있는, 풍부하게 열려 있는 일상적 삶으로 '전환'할 필요가 있다(사진). 이를 위하여 시각과 미술, 그리고 교육적 맥락으로 근대화로 잃어버린 전통적 시각인 눈망울과 전통 교육인 비주얼 리터러시의 훈련을 되찾아야 한다. 붓과 종이 안에서라도…. 문자적 소양, 리터럴 리터러시의 훈련을 위하여 청각을 활용하여 소리를 듣고 글을 읽으며 쓰기를 하듯, 시각적 소양, 비주얼 리터러시의 훈련을 위하여

* 『너의 그림에 대해 말해 주겠니?』(청년사, 2002)는 공동육아연구원에서 매달 공동육아 소식지를 발행하며 생활과 미술이라는 꼭지로 써왔던 글들을 모았다. 일상에서 겪는 이야기 속에서 엄마가 아이와 함께 미술 놀이를 하며 소통할 수 있는 이론적 근거를 찾아 소개하고 있다.

시각을 활용하여 이미지를 보고 읽기 위하여 그리기를 해야 한다. 이제는 비주얼 리터러시로서의 아트가 일반교과로서 역할을 해야 한다.

우리의 시각적 자기돌봄의 첫 발이다. 우선 나부터라도, 나의 잃어버린 정체성, 나의 억압된 감성을 찾아간다. 나의 아름다운 일상을 위하여 표현할 자유를 되찾아야 할 때이다. 2차원의 평면 안에서라도….

이제 '그러한 그림놀이'를 일상으로 연결해 보자! 보고 그리는 순간에 모든 것이 합일되며 살아 있는 그림이 되는 순간을 상상해 보라! 해 보면 더 잘 알 수 있다. 그런데 이 소중한 체험도 일주일이면 잊힌다. 좌뇌적 시각일수록 빨리 잊는 것 같다. 우뇌 시각의 자유로운 눈망울로 천천히 자세히 보면서 나 스스로 즐거이 노닐 수 있어야 하지 않을까? 우리의 살아 있는 삶을 돌보기 위한 비주얼 리터러시로서의 미술, 시각적 자기돌봄이다.

Homo

제2부

돌보는 사회를 꿈꾼다

curans

6장 마을 돌봄을 위한 유쾌한 상상

윤호창

1. 외화내빈의 한국 사회

행복했던 마을과 공동육아의 경험

마을 돌봄에 대한 유쾌한 상상을 해 보자는 것은 유년시절 마을에서의 경험과 공동육아로 키운 아이들에 대한 좋은 경험 덕분이다. 6~70년대 농촌에서 유년시절을 보낸 사람들에게 비슷한 느낌은, 가난하고 힘들었지만 그래도 괜찮았던 시절이라는 느낌일 것이다. 유년시절이었기에, 세상사의 모진 경험이 없던 시절이었기에 그런 생각이 들 수도 있다.

당시 농촌은 본격적인 산업화, 개인화의 경험이 없었기에 공동체의 정취가 살아 있었다. 모내기철이 되면 너나없이 울력(공동노동)에 나서야 했고, 누구네 결혼식이 있으면 온 동네가 잔칫집이 됐다. 일요일마다 청소년들은 모여 마을청소를 하고, 들로 산으로 주말 내내 싸돌아다니며 놀았다. 가끔은 수박서리도 해서 먹고, 청정했던 개울가에서 고기를 잡고 먹을 감으며 여름 한철을 보내곤 했다. 몇 가구 되지 않는 집성촌이었던 내가 살던 곳에는 마을 돌봄이 자연스럽게 이뤄졌다. 유신시절이 한창이었던 때라 당시 어른들의 시선은 다를 수도 있겠지만, 나의 기억에는 아름답게 남아 있다. 찢어지게 가난하지는 않아서 그렇게 기억하고 있을 수도 있다.

결혼을 하고, 아이가 태어나자 어떻게 키울 것인가 하는 것이 큰 문젯거리였다. 당시에 사회운동 언저리를 맴돌던 우리 부부도 광명에서 공동육아를 시작했다. 마을과 공동체에 대한 유년시절의 따뜻한 경험이 큰 고민없이 공동육아에 나서도록 하는 힘이 됐던 것 같다. 이런저런 시행착오와 갈등도 있었지만, 좋은 공간을 구하고부터는 많은 문제들이 풀렸다. 20가구가 모여 출자금으로 단독주택 전셋집을 마련하고 함께 아이 키우는 일을 시작했다. 다들 아이 키우는 일이 처음이었지만, 서로의 경험과 조언을 전수받으면서 그럭저럭 운영을 했다. 공동육아도, 협동조합이라는 것도 제대로 몰랐지만, 아이가 있으니 자연스럽게 공동으로 일하고 협동이 이뤄질 수밖에 없었다. '한 아이를 키우기 위해서는 마을이 필요하다'는 것을 말이 아닌 몸으로 느꼈던 시기였다.

공동육아를 하는 몇 해 동안 함께하는 부모들과 재미있게 놀았다. 아이들은 아이들끼리, 부모는 부모들끼리, 종으로 횡으로 엮이면서 놀고 여행도 다니면서 유쾌한 시절을 보냈다. 집에 사정이 있을 때는 아이들이 자연스럽게 다른 집에서 내 집처럼 지냈기에 '독박육아'의 부담을 덜 수 있었다. 많이 친해졌던 초기 멤버들은 아예 바로 이웃으로 이사를 와서 함께 생활을 했다. 들어가는 아파트 입구에 맥줏집이 있었는데, 입구를 지키고 있으면 자연스레 동네모임이 이뤄졌다. 아이를 키우는 데 국가는 한 푼의 도움도 주지 않았지만, 서로를 의지하면서 마을에서 돌보고 함께 키우는 육아를 했다. 이제 아이들은 다 자라서 결혼을 하고 다시 '아이의 아이'를 둘 때가 되어 가지만, 돌아보면 행복하고 아름다운 시절이었다.

우리 사회는 내가 성장기에 있던 50년 전에 비하면 엄청난 성장을 했다. 제3세계에서 거의 유일하게 산업화와 민주화를 동시에 성공한 국가로 언급되고 있다. 물론 여전히 기초가 부실하고 정치적 변화에 사회가 흔들흔들 하기도 하지만, 제3세계에서 산업화와 민주화를 동시에 성취한 나라는 거의 없다. 물론 우리 사회도 위기에 제대로 대응하지 못하면 언제든지 필리핀, 아르헨티나처럼 중진국의 함정에 다시 빠져들 수 있다. 특히 최근 들어 다양한 위기가 빠른 속도로 닥쳐오고 있어 과연 한국 사회가 파도를 넘을 수 있을지는 모르겠다.

집단자살 사회, 대한민국의 현재와 미래

대한민국은 '집단자살 사회(collective suicide society)'라고 불린다. 2017년, 크리스틴 라가르드 국제통화기금(IMF) 총재가 한국을 두고 '집단자살 사회' 부른 이후로 한국 사회를 지칭하는 중요한 용어로 등장했다. 인류사에서 전무후무한 출생률을 두고 한 말이다. 2023년 대한민국 합계출산율은 0.72명으로 역대 최저였고, 지난해 4분기 출산율은 0.65명이었다. 인류사에서 어떤 단위의 공동체든 출산율이 1명 밑으로 내려간 적이 없었지만, 대한민국은 2018년 0.98을 기록한 이후로 바닥을 모르고 떨어지고 있다. 1.0 밑으로 내려간 지 올해(2024)로 7년째이고, 해마다 최저의 기록을 경신하고 있다.(올해는 이례적으로 전년 대비 출산율이 상승할 수도 있다는 전망이 나오고 있다.) 2070년의 대한민국 인구 추정치가 지금보다 1200만 명이 줄어든 3800만 명으로 예상된다고 하니 라가르드 총재가 이야기한 '집단자살 사회'는 한국 사회를 묘사하는 정확한 표현이다.

또 다른 기록은 자살률이다. 우리나라는 자살률 면에서 경제협력개발기구(OECD) 부동의 1위를 기록하고 있다. 2003년에 자살률이 OECD 1등이 된 이후 20년째 OECD 자살률 1위 국가를 차지하고 있다. 2023년 대한민국의 자살률은 인구 10만 명당 25.2명으로 조사됐다. OECD 평균인

10.7명의 2.5배이며, OECD 회원국 중 20명을 넘은 국가는 한국이 유일했다. 두 번째로 높은 리투아니아와 비교해도 5.6명이 더 많다.

대한민국이 원래 자살률이 높았던 나라일까? 아니다. 한국의 자살률(인구 10만 명당 자살자 수)은 1990년 초반까지 경제협력개발기구(OECD) 회원국 가운데 가장 낮은 수준이었고, 대한민국의 자살률은 1988년 8.4명으로 당시 OECD 평균인 17.2명의 절반에 불과했다. 그러던 것이 한국 사회의 위기가 발생할 때마다 자살률은 급증했다. 1차 급등 시기는 1997~8년의 IMF 외환위기 시기였고, 2차는 2001~2003년 카드대란 시기, 3차는 2008~2009년의 세계 금융위기 시대였다. 이러한 통계수치는 한국의 자살 문제가 개인적 · 문화적 것이 아니라 사회적 · 경제적 문제임을 의미한다. 최저의 출생률과 최고의 자살률은 지극히 한국적인 문제인 것이다.

출생률과 자살률은 대한민국의 미래와 현재를 나타내는 지표다. 자살률이 현재를 의미하는 지표라면, 출생률을 미래를 나타내는 지표다. 자살은 현재의 삶에서 희망과 의미를 찾을 수 없기에 일어나는 일이라면, 출생률은 나의 자식들에게 더 이상 희망이 없다고 판단하고 행동하는, 일종의 가임기 세대의 출산 파업이라고 할 수 있다. 현재를 살고 있는 이들이 이런 방식으로 희망 없음을 표시하고 있는데도, 국가와 정부는 연간 수십 조 원의 예산을 사용하면서도 전혀 문제의 본질을 보려고 하지 않는다.

출생률과 자살률은 한국 사회가 안고 있는 모순을 총체적으로 드러내주는 지표이다. 현재도 행복하지 않고, 미래에도 행복할 수 있는 가능성이 별로 보이지 않기 때문에 나타나는 현상이다. 출생률과 자살률은 행복의 관점에서 사회와 인간을 새롭게 바라보고 근본적으로 사회를 재구성하지 않는 한 개선될 전망은 보이지 않는다. 정부는 발등에 떨어진 출생률을 높이기 위해 이런저런 정책과 수많은 예산을 사용하지만 문제의 본질을 보려고 하지 않는다. 행복할 가능성이 보이지 않는데, 자살률이 줄어들고 출생률이 높아질 수 있겠는가?

시선의 전환 ; 경쟁적 시장사회에서 행복한 돌봄 사회로

대한민국의 자살률과 출생률은 행복의 관점에서 바라보면 원인을 선명하게 진단하고 확인할 수 있다. 매년 3월 20일은 세계 행복의 날이다. 세계의 다양한 기구에서 세계 시민들의 행복도 조사를 진행하고 있지만, UN 자문기구인 지속가능개발해법네트워크(SDSN)에서 매년 행복의 날에 맞춰 국가별 행복순위를 발표하고 있다. 2023년에 발표된 대한민국의 행복순위는 137개국 중에 57위였다. 매년 60위 언저리를 맴돌고 있는 것이 대한민국의 현주소다.

행복 순위 1위는 7년째 핀란드가 차지했다. 그 뒤로 덴마크, 아이슬란드, 네덜란드, 스웨덴, 노르웨이 등 북유럽 복지국가들이 상위에 랭크되었다. 지속가능개발해법네트워크는 2012년부터 매년 같은 항목으로 조사하고 있는데, 조사 항목은 매년 해당 국가의 1인당 국내총생산(GDP), 기대수명, 사회적 지지, 관용, 내 삶을 선택할 자유, 부정부패 등 6개 항목이다. 여섯 가지 질문 항목은 다시 이렇게 요약할 수 있다. 우리는 △ 서로 신뢰할 수 있고, 서로에게 관대하며, 서로 돕고 사는가? △ 삶의 중요한 결정을 내리는 데 있어서 자유로운가? △ 소득과 건강은 좋은 상태인가?

대한민국은 기대수명과 GDP에서는 비교적 상위권을 차지하지만, 나머지는 하위권이다. 특히 내 삶을 선택할 '자유' 부분은 최하위권에 머물러 있다. 2021년에 발표된 행복지표에서 내 삶을 선택할 자유 평균 순위는 148개 국가 중 128위였다. 우리 바로 위에는 아프리카의 짐바브웨, 콩고,

세네갈 등이 있고, 바로 아래에는 이란, 이라크, 예멘 등이 있다. 대한민국의 행복 평균 순위를 결정적으로 낮추고 있는 부분이 바로 '내 삶을 선택할 자유'라는 항목이다. 기대수명은 세계에서 세 번째로 높았고, 1인당 GDP는 30위 안팎, 나머지 사회적 지지, 관용, 부정부패는 90위 내외였다.

대한민국의 출생률과 자살률이 극단적인 모습을 보이는 것은 현재의 삶이, 가까운 미래에 예견되는 삶이 그리 행복하지 않을 것으로 보이기 때문이다. 현재의 삶이 행복하고, 미래가 행복해 보인다면 가장 원초적인 욕구와 욕망이라고 할 수 있는, 스스로 생명줄을 끊어 버리고, 스스로 종족의 번식을 끊어 버리는 일이 일어날 수 있겠는가?

대한민국이 자살률을 낮추고, 출생률을 높이는 일은 한두 가지 정책을 바꾸는 것으로 이뤄질 일이 아니다. 정신상담을 늘인다고 자살률이 줄어들 것이 아니다. 출산수당을 많이 준다고 출생률이 획기적으로 높아질 것도 아니다. 경제적·물질적으로 스스로 자신을 돌볼 만한 조건(기대수명, 개인소득)이 만들어져야 하며, 가까운 곳에 믿고 서로를 돌볼 만한 이웃과 사회가 있어야 하며(사회적 지지, 관용, 부정부패 감소), 스스로 살고 싶은 삶을 선택해서 살 수 있는 자유가 있어야 한다.

경쟁과 시장만능, 대한민국 불행의 원인

대한민국이 극단적으로 낮은 출산률과 높은 자살률을 보이는 이면에는 무엇이 있을까? 약육강식, 승자독식의 치열한 경쟁구조가 자리 잡고 있다. 대한민국 국민들은 경쟁 자체를 당연하게 생각하며, 승자가 독식하는 것에 대해서도 크게 문제의식을 느끼지 않는다. 다만 대한민국 사회는 경쟁 과정에서 불공정이 끼어드는 것에 대해서는 분노하기는 하지만, 경쟁과 경쟁에서 승리한 자가 과실을 독식하거나 과식하는 능력주의에 대해서는 문제의식을 느끼지 않는다. 새로운 사회를 위한 연대보다는 개인적으로 경쟁에서 승리하는 입신양명과 출세에 역점을 둔다. 제대로 된 사회혁명의 경험이 없고, 성공적인 변화를 제대로 만들지 못했기에 그러리라 생각한다.

경쟁과 성공의 시스템은 아주 촘촘하게 짜여 있다. 무엇보다 대학을 중심으로 한 위계 서열이 확실하게 구축되어 있기에, 유아시절부터 경쟁을 배우기 시작한다. 초등학교까지는 그래도 덜 하지만, 중등학교부터는 상위권 대학을 위해 필사적인 질주가 시작된다. 결과를 중시하는 사회이기 때문에 동기나 과정은 그리 중요하지 않다. 명문대학, 좋은 학과에 진학하지 않으면 실패한 인생으로 취급받고, 패자들의 부활전도 다시 기대하기 힘들다. 대한민국에서 성공은 출생이 1차 결정을 하며, 대학에서 2차 결정이 이뤄지며, 대기업이나 공기업 같은 직장에서 3차 결정이 이뤄진다고 할 수 있다.

UN의 행복 조사에서 가장 낮은 지표를 보이고 있는 '내 삶을 선택할 자유'도 이 경쟁 구조와 긴밀히 연관된다. 청소년 시절부터 극심한 경쟁 상태에 놓이게 됨으로써, 자신이 무엇을 좋아하는지, 무엇을 하고 싶은지 스스로 생각할 시간도, 친구들과 이야기할 시간도, 부모들과 의논할 여유도 없다. 사회적 구조가 개개인들의 삶을 옭죄고 있기 때문에 이야기를 하더라도 마땅한 대안이 없다. 약육강식·승자독식의 사회에서 패배자의 길은 뻔히 보이므로 친구도, 선생도, 부모도 당당히 네가 가고 싶은 길을 가라고 이야기할 수 없다. 아주 극히 용기 있는 소수만이 자신의 내면을 살피면서, 자신이 소망하는 길을 찾아간다.

물론 경쟁은 민낯을, 스스로를 드러내지는 않는다. 능력(merit)과 능력주의(Meritocracy)라는 화려한 포장지로 자신을 포장한다. 경쟁에서 승리한다는 것은 능력이 있다는 것이며, 한국 사회를 지탱하는 강한 이데올로기는 능력주의다. 능력주의가 강하게 작동하고 있기 때문에 부잣집에서 금수저를 입에 물고 태어나는 것조차 능력이라고 말하는 실정이다.

아마도 한국 사회에서 가장 극복하기 힘든 이데올로기는 능력주의일 것이다. 이미 고려시대부터 일종의 능력주의 제도인 과거시험 제도가 거의 1천 년 가까이 진행된 데다, 시험은 곧 능력이라는 것이 내면화되어 있는 상태이기 때문이다. 사람마다 다양한 능력과 재능이 있겠지만, 한국 사회는 지식과 시험 위주의 능력이 사회적 진출의 유리한 고지를 차지하는 지표에서 압도적 우위를 차지하고 있다. 특히 시장과 자본주의와 결합하면서 물질 중심·결과 중심의 능력주의가 압도적인 위치를 차지하여 영향력을 행사하고, 눈에 보이는 물질을 획득하지 못하거나, 결과물을 성취하지 못하는 이들은 실패자로 낙인찍힌다. 이들은 체념하면서, 때로는 원망하면서 살아가다 자살 혹은 출산 포기라는 소극적 저항을 감행한다. 이것이 오늘날 대한민국의 현실이다.

2. 해체되는 공동체와 마을

다시 자살의 문제로 돌아가 보자. 사람들은 왜 스스로 목숨을 끊을까? 한 사람의 인격 안팎으로 극단적인 상황이 아니면 자살은 이뤄지지 않는다. 한국 사회가 다른 환경적인 요인이 작동하는 것도 아니다. 북유럽 등은 소득 수준에 비해 자살률이 비교적 높은 것은 춥고 우울한 날씨의 영향도 무시하기 힘들다. 햇볕을 많이 쬐지 않으면 우울증에 빠져들기 쉽고,

우울증은 쉽게 자살의 길로 유혹한다.

하지만 대한민국은 90년대 초반까지는 경제적으로 풍족하지는 않았지만, 자살률은 OECD평균의 절반밖에 되지 않았다. 지금은 1인당 GNP는 OECD 내에서도 상위 30% 안에 들지만, 자살률은 OECD 평균의 2.5배에 이른다. 유전적·환경적 요인이 자살률과 관계없다는 것은 역사를 통해 검증됐고, 경제적 풍요가 자살률을 높였다는 것도 인과관계가 성립되지는 않는다. 무엇인가 사회구조적인 요인이 한국 사회를 높은 수준의 죽음으로 이끌고 있다고 봐야 한다.

노인들에게서 자살의 중요한 요인을 분석해 볼 수 있다. 국내 연령대별 자살률은 ▲60대 33.7명(10만 명 당) ▲70대 46.2명 ▲80세 이상 67.4명으로, OECD 평균(60대 15.2명, 70대 16.4명, 80세 이상 21.5명)보다 각각 2.2배, 2.8배, 3.1배씩 높다.(2020년 기준) 노인이 자살을 생각하는 주된 이유는 경제적 어려움이 27.7%로 가장 높았고, 건강문제가 27.6%, 배우자·가족·지인과의 갈등(18.6%), 외로움(12.4%) 순으로 조사됐다.

노인들이 자살하는 이유 중에 가장 심각한 것은 경제적 문제와 신체적 문제로 보이지만, 노인복지가 취약한 한국 사회에는 건강문제 또한 경제적 문제로 환원해서 볼 수 있다. OECD의 '한눈에 보는 연금 2023' 자료를 보면, 2020년 기준으로 한국의 66세 이상 노인 인구의 소득 빈곤율은 40.4%로, OECD 회원국 평균(14.2%)보다 3배 가까이 높다. OECD 가입국 중 노인의 소득 빈곤율이 40%대에 달할 정도로 높은 국가는 한국밖에 없다. 노인 빈곤율이 낮은 국가들은 아이슬란드(3.1%), 노르웨이(3.8%), 덴마크(4.3%), 프랑스(4.4%) 등 주로 북유럽이나 서유럽 국가들이었다.

노인들이 경제적으로 빈곤한데다 신체적 어려움까지 겹치면서 인위적인 생의 마감을 생각하고, 특히 약화된 공동체적 관계는 쉽게 자살을 결정하게 만든다. 65세 이상 노인인구는 2070년에는 전체인구의 46.4%에 달해 정점을 찍을 때까지 계속해서 증대할 것이다. 최종적으로는 2명 중의 거의 1명이 노인인구인 셈이다. 앞으로 급속한 노인인구의 증가와 준비되지 않은 노인 빈곤은 노인 자살률을 더욱 심각한 사회문제로 만들 것이다.

대한민국은 해체되고 있다

대한민국은 얼핏 보면 공동체성이 높은 사회처럼 보인다. 일상적으로 '우리'라는 말을 달고 살기 때문이다. 우리 와이프, 우리 가족…. 이처럼 개인적인 영역까지 나(I)라는 단어를 사용하지 않고 우리라는 대명사를 사용한다. 하지만 실상을 들여다보면 한국 사회의 공동체성은 바닥까지 와 있다.

경제협력개발기구(OECD) 삶의 질 지수에서 공동체 분야는 한국이 부동의 꼴찌다. 2023년도에 발표된 자료를 보면 객관적 지표만으로 구성된 유엔개발계획(UNDP)의 인간개발지수(HDI)의 경우 188개국 중 19위로 좋은 평가를 받지만, 주·객관적인 지표를 함께 활용하는 세계행복보고서(WHR) 지수의 경우 146개국 중 59위, OECD에서는 38개국 중에 36위로 집계됐다. 특히 공동체 지표는 2005년 OECD가 조사를 실시한 이후로 부동의 꼴찌를 기록하고 있다. 2018년 한국의 '지지 네트워크의 질(Quality of Support Network)'은 75.9%로, 꼴찌에서 2위, 즉 37위인 멕시코(80.1%)에도 크게 못 미쳤으며, 2023년 조사에서도 건강(37위), 공동체(38위), 환경(38위) 등은 최하위를 기록했다. 반면에 11개 영역 중 시민참여(2위), 주거(7위), 교육(11위) 등은 상위권을 차지하고 있다. 이것은 산업화 이후 한국이 얼마나 불안정한, 공동체성이 해체된 사회인지를 단적으로 보여준다.

공동체가 해체된 사회의 병폐는 다양하게 나타난다. 단적으로 아파트 층간소음을 둘러싼 갈등이다. 언론을 통해 보는바, 층간소음이 갈등과 폭력, 심지어는 살인으로 이어지기까지 한다. 지난 10년간 층간소음으로 인한 살인사건은 55건이 일어났으며, 층간소음 해결을 위한 시민단체까지 만들어졌다. '주차장 불화'도 근본적으로는 공동체의 해체로 인한 현상이다. 이웃의 차가 자신의 주차 공간을 침범했다는 것이 주된 이유다. 갈등을 해결하는 과정도 대화보다는 폭력과 법이 앞선다. 얼굴을 보고 해결하기보다는 사진을 찍어 구청에 신고하거나 익명으로 견인 신청을 하는 경우가 많다.

공동체가 파괴되면서 도움이 필요할 때 이웃의 손길을 기대하기도 힘들어졌다. 아동 학대 사건의 경우에도 옆집 아이가 수개월 동안 보이지 않아도 이웃들이 관심을 가지고 들여다보는 경우는 드물고, 자기 집에서 홀로 외롭게 죽음을 맞이하는 사람도 늘었다. 보건복지부 통계자료에 따르면 주변 사람들과 단절된 채 홀로 죽음을 맞는 고독사(孤獨死)가 3378명(2021년)이었으며, 1인 가구의 20%인 153만 명이 잠재적인 고독사 위험군이라고 한다.

무엇이 이렇게 만들었나?

한국 사회의 공동체가 해체된 것은 급속하게 진행된 산업화 과정과 깊은 연관성이 있다. 산업화를 통해 농촌공동체가 급속하게 해체됐고, 6, 70년대 이농 과정을 통해 많은 이들이 도시로 이주했다. 농촌에서 이주한 시민들은 초기에는 경제적으로 열악한 가운데서도 도시 속에서 마을과 공동체를 형성하면서 삶터를 만들어왔지만, 주민의 정서를 고려하지 않은 재개발과 아파트 중심의 주거문화를 통해 그나마 있던 공동체조차 상실되어 갔다. 믿고 의지할 만한 공동체가 없어지자, 자연스럽게 공동체성, 함께 하는 문화도 희미해져 갔다. 지금의 50대 이상 중년들은 그 변화 과정을 생생히 회고할 수 있다.

　서울에서 아파트 비율은 60%가 넘어서 가장 일반적인 주거형태가 되었다. 아파트 문화는 공유공간을 최소화함으로써 공동체문화가 형성되기 힘들며, 정주 비율 또한 매우 낮은 상황이다. 수도권의 자가 보유율은 55%이며, 서울의 자가 보유율은 43%에 불과하다. 전월세로 임차해 거주하는 이들은 당연히 계약주기인 2년, 4년마다 옮겨 다녀야 하니, 당연히 한 지역에서 오래 머무르는 정주 비율이 떨어질 수밖에 없다. 또한 현대한국 사회에서 집은 거주 개념보다는 재산 증식 수단의 의미가 압도적으로 강하기 때문에, 집을 소유한 이들도 살고 있는 지역을 삶의 터전으로 여기는 경우는 많지 않다. 아파트라는 거주 형태, 낮은 자가 보유율, 빈번한 주거공간의 이동 등은 한 곳에서 삶터를 마련하지 못하는 물리적인 조건을 만들고, 이런 물리적인 조건 아래서 한 지역에서 살아가는 사람의 공동체 의식은 자연스럽게 약화될 수밖에 없다. OECD에서 공동체성 꼴찌라는 수치는 이런 배경에서 나왔다고 분석할 수 있다.

마을공동체 복원을 향한 여정

　공동체성 약화가 가져오는 다양한 사회적 갈등과 비용은 날로 증가하기에, 전국의 많은 지방정부에서는 마을공동체 관련 조례를 만들고 지원정책을 진행하고 있다. 다만 진보개혁적인 단체장이 있는 곳에서는 이를 적극적으로 만들어 가려고 하지만, 보수적인 단체장이 있는 곳은 공동체

지원을 약화시키는 정책이 반복되고 있다. 시장과 약육강식을 일반적인 사회원리로 생각하는 보수적인 정치인들은 지역사회를 활성화하고 공동체를 강화하는 데 큰 의미를 두지 않는다.

2000년 이후 시민사회를 중심으로 마을 만들기를 전개해 왔지만, 민관협력 방식으로 본격적으로 진행된 것은 2012년 고(故) 박원순 시장이 서울을 중심으로 마을공동체 사업을 추진하면서부터라고 볼 수 있다. 많은 인적, 물적 자원이 몰려 있는 서울에서 마을 만들기를 시작하자, 전국의 지자체서도 본격적으로 유사한 사업이 추진되기 시작했다.

최근에 전국 대부분의 지방자치단체에서는 마을 만들기를 위한 조례를 만들고, 이를 실행할 수 있는 중간 조직을 두고 있다. 물론 개혁적인 (지방) 정부 하에서는 좀 더 활성화되고, 보수적인 정부 하에서는 침체하는 경향이 강하다. 지난 2022년 지방선거에서 대부분의 지자체에 보수우파의 자치단체장이 당선되면서 마을 만들기는 기세가 한 풀 꺾였다. 지자체에서 사업과 예산을 지원해주지 않으면 마을 만들기는 활성화되기 어렵다.

하지만 행정기관에서 사업과 예산을 지원한다고 해서 쉽게 이뤄지는 것도 아니다. 손바닥은 홀로 소리를 내지 못한다(孤掌難鳴), 병아리가 알에서 나올 때는 안팎으로 쪼아야 한다(啐啄同時)란 말처럼, 주민과 행정기관이 제대로 만나 각자의 역할을 다해야 아름다운 마을을 만들 수 있다. 한국 사회에서는 다른 여러 분야가 그렇듯이 마을을 만드는 일은 시행착오를 거듭하고 있다. 공을 이루고도 머물지 않는(功成而不居) 자세와 만드는 데에 기여하면서도 소유하지 않으려는(生而不有) 행정기관과 마을 지도자의 덕목이 많이 필요하지만, 아직 한국 사회는 기초가 이 부분의 정신적 역량과 사상적 자산이 많이 부족하다. 행정기관은 전시행정의 욕구가 높고, 시장(市場)에 익숙한 지도자들은 공(功)을 사유화하려는 경향이 강해 아직 사회적 자산의 축적이 잘 이뤄지지 않는다. 좋은 사례들이 더욱 많이 축적되고, 좋은 지도자들이 방방곡곡에서 등장하고 연결될 때, 비로소 마을과 공동체는 제 꼴을 갖추어갈 것이다.

마을 자치와 3,533개 읍면동의 유쾌한 상상

전국의 곳곳에 공동체와 마을을 이루려는 노력과 시도들이 많지만, 결실을 제대로 맺지 못하고 있다. 1991년 김대중 전 대통령의 단식 투쟁으로 박정희의 5·16군사쿠데타 이후에 사라진 지방자치가 부활했지만, 30년이 지난 지금에도 여전히 제자리를 찾지 못하고 있다. 다양한 원인 분석과 진단이 가능하겠지만, 가장 큰 원인은 주민들에게 실질적인 자치권이 없기 때문이다. 자치단체장을 시민들이 뽑고, 지방의회 의원들을 주민들이 뽑는데 자치권이 없다고? 물론 4년마다 한 번씩 투표하고 선출할 권리는 있지만, 실질적으로 주민들이 시(·군·구)정에 참여하고 정책을 만들 권리는 없다. 형식은 있지만, 실질은 없다는 말과 같다.

1949년에 지방자치법이 제정되고 한국전쟁이 한창 진행 중이던 1952년 4월에 첫 번째 지방선거가 실시됐다. 지방자치는 '민주주의의 꽃'이라 불리는 만큼 일상생활에서 민주주의를 경험하고 실천할 수 있는 좋은 제도이지만, 당시에 이승만 대통령은 한국전쟁, 부정부패에 따른 국회의 야당 우세 등 위기를 극복하려는 정치적 목적으로 지방선거를 추진했다. 처음 실시된 지방선거에서 온갖 부정선거 등으로 지방자치의 첫 단추가 꿰였고, 이승만의 목적대로 (정부)여당이 압승을 거뒀다. 이후에 56년, 60년에 2차례 더 실시가 되었지만, 박정희의 군사쿠데타 이후에 30년 동안은 역사의 무대에 사라졌다.

당시에는 시·읍·면 단위에서 지방선거가 이뤄졌는데, 면 단위는 평균 인구가 1만 명이었고 읍 단위는 2만 5천 명이었다. 하지만 91년 지방자치가 부활할 때는 시·군·구 체제로 부활했다. 2023년 말에 대한민국 인구는 5,133만 명이고 226개의 지자체로 구성되어 있으니, 한 선거구당 평균 인구는 22만 명이 넘어선다. 서울만 하더라도 940만 명에 25개의 지방자치단체로 구성되어 있으니, 평균 인구는 37만 명에 이른다.

지역자치에는 규모가 중요하다. 규모가 작을수록 살고 있는 구성원들의 밀도 있는 관계가 형성되고, 가까운 거리에서 실제 모습을 보면서 제대로 된 민주주의를 만들어갈 수 있다. 대한민국의 지역과 마을에서 민주주의가 제대로 작동하지 않는 이유는 규모의 문제가 가장 크다고 본다. 유럽에서 지방자치단체의 평균 인구는 평균 1만 명 안팎이고, 지역자치가 가장 발달했다고 하는 스위스에서 자치단체의 규모는 4천 명 안팎이다. 4천 명의 주민들이 크게 이동하지 않고 살아간다면 이런저런 방식으로 사회적 관계를 형성할 수밖에 없다. 사회적 관계망이 형성되면 엉뚱한 일은 하기 힘들다.

대한민국에서 풀뿌리 민주주의가 제대로 작동하기 위해서는 현재의 시·군·구 중심의 자치에서 읍·면·동 중심의 자치로 전환하는 것이 절실히 필요하다. 대한민국의 면 단위 평균인구는 3천 명이고, 읍 단위는 2만 명 내외다. 전국의 3,533개의 읍·면·동이 있으니 평균 1만 5천 명 내외다. 읍면동에서는 몇 년을 같이 살면 지역사회에서 평판이 형성되고, 어떤 사람인지 확인과 검증이 가능하다. 제대로 된 지도자를 발굴하고 제대로 된 지도자와 함께 혁신적인 지역과 마을 모델을 만들어갈 가능성이 높아진다. 하지만 현재의 2~30만 명 규모의 시·군·구 단위에서는 제대로 된 지도자가 누구인지도 알 수 없고, 부정과 비리를 저질러도 확인할 수 없고, 주민들과 밀착된 행정과 사업을 할 수 없다. 한마디로 제대로 된 풀뿌리 민주주의가 작동할 수 없는 구조와 시스템인 셈이다.

지역자치가 읍·면·동 수준에서 진행되면 예측불허, 상상불가의 다양한 모델이 나올 수 있다. 읍·면·동에서 자체적으로 편성할 수 있는 예산과 이를 실행할 수 있는 구조가 있으니 뜻있는 읍·면·동장이 나오면 다양한 상상과 실험을 해 볼 수 있다. 좋은 모델이 나오면 '카피(복사)'를 하는 데 천재적인 소질을 가진 한국 사회에서 전파되는 것은 시간문제다. 문제는 상상력이다.

지금도 기초 지자체의 사업과 활동, 예산의 절반 이상이 돌봄과 복지 관련 사업이다. 돌봄과 복지는 말과 글로써 되는 일이 아니고 주민들을 만나고, 이야기를 나누고, 해결책을 찾아야만 나올 수 있는 일이다. 기획과 실행과 평가가 새의 양 날개처럼, 수레바퀴처럼 함께 가지 않으면 할 수가 없는 일이다. 우리 사회에서 복지 사각지대, 돌봄의 구멍이 성성한 것도 기획과 실행과 평가가 따로국밥처럼 돌아가기 때문이다. 주로 중앙과 광역 정부에서 기획을 하고, 기초지방정부가 집행을 하고, 읍·면·동의 사회복지사들은 일선 현장에서 실행을 해야 한다. 기획 따로, 행동 따로 가니 빈틈이 많을 수밖에 없다. 일선 읍·면·동의 사회복지사들은 중앙정부, 소위 윗사람들이 기획된 것들을 중심으로 집행만 하니 의미도, 재미도 제대로 느끼지 못한다.

문제의 본질을 찾아가는 제대로 된 평가 또한 없으니 인류사에서 전무후무한 0.72의 출생률, 20년째 계속되고 있는 OECD 자살률 1위 국가를 해마다 되풀이하고 있다. 사람이 살아가기 위해서는 서로 돌보고, 공동체를 형성하는 것이 필수불가결하지만, 대한민국의 구조는 이를 원천적으로 막고 있다. 각자도생에서 공동체로, 시장사회에서 돌봄 사회로 근본적인 전환이 이뤄지지 않는 한 현재의 출생률과 자살률은 벗어날 길이 보이지 않는다. 새로운 전환, 새로운 상상이 없으면 한국 사회는 '냄비 속에 든 개구리'처럼 서서히 죽어갈 것이다. 지금 한국 사회는 추락과 상승의 기로에 서 있다. 상승보다는 추락할 가능성이 훨씬 높다.

3. 유쾌한 상상 : 마을 자치로 마을 돌봄을

스페인의 마리날레다 : 세상에 맞선 마을

대한민국은 전체 인구 중에 37%가 한 평이라도 땅을 가지고 있으며, 나머지 63%는 송곳 하나 꽂을 땅이 없다. 개인 토지의 경우 2012년 기준 상위 1%가 전체의 55.2%, 상위 10%가 97.6%를 소유하고 있다. 법인토지의 경우는 상위 1% 법인이 전체의 77.0%, 상위 10%가 93.8%를 보유하고 있다.(2017, 한국세정신문) 상위 10%가 전 국토의 대부분을 가지고 있기 때문에 한국 사회를 '부동산공화국'이라고도 부른다. 부동산의 불평등은 구조적이며, 대부분의 국민들이 부동산에 초미의 관심사를 보이고 있다. 부동산 등 자산의 불평등 해소를 위해 혁신적인 정책이 필요하지만, 국가와 정부는 큰 관심이 없다. 노무현 정부에서 종합부동산세를 도입해 이런 불평등을 해소하려는 시도를 조금 하려고 하자, '세금폭탄'이니 뭐지 하면서 융단폭격을 퍼부었다. 부동산 불평등, 이미 구조화된 자산불평등에 대한 혁신적인 정책이 없이는 한국 사회의 불평등 문제를 해결하기는 어렵다.

스페인의 안달루시아 지방에 마리날레다라는 소도시가 있다. 인구는 2천7백여 명으로 우리나라의 면 단위와 비슷하다. 마리날레다가 속해 있는 안달루시아 지방은 스페인 역사에서 줄곧 빈곤과 반란, 대지주(귀족)의 독점적 토지 소유(latifundio), 중앙정부의 소외와 배제를 당한 곳이다. 프랑코 독재 정권은 이 지방에 관광·건설 산업을 전략적으로 육성했지만, 개발 이익은 대부분 외부로 빠져나갔고, 프랑코 사망 이후에도 이 지역의 낙후성은 개선되지 않았다. 안달루시아 땅의 50%를 단 2%의 귀족 가문이 독점했을 정도로, 스페인에서 토지가 가장 비옥하지만 가장 가난한 지역이었다.

1970년대 후반 마리날레다의 소작농들은 1년에 한두 달밖에 일거리가 없어 스페인 다른 지역과 해외로 일자리를 찾아 떠나야 했다. 이때 산체스 고르디요라는 지도자가 등장해 시장에 당선되고 듣지도 보지도 못한 행동을 전개하기 시작했다. 1980년 이 지역의 실업률이 60%를 넘자, 700명의 주민이 9일간 '굶주림에 맞선 굶주림 투쟁', 즉 단식 투쟁을 했고, 국가로부터 보조금을 얻어 냈다. 그러나 이들은 보조금에 만족하지 않고 토지 개혁과 재분배를 요구하며 장장 12년에 걸쳐 한여름에 매일 16킬로미터를 행진하면서 귀족 소유의 땅을 점거하고 쫓겨나기를 반복했다. 마침내 정부는 그 땅을 귀족에게 보상하고 마리날레다에 주었다. 이후 마리날레다는 보수 언론과 정치인, 부유층, 귀족, 지주, 교회 등으로부터 공산주의, 사회주의라는 모함과 흑색선전에 시달려야 했지만, 새로운 마을과 공동체를 만들기 시작했다.

마리날레다에서 중요한 결정은 '주민회의'를 통해서 이뤄진다. 주민회의는 한 달에 세 번씩 열리고 항상 300~400명이 참여하며, 이 회의에서 시장까지도 탄핵할 수 있는 막강한 직접민주주의의 힘을 과시한다. 직접민주주의의 세계적 본보기 마을이다. 16세 이상이면 누구나 주민회의에 참여할 수 있다.

또 마을주민은 '협동조합'을 결성해 운영하고 있으며, 모든 근로자는 근로자연합(SOC)이라 불리는 노조에 가입돼 있다. 즉, 이들은 연대(solidarity)와 통합을 중시한다. 협동조합 형태인 '엘 우모소(El Humoso)'라는 대규모 농장이 있는데, 농장면적은 12.14㎢(1200헥타르)에 달한다. 주민은 이 엘 우모소 소속으로 아티초크, 올리브, 토마토, 고추, 브로콜리, 밀, 콩 등을 재배하거나 부속공장에서는 통조림이나 올리브오일을 생산한다.

마리날레다 마을에는 잔디구장, 스포츠센터, 노인복지회관, 문화센터 등 다양한 시설들이 마련돼 있으며, 한 달 평균 이용료는 2만 원이 채 되지 않는다. 또 아동보육시설, 수영장, 공원 등 작지만 도시가 필요로 하는 대부분의 편의시설이 잘 갖춰져 있다. 역시 이용료는 2만 원이 안 된다. 국가가 하지 못하는 돌봄과 복지를 마을 차원에서 진행하고 있다. 스페인 실업률이 약 27%인 반면, 이 작은 마을의 사람들은 모두가 협동농장에서 일하기 때문에 실업률은 제로에 가까운 완전고용을 이루고 있다. 이들 모두는 똑같은 임금을 받는다. 또 모든 주택과 토지는 개인소유가 허용되지 않는다. 시청 소유 임대아파트에 입주하려면 시 정부가 정한 여러 모임에 의무적으로 참가해야 한다.

또 이곳에는 아예 경찰이 없고, 주민이 교대로 '자경단' 임무를 수행한다. 이 마을의 공식 홈페이지를 보면 '평화의 유토피아, 마리날레다'라는 문구가 달려 있다. 또 시청 앞 거리에는 다양한 그라피티들이 그려져 있으며, 그 가운데에는 'TV를 끄고 네 마음의 소리를 들어라. 단결된 마을은 누구도 억압할 수 없다' 같은 구호들이 등장한다.(월간《주민자치》2014년 12월호)

스페인의 마리날레다는 고르디요라는 탁월한 리더와 함께 주민들이 싸우면서 건설한 마을공동체요 마을 공화국이다. 마을 자치를 통해 마을 돌봄 체제가 작동하는, 마을 공화국을 만들었다. 마리날레다는 새로운 세계는 가능하다는 것을 보여주었고, 지금도 건강한 공동체로 활발하게 움직이고 있다. 국내에서도 책이 번역되어 나와 있다. 『세상에 맞서 싸운 마을 - 우리는 이상한 마을에 산다』라는 제목으로.

풀무학교와 홍동의 '더불어 사는 평민'

스페인에 혁신 지역 마리날레다가 있다면, 국내에는 대표적으로 충남 홍성군의 홍동면이 대안 공동체를 일구어 가고 있다. 홍동면에는 1958년부터 지역사회에 다양한 인재를 양성한 풀무고등학교가 자리 잡고 있다. 지역에서 성장한 인재, 뜻이 있어 들어온 이들이 40여 개의 협동조합을 구성하였고, 100여 개의 다양한 주민 조직이 활동하며 지역에 활력을 불어넣고 있다.

풀무고등학교의 정식 명칭은 풀무농업고등기술학교다. 1958년에 독립운동가이며 오산학교 설립자인 이승훈 선생의 조카 손자 이찬갑 선생이 주옥로 선생과 함께 민족의 살길을 교육과 농업에서 찾아야겠다는 생각으로 풀무학교를 설립했다. 풀무학교가 비전으로 삼고 있는 것은 '더불어 사는 평민'이다. 혼자가 아닌 가족과 이웃, 인류와 더불어 사는 사람이 풀무학교가 추구하는 평민이다. 풀무고등학교는 한 학년 정원이 25명이라 전교생이 80명 정도다. 교사 한 사람이 인격적으로 접촉할 수 있는 학생의 숫자가 70명 정도라는 말을 따른 것인데, 풀무학교는 실제로 모든 교사가 모든 학생을 알고 있다.

농업 · 대안학교인 풀무학교를 중심으로 다양한 협동조합과 주민조직이 날줄과 씨줄처럼 엮여 있다. 마을의 생산과 판매를 자립적으로 하는 경제구조와 교육 · 문화, 공제 · 금융, 의료 등의 지역공동체 활동에 필요한 기반시설도 갖춰 왔다. 따라서 홍동면은 공간 활용과 주민 조직 활동이 활발하게 이루어지면서 2023년도에 전국의 면 단위 인구가 줄지 않고 늘어난 거의 유일한 사례라 할 수 있다. 교육 분야에서는 면 단위임에도 유치원부터 대학까지 모두 한 마을 안에 있다. 갓골어린이집, 신나는 지역아동센터, 홍동 초·중학교, 풀무농업고등기술학교, 생태농업전공과정(풀뿌리대학)이 있다. 또 지역 문화공간인 밝맑도서관, 그물코출판사, 홍성여성농업인센터, 햇살배움터교육네트워크 등을 통해 주민들의 여가, 모임, 행사 등 일상생활의 욕구를 충족시켜 주고 있다. 한국 사회의 농촌에서 보기 힘든 배움과 돌봄의 다양한 인적·물적 인프라가 구축되어 있다.

의료돌봄에서 홍성의료복지사회적협동조합이 그 역할을 하고 있다. 이 조합은 병·의원 하나 없는 면 단위 농촌지역에서 2012년 주민 스스로 지역 의원 설립을 목표로 의료생협을 결성하면서 시작됐다. 2013년 자발적으로 참여한 주민 25명을 시작으로 지역주민들과 모임을 갖고, 의료생협 설립에 필요한 절차와 내용 등을 공부하면서 2015년 8월에 설립했다. 지역 주민들은 지역의원 설립을 준비하는 과정에서 지역에 근무하던 공중보건의사와 농촌의료 현실에 대한 공감대를 형성하고, 마을 주치의를 확보하면서 지역에서 서로 건강과 돌봄을 만들어가는 시스템을 구축하고 있다.

인구가 급속하게 줄어들고 해마다 쇠락해 가는 농촌에서 그래도 충남의 홍동면은 지역과 마을의 활력을 유지하고 있다. 66년 동안 지역에서 위대한 평민을 양성하겠다는 학교가 있고, 이 뜻에 공감하는 이들이 마을과 지역을 지키고 있어 가능한 일이다. 지역과 마을을 중심으로 새로운 대안을 찾고 만드는 일은 어려운 일이지만, 스페인의 마르날레다와 홍동면의 사례처럼 충분한 가능성을 확인할 수 있다.

스페인의 마르날레다와 홍동면은 크기와 인구가 비슷하다. 만약 홍동면의 주민들이 면장을 스스로 선출해서 지역혁신을 만들어갔으면 어땠을까? 재미있는 현상들이 많이 일어났을 것이다. 마리날레다와 같은 혁신 모델을 만들고, 훨씬 튼튼한 대안이 뿌리내렸을 가능성이 높다. 홍동면이 어렵게 가능성만을 확인하고 있는 것은 주민들이 제대로 된 자치권과 예산권을 가지지 못한 탓이 크다. 읍·면·동 단위에서 제대로 된 자치권을 가지고 있다면 국가나 시장이 할 수 없는 공동체와 돌봄 사회를 만들어 갈 수 있다. 중앙정부의 엘리트 관료들은 이러저런 이유로 권한을 지역과 주민들에게 줄 생각이 없고, 마을 만들기가 제대로 결실을 맺지 못하는 이유이기도 하다. 새로운 풀뿌리 자치의 제도와 시스템만 갖춰진다면 다양한 위기에 놓인 우리 사회는 새로운 활력과 가능성을 만들어갈 수 있다.

서로를 돌보는 마을을 위해 3,533개의 상상을 허하라!

2022년도에는 저출산 관련 예산이 51조, 2023년도에는 48조에 달한다. 2006년 저출산 제1차 기본계획이 시행된 이후, 현재까지 322.7조원의 예산이 투입되었다고 한다. 그 많은 예산이 들어갔음에서 불구하고 출생률은 추락을 거듭했다. 그 많은 예산은 도대체 어디로 갔을까? 누구를 위해 무엇을 위해 사용되었을까?

전국의 3,533개 읍·면·동에 한 해 저출산 관련 예산 50조를 평균적으로 배분한다면 대략 읍·면·동마다 150억 원이 해마다 돌아간다. 엄청난 예산이다. 이 예산을 가지고 지역마다, 마을마다 자신의 지역들이 요구하는 사업을 기획하고 만들도록 했으면 어떤 일이 벌어졌을까? 물론 시행착오도 다소 일어날 수 있겠지만, 다양한 모색과 실험이 일어나면서 마을과 지역 혁신이 일어났을 것이다. 주민들이 스스로 기획하고 만들어 가면서 제대로 된 자신들의 삶터와 일터를 만들어냈을 것이다.

이 예산으로 지역마다 다양한 제안과 활동이 만들어질 것이다. 물론 민주주의가 제대로 작동해야 한다. 주민들이 무엇을 생각하는지 공개적으로 그 요구를 수렴하고, 투명하게 운영함으로써 생활민주주의를 한 단계 높일 수 있다. 물론 제대로 준비가 안 된 지역이나 지도자가 없는 곳에서는 다른 지역의 사례를 보면서 천천히 시행해도 된다. 농촌지역에서 함께 일할 수 있는 공동농장을 구입할 수도 있을 것이고, 도시에서는 주민들이 중심이 돼서 함께 운영하는 어린이집과 엄마센터, 노인복지공간을 만들 수도 있다. 또는 지역화폐를 통해 돌봄을 서로 교환할 수 있는 시스템을 만들 수도 있다. 핵심은 주민들이 손님이 되는 것이 아니라, 주인으로 등장한다는 점이다. 지금까지는 행정기관이 주인이었고, 주민들은 단순한 이용자요 손님에 불과했다.

정부가 예산지원을 하지 않아도 마을과 지역에는 주민들이 서로를 돌보는 다양한 상상과 모색이 이미 이뤄지고 있다. 여주시 금사면 주록마을에 있는 '노루목향기'는 65세 이상 노인들이 서로를 돌보며 생활하는 노인공동생활 공간이다. 이곳에서 함께 살고 있는 할머니들은 같이 밥 먹고 농사일도 하고 정원도 가꾸고 서로를 보살피면서 지내고 있다. 각자의 특성과 장점에 따라 맡은 역할이 있고, 각자의 처지와 조건에 맞게 직장생활과 지역 활동, 취미생활도 하고 있다. 누구의 간섭 없이 자율적, 자발적으로 이루어진 생활공동체다. 이들은 자기들끼리 행복한 노후생활을 하는 것에 그치지 않고 마을 노인들과 공동체 활동을 하고 다양한 정책과 접목하면서 '고령화 사회'의 대안을 찾기 위한 노력을 하고 있다. 노루목향기는 새로운 형태의 가족이다. 무엇보다 노인 스스로 노인 문제에 접근해 스스로 과제를 발굴하고 실행하고 있다는 점이 새로운 대안으로 주목받고 있다.

서울의 도봉산 자락에 '오늘공동체'라는 공간이 있다. 40여 명의 공동체 식구들이 사회적 가족 형태로 어울려 산다. 공동체는 10명 안팎의 4개 부족으로 이뤄져 있다. 자녀도 크면 다른 부족으로 떠난다. 부족이 달라도 한 건물에서 살고, 모든 공동체 구성원들이 저녁을 같이 먹고, 동아리 활동을 함께한다. 밴드, 기타 교실, 필라테스, 자전거, 등산, 댄스, 글쓰기, 타로, 농사, 발레, '새로운 나' 등과 같은 동아리 모임이 70여 개 있고, 공동체 구성원들은 최소한 두세 개, 많게는 25개 모임에 참여한다. 혈연 중심의 가족관계를 줄이고, 사회적 가족이라는 개념으로 서로를 돌보는 돌봄 공동체를 만들어 가고 있다.

세계에서 가장 출산율이 낮은 서울 속에서, 오늘공동체는 여기저기 뛰어다니는 아이들 천지다. 이곳에는 부모에게만 매달리는 아이들이 거의 없다. 어디나 친구와 언니, 누나, 오빠, 형, 이모, 삼촌이 있어서, 따로 부모를 찾을 필요가 없기 때문이다. 초등학교 6학년 딸과 중학교 2학년 아들을 둔 아빠는 "이곳에 온 뒤로 솔직히 아이들한테 너무 신경을 안 쓰고 살아서, 가끔은 '이래도 되나' 싶을 때가 있다."며 웃는다. 엄마는 "아이들이 괜찮은 사람으로 성장해야 할 텐데 내가 모델이 되어줄 자신이 없어서 부담이 컸다. 이곳에 와서 다양한 직업과 취미를 가진 이모, 삼촌들 속에서 자라다 보니, 아이들이 부모의 품에서만 머물지 않고, 자신의 삶을 주체적으로 살아가는 법을 배우는 것 같다."고 말한다.

한국 사회에는 여러 악조건에도 불구하고 '노루목향기'나 '오늘공동체'처럼 다양한 형태로 공동체를 이루면서 마을 돌봄을 이뤄 가는 많은 사례가 있다. 시장과 경쟁 만능의 사회적 조건 때문에 활성화되지 못하고 주류가 되지 못하고 있을 뿐이다. 하지만 시선을 조금만 돌리면 새로운 상상,

다른 세계를 만들어갈 수 있다. 시민들이 주권과 주도권을 가지고 유쾌한 상상을 해나갈 때 새로운 세계는 더욱 활짝 열릴 것이다.

한국 사회는 다양한 위기에 처해 있다. 지구적으로 당면한 기후위기는 물론이고, 출생률과 자살률에서 보는 것처럼 많은 이들이 희망 없음을 이야기하고 있다. 이대로 가면 다시 추락할 가능성이 훨씬 높다. 유력한 해결책이 있다면 풀뿌리에서 민주주의를 새롭게 하면서 다가올 위기를 극복하는 것이다.

3,533개의 읍·면·동에다 최대한 자치 권한을 주고, 유쾌한 상상을 하도록 하자. 100곳 중에 1~2곳만 성공해도 이 실험은 성공했다고 볼 수 있다. 확산은 시간문제이기 때문이다. 제3세계에서 산업화와 민주화를 이룬 이 땅의 시민들은 충분한 자질과 역량을 가지고 있다. 문제는 이 풀뿌리 자치 권한을 어떻게 가져올 것인가 하는 문제다. 중앙정부에 시민들의 역량을 믿고 양도한다면 다행이지만, 그럴 의사가 없다면 고르디요 시장처럼 싸울 수밖에 없다. 그때부터 유쾌한 상상은 시작될 것이다.

7장 4km 돌봄

—내일도 누군가와 또 누군가에게 기대어 살 수 있기를

이무열

브리외와 그의 친구들이 다니는 학교 구내식당이 리모델링 중이다. 그리고 오드 선생님은 놀랍게도 아이들을 인근 요양원으로 데리고 가서 점심시간을 보내게 된다. 요양원 관리인 야닉은 이들이 요양원을 침범하는 것이 별로 달갑지 않다. 세대 간 충돌이 불가피해 보이는 상황에서 외로운 노인들과 활기찬 아이들 사이에 진정한 우정이 싹튼다. 서울국제노인영화제 개막작 빅 키즈(BIG KIDS)는 어린이가 노인의 스승이 되고 노인이 어린이의 든든한 조력자가 되어주는 순간 이들이 나눈 시간과 공간은 어느덧 죽음의 공포나 가족 간의 문제, 성장통, 혹은 어른으로 가진 책임감의 문제 등 상처와 아픔을 위로하는 진심 어린 마음이 되어 가는 것을 따뜻하게 보여준다.(제16회 서울국제노인영화제 프로그램북에서)

마포구 합정동에는 오키로북스라는 작은 책방이 있다. 오키로북스라는 이름에 어떤 의미가 있는지 알 수는 없지만 추측하건대 책방 주인은 드나드는 손님들의 관계 범위를 그쯤으로 보지 않았을까? 오키로북스처럼 '4km 돌봄'은 넓이와 길이를 재는 단위만은 아니다. 적당한 생명활동(생활)의 장(場)으로 4km는 주거와 일, 식품, 의료, 교육, 여가 등이 생산, 교환되는 돌봄이 작동되는 기초범위이다.

역사가 시작된 이후 성장과 발달이라는 이름으로 포장된 끝없는 탐욕 때문에 지역이 해체되고 생명을 위협받기 전까지 사람들을 비롯한 모든 생명들은 고유한 풍토(자연환경)와 제도(사회환경) 안에서 순환성, 관계성, 다양성을 지키며 살아 왔고 살 수 밖에 없었다. 이렇게 4km는 지역이면서 생명의 장(場)이다. 생명의 본능이라고 할까 오래 전부터 사람들은 살아가는 데 꼭 필요한 물을 제공해 주는 강을 두고 가로세로 4km 울타리 안에서 공동체를 구성해 살았다고 한다. 지역학자 샤프트가 말한 5km와 5,000명의 지역범위도 그렇고 일터와 학교, 병원, 여가생활 등이 15분 안에서 이루어지도록 계획한 파리의 15분 도시 생활권도 이렇게 연결된다. 다만 지역은 평면적인 2차원 공간이 아니라 아이부터 노인까지 다양한 경험들이 시공간으로 연결되며 새로운 시공간이 비선형적으로 융합되어 가는 입체적인 3차원 세상이다. 어렵다면 4km 돌봄을 그냥 '복잡하다'고 이야기해도 된다. 복잡하다는 말 속에 많은 생명들이 셀 수 없고 알 수 없는 많은 사건들을 매일매일 경험하며 살아가는 관계의 흐름이 있으니, 누구도 쉽게 설명하기 어렵다. 어렵지 않게 4km 돌봄을 '단순하다'고 이야기해도 된다. 4km쯤이면 기본적인 생명활동에 필요한 식-의-주가 어느 정도 충족되고 순환되며 자연환경에 따라 고유한 지역문화를 생성하며 살아가는 시나리오가 만들어질 수 있다. 아주 오래전부터 4km 안에서 사람들은 햇빛, 바람, 땅과 심지어 보이지 않는 정령들과 서로 돌보며 살아왔고 살아가야 한다. 어느 하나 없이는 살림이 될 수 없다.

　4km 돌봄은 모든 생명의 특징인 순환성, 다양성, 관계성, 영성으로 작동된다. 이 생명의 특징들은 자칫 소홀할 수 있는 자기돌봄부터 손에 닿는 관계의 적정범위인 지역돌봄으로 확대되며 중층적으로 나와 또 다른 나인 너의 사이를 끊임없이 연결시켜 돌봄의 기적들을 생성한다. 제대로 4km 돌봄의 특징을 들여다보려면 돌봄에 대한 오해부터 내려놓아야 하는

데, 우리가 잘못 알고 있고 잘못 지켜 가는 관습적인 돌봄의 대표적인 오해들은 이렇다.

첫 번째는 돌봄이 여성적인 일이며 취약한 사람들이 제공받는다는 관습적인 인식과 태도이다. 오랜 가부장제 관습에서 아이를 돌보고 식사를 준비하는 등 재생산을 위한 돌봄이 여성의 성 역할로 강요되어 왔다. 여성의 역할이 된 돌봄은 사회경제에서는 부차적인 일이면서 행정이 관여할 수 없는 사적이고 개인적인 영역으로 치부된다. 두 번째는 정상과 비정상, 우성과 열성으로 구분하는 이분법적 사고다. 능력 있는 건강한 인간은 돌봄이 필요 없으며, 돌봄은 취약계층이나 신체적으로 도움이 필요하고 독립능력이 없는 인간들에게 필요한 것이라는 인식과 태도이다. 돌봄을 받는다는 건 독립적이지 못하고 무능력한 수치스러운 일이어서 사회적으로 곱지 않은 시선과 손가락질을 받는 대상이 되고, 돌봄을 필요로 하는 상황을 개인의 능력 문제로 단정 지어 버린다. 세 번째는 생명활동 전체로 연결되고 순환되는 돌봄이 파편화되어 신체적인 활동에만 제한된다는 인식과 태도이다. 신체를 건강하게 돌보기 위해서도 영혼부터 몸까지 그리고 신체와 연결된 생활 전체를 둘러보아야 한다. 사회구조적인 경쟁과 고립으로 엄청난 정신적인 스트레스를 받는 청년세대에 주거 지원, 생활비 지원 등 기초생활 돌봄만으로 건강한 생활을 해 나가기를 바랄 수는 없다. 자기를 발현하고 사회와 연결될 수 있는 깊고 넓은 계획이 필요하다. 마지막 네 번째는 돌봄을 외부적인 타자돌봄으로만 제한하는 인식과 태도이다. 자기 스스로를 돌보지 않고는 건강하게 타자를 돌볼 수는 없다. 자기 스스로를 돌본다는 것은 자기의 자질과 능력을 계발하고 모방을 부추기는 시장 전략에서 벗어나 누구와도 비교할 수 없는 스스로의 가치를 인정하는 과정이다. 이런 자기돌봄이 있어야만 지치지 않고 다른 생명을 기쁘게 돌볼 수 있다. 사회적인 의미만을 가진 채 상대를 돌보는 일은 자신을 소진하고 어느 순간 돌봄 생활에서 이탈하게 만든다. 영국 생태전환마을 토트네스[워킹그룹과 전환프로젝트]에는 마음영혼그룹이 있다. 전환마을과 워킹그룹에 마음영혼이라니 의문이 들지만 끊임없이 내적 전환과 생태적 성찰을 찾아가는 마음과 영성 워크숍이 있어야만 지치고 틈을 찾아 폭주하고 싶은 욕망을 위로하며 스스로를 돌보는 회복력을 지원할 수 있다. 자기돌봄이 그만큼 중요하다는 의미다.

오해를 걷어내니 이제야 제대로 돌봄이 눈에 들어온다. 이때 돌봄의 다섯 가지 특징인 (1)순환성, (2)중복성, (3)교차성, (4)탄력성, (5)증여성에 고개가 끄덕여지고 돌봄이 제대로 힘을 발휘한다.

(1) 순환성 : 작은 풀잎 하나부터 파란 하늘까지 모든 생명들은 우주 안에서 순환하며 살아간다. 자연을 파괴하는 인간의 활동이 결국 인간에게 돌아오는 것을 기후변화로 확인하고 있다. 노인을 돌보는 것은 내가 노인이 되었을 때 돌봄을 받는 것과 같고 아이를 돌보는 것은 다른 내일의 나를 돌보는 일이다. 폐쇄적 순환성은 땅부터 하늘까지 우주를 작동시킨다.

(2) 중복성 : 돌봄은 단선적이고 파편적이지 않다. 한 사람과 사회에서 쉼을 돌보는 일부터 일자리 제공까지 다양하게 중층적으로 중복되어 있고 생활 전체를 포괄한다.

(3) 교차성 : 돌봄을 받기만 할 수 없고 돌볼 수만도 없다. 농부는 도시인에게 먹을 것을 제공하고 도시인은 농부의 농사를 지을 수 있도록 돌봐야 한다. 자원봉사자들은 일손이 필요한 현장에 일손을 보태고 현장은 자원봉사자들에게 성취감으로 영혼을 돌봐준다.

(4) 역동성 : 돌봄은 눈에 보이는 돌봄을 넘어 보이지 않고 계획되지 않은 사건들을 연결하며 우연하게 횡단한다. 손수레를 미는 일이나 자리를

양보하는 일, 갑작스레 야근하는 이웃을 위해 이웃집 아이를 돌보는 일은 계획에 없던 돌봄이다.

(5) 증여성 : 주고받는 등가교환이 아니라 호혜적으로 선물 되는 돌봄으로 누구도 돌봄에서 소외당하지 않을 수 있다. 증여성은 돌봄을 확장시키고 순환성을 지켜준다.

돌봄의 다섯 가지 특징을 가로질러 돌봄이 작동되도록 하는 힘은 호혜적 관계다. 관계는 공감과 공명과 같은 정서적인 친밀감이 형성될 때 증폭되기 때문에 공감과 공명의 장(場)이 되는 지역은 돌봄의 강렬도를 높이는 중요한 조건이 된다.

생명의 특징과 돌봄의 가치가 상호보합적으로 작동되어 내 안의 씨를 움틔우고 자라나게 해 아름다운 사람으로 살아가는 일이 살림이다. 살아가는 일은 개별적이면서 전체적이다. 철학자 하이데거는 논문 「짓기 길들이기 사유하기」에서 지역에서 살아간다는 의미를 '지역에 거주한다는 것은 단지 그 지역에 거주한다는 의미에 그치는 것이 아니라 무엇이라도 자기 본래대로 진가를 발휘하며 만개할 수 있도록 공간을 만들어내고 돌보는 것을 의미한다. 생활하는 것은 우선 살리는 것이고 이는 더 오래된 의미로는 무엇이라도 그 자신이 될 수 있도록 자유롭게 존재할 수 있게 한다는 것이다. 그래서 지역에 거주한다는 것은 사물들을 돌보아 존재하게 하거나 그 자체가 되게끔 하는 것이다.'라고 정의한다. 지역이 가진 생명과 돌봄의 힘이고 다시 생명과 돌봄으로 구성되는 지역을 이야기하고 있다. 이렇게 지역은 자기돌봄의 점(點)과 관계돌봄의 선(線)으로 직조된 돌봄의 면(面)이 된다. 마치 지구가 자전축에서 23.5도 기울어져 불완전성과 위태로움에서 나오는 운동성으로 끊임없이 자전하고 태양계를 공전하며 우주에서 살아오듯이 작은 우주인 사람도 불완전성과 위태로운 상태로 끊임없이 자기돌봄과 관계돌봄으로 운동하며 지역에서 살아갈 수밖에 없다.

탐욕 앞에 절제하지 못하는 근대문명으로 인해 생명이 위협받는 시대에 해체된 지역에서 4km 돌봄을 회복한다며 오히려 기후파국과 불평등사회라는 이중적 재난상황을 해결하고 고고(高孤)한 생명들이 어울려 사는 평화로운 사회를 재구성할 수 있다.

1. 지역의 해체와 돌봄의 해체라는 비극

지역의 해체는 수익을 위한 집중과 효율, 경쟁과 소유를 최우선으로 하는 자본주의 역사와 함께 한다. 대량생산의 근대산업사회가 시작되면서 도시에 세워진 공장들은 제품을 생산할 노동자가 필요했다. 때맞춰 농촌이나 지방에서 생계가 어려웠던 사람들은 지방을 떠나 수도권이나 대도시로 대거 이주하기 시작했다. 이때부터 지방은 도시의 노동력과 에너지, 물자의 배후기지로 전락하고 서울 간 누구 집 자식들을 부러워하며 서둘러 아들, 딸을 서울로 보내고 성공 소식을 기다리며 서울을 바라보기 시작했다. 지역에 남아 있는 것은 무능력해 보였고, 지역의 고유성은 낡고 비효율적인 것으로 인식되었다. 이러는 사이 서로를 지탱하며 돌보며 살아가게 했던 관계성은 도시로 흡수되어 서서히 해체되어 갔다. 물론 나무와 흙과 벌레까지도 돌보던 자연과의 접촉도 끊겼고, 자연 속에서 생성되는 정서적 에너지도 사라져 갔다. 70~80년대 도시 성공 신화로 드라마나 영화 속에서도 자주 등장하는 지역 해체의 역사적 장면이다. 한편으로 대량소비가 시작된 1920년대부터 미국의 주요 기업들은 이윤을 늘리기 위해 더 많은 생산을 해야 하는 필요에 직면했고, 더 많이 생산된 제품들을 구매할 더 큰 소비시장이 필요했다. 적당함이란 있을 수 없는 규모를 키우고 성장해야만 버틸 수 있는 자본주의 경제에서 더 큰 생산과 더 큰 소비를 위해 무엇이라도 할 수 있는 종말의 순환이 시작된 것이다. 소비시장을 확장하기 위한 기업의 탐욕 속에서 소비자들의 필요 이상의 탐욕도 자라났다. 1940~70년 자본주의 영광의 시대에 광고는 소유를 욕망하고 소비를 부추기는 역할을 맡아 훌륭하게 탐욕과 소비시장을 키워냈다. '이웃집은 벌써 6기통 포드 머스탱이 있다는 사실을 아십니까', '50세에 롤렉스를 살 수 없다면 실패한 인생이다.' 같은 자극적인 광고가 남보다 더 많은 소유를 목표로 경쟁적 소비를 부추겼다. 생활을 위한 물리적 필요의 욕구는 어느새 거짓욕망이 되어, 행복한 가족은 거실 피아노 앞에 모여야 하고, 다이아몬드 없는 가난한 사랑은 실패한 자들의 사랑이 돼 버렸다. 이제 더불어 살아가는 관계는 성공을 향한 소유와 경쟁의 장애물이 되었고 몇 퍼센트씩 등급으로 나눠진 사회에서 어떻게든 조금이라도 높이 올라가기 위해 능력주의와 자발적 고립을 받아들였다. 경쟁적 소유를 위해 버려진 관계로 남아 있던 지역은 또다시 해체되었다. 그러면서 아이를 돌봐주고, 먹을 것을 나누고, 결혼식과 장례식에서 오고가며 나눴던 일들은 당연히 구매할 상품이 되어 시장으로 대체되었다. 타임뱅크라 이름 붙이기 전에 품앗이와 두레, 울력으로 서로를 돌봐주던 돌봄 문화는 지역과 함께 사라져 교과서나 박물관에서나 볼 수 있는 오래된 전통이 되었다. 시시때때로 공동체를 위해 서로 돌보아 왔던 지역의 공동자산인 공유지도 개발과 다툼의 대상이 되어 결국 통장에 입금되면서 사라졌다.

정치도 보이지 않게 지역과 돌봄의 해체에 역할을 하고 있다. 정치는 행정의 이름으로 사회를 유지하는 최소한의 돌봄을 일률적이고 시혜적으로 생산과 성장의 국가 시스템을 유지하는 최소한의 역할로 두고 관리하고 있다. 무미건조하다 싶게 언론에 등장하는 돌봄의 사각지대는 평균율의 기준에 따라 일률적인 지원에서 발생하는 틈에서 나올 수밖에 없었던 일들이었다. 시혜적인 돌봄은 한 사람이 가진 고귀한 생명력을 훼손해 사회에 순응시키거나 조금 더 지원을 요구하는 민원인을 생산하는 구조다. 생명으로서 고유성과 자기 지향성으로 삶을 즐기고 살아가는 중에 온갖 종류의 일들을 만나며 감정에 진동하는 자기 감각과 행위 능력을 제한하고 축소시키는 시혜적 돌봄은 생명력을 축소시키고 사회를 집단적으로 병들게 한다. 우주적인 생명의 약동을 깨트리는 일이다. 시혜적 돌봄에 만족하지 않는다면 개인 지갑을 열어야 한다. 정부로부터 관리되는 이외의 돌봄은 능력과 소비라는 신자유시장주의 규범에 따라 시장에서 선택적으로 구매할 수 있다. 이제는 상조, 웨딩대행, 실버타운, 셰어하우스 등의 매끈한 이름이 붙여진 상품으로 돌봄이 판매된다. 구매할 수 없는 관계로부터 생성되는 정서적 돌봄의 부재로 심하게 앓고 있는 사람들을 위해 역설적으로 힐링과 치유를 단 새로운 상품이 인기를 끌고 있다. 게다가 디지털과 인공지능기술로 신체와 기분까지 살피는 돌봄로봇도 출시되고 있다. 영리에 기술을 더한 신자유주의 시장의 능력이 발휘하는 공포이자 디스토피아다.

어떤 기술도, 어떤 서비스 상품도 고립과 경쟁에서 오는 불안과 공포를 사라지게 할 수 없다. 고립과 경쟁에서 벗어나는 유일한 방법은 호혜적인 관계로 작동되는 4km 돌봄을 회복하는 방법밖에 없다. 근본적인 생명활동의 특징인 순환성, 다양성, 관계성, 영성이 안팎으로 복잡하게 얽혀 어떤 위험과 고통에도 서로를 지탱해 주고 지켜주는 지역을 회복해야 하는 일이다. 다시 말해 서로를 느낄 수 있는 시간과 공간의 촘촘한 밀도 안에서 닫혀 있지만 변화를 향해 열려 있는 지역의 고유성이 순환과 중복, 교차, 역동, 증여를 특징으로 하는 4km 돌봄을 불러올 수 있다. 이렇게 시장자본주의로 해체된 지역을 회복하는 일은 아이가 자라서 노인이 되고, 식·의·주를 이루는 호혜적인 경제활동에서 배제되지 않고, 아프면 치료받고, 힘들면 위로받고, 차이를 인정하고 배려하며 하나의 존재가 우주의 1/n로 감사하는 삶을 살아가게 하는, 제한되지 않고 규정되지 않는 포괄적 돌봄으로 가는 길이다. 이렇게 포괄적 돌봄은 생명을 가진 인간/비인간 들이 개별적 전체성으로 시공간에 따라 조화롭게 살아갈 수 있게 하는 무한한 역동성을 가지고 있다. 포괄적 돌봄 안에서만이 추가적인 욕구에 따르는 시장 돌봄과 기본 인프라를 제공하는 행정 돌봄도 자기 역할을 제대로 할 수 있다.

2. 지역의 회복과 돌봄의 회복이라는 희극

스피노자는 "우리는 무언가가 좋기 때문에 원하는 것이 아니다. 반대로 원하기 때문에 좋다고 생각하는 것이다."라고 했다. 돌봄이 필요하다고 좋다고 설득하기 이전에 매력적으로 포괄적 돌봄을 느끼고 체험할 수 있게 하는 게 우선이다.

4km 돌봄을 극적으로 경험하기 위해서는 통계와 연구 결과라는 사실에 근거해 논리적으로 설득의 가설을 세울 수도 있지만, 다른 상상력을 발휘해 극적으로 4km 돌봄 생활을 느껴 보게 하는 방법도 있다. '어느 날 만약 돌봄이 사라진다면 세상은 어떻게 될까?' '어느 날 만약 돌봄이 돌아온다면 세상은 어떻게 될까?' 이렇게 '만약에 ○○이라면'으로 시작되는 시나리오 씽킹(scenario thinking)은 직접 경험하지는 못하지만 극적으로 돌봄의 해

체와 회복을 간접적으로 느끼고 경함하게 할 수 있다.

시나리오 씽킹은 고정관념이나 틀에 사로잡히지 않고 현실을 있는 그대로 보면서 현실이 나아갈 방향으로 적응성과 유연성을 높여서, 예측할 수 없는 미래에 닥칠 위험성을 줄이거나 기회로 활용할 수 있는 것을 다양하게 모색할 수 있게 하는 방법으로, 주로 국가와 기업이 사용하는 방법이다. 우리도 시나리오 씽킹으로 4km 돌봄을 재구성해 볼 수 있다. 긍정적인 시나리오만을 쓸 수도 있지만 부정적인 시나리오가 오히려 더 극적으로 돌봄으로 향하는 욕망을 키울 수도 있다. 지금까지 당연하게 여겨졌던 돌봄을 대하는 인식과 태도를 버려야 하므로 괴롭고 혼란스럽겠지만, 정신과 전문의 카지미어즈 다브로프스키(Kazimierz Dabrowsk)는 이를 '긍정적 해체'라고 했다. 해체가 곧 고립과 경쟁으로 매일매일이 소모되고 피폐해진 삶을 근본적으로 해체해 긍정적으로 나와 우리의 삶을 재구성하는 일이니 해 볼만 한 일이다.

'What if~', '만약~이라면'으로 시작해 보자. '만약에 내가 사는 지역에 돌봄이 사라진다면', '만약에 내가 사는 지역에 돌봄이 돌아온다면' 각각의 시나리오에 흥미와 긴장감을 높이기 위해 생태와 사회 두 개의 렌즈로 시나리오를 만들었다.

어느 날 만약 돌봄이 사라진다면

앤서니 브라운의 동화 『돼지 책』(웅진주니어)은 아이가 있는 집은 한번쯤 봤을 책이다. 맞벌이하는 아빠가 봐야 할 필독서라고 소개한 블로그도 있을 정도다. 두 사내아이가 있는 집에서 아침마다 밥하고, 설거지하고, 빨래하고, 청소하고 또 출근하고 돌아와서 밥하고, 설거지하고, 다림질하는 엄마가 어느 날 '너희들은 돼지야!'라는 편지를 남겨두고 사라진다. 두 아들만 남은 집안은 어떻게 되었을까? 엉망진창으로 아빠와 아들은 쓰러지고 엄마를 기다린다. 돌봄이 사라진다면 나타날 모습 그대로다. 환경공무원과의 협상불발로 쓰레기 대란을 앓고 있는 지자체도 있다. 길거리에 쌓여 있는 쓰레기를 보면서 어느 날 과밀집된 기형적인 도시마다 거리에는 치우지 않은 쓰레기 산들을 목격할 수도 있다. 여름방학 등으로 어린이집이 휴원을 하면 부모들은 아이 맡길 곳을 찾아 전전긍긍한다. 셀 수 없이 많은 곤란한 상황이 벌어진다. 그 이름이 계약, 교환, 호혜 무엇으로든 돌봄이 사라지면 생활에 가장 기초적인 곳에서부터 사회 시스템은 작동이 멈추게 된다.

어느 날 자고 일어났을 때 지구로부터 '지구 사용 청구서'가 날아와 있다. 햇빛, 달빛, 바람, 물, 안개, 흙, 비 등 자연 시스템에서 에너지를 받고 살아가지만, 자연은 우리에게 이제껏 아무것도 요구하지 않았다. 다만 우주의 일원으로 서로 기대어 살아가기를 원했을 뿐이다. 이 계약관계가 끝나 이제 우리가 가진 모든 것들을 지불하고도 충당할 수 없는 비용을 청구받을 수 있다. 물론 현금이나 신용카드로 지불할 수도 없다. 자연의 돌봄이란 말이 자연의 구매와 소비로 바뀌는 순간이다. 사실 지금까지 인간은 지구의 유한한 자연자원을 누구의 동의도 없이 편의대로 채굴하고 사용해 왔다. 비용은커녕 뒤처리도 제대로 하지 않은 채. 채굴과 개발로 성장이 한계범위를 넘은 순간 얼마 안 가서 계고장이 차례차례 날아온다. 지구를 사용한 비용을 지불하지 않았으니 비워달라고. 어디로 갈 것인가? 우주개발에 공을 들이는 이유가 이런 걸까? 비우지 않으면 첫날은 햇빛이, 다음 날은 바람이, 차차 지구에서 사라진다. 아니면 더위와 추위로 인간들을 몰아낼 것이다.

돌봄 부재의 혼란은 사람들을 위축시키고 부정적인 변화를 일으켜 사회를 디스토피아로 몰아갈 수 있다. 기후변화로 경험하고 있는 극단을 오가는 폭염과 가뭄, 한파 등의 재난상황으로 식량난이 현실화되고 있다. 불평등한 사회에서 극도의 경쟁 상황은 사람들을 피폐화시키고 있다. 식량난과 극도의 경쟁상황에서 생존을 위해 인간들은 예민해지고 공격적인 태도를 드러내게 된다. 여성과 아이, 노인들이 집 밖을 나서기를 두렵게 만드는 '묻지 마!' 사건들은 이러한 이유에 의해서 발생된다. 출산율의 저하는 본능적인 위기감에서 비롯된다고도 볼 수 있다. 이제부터 양극화는 점점 더 심각해지고 결국 생존을 위한 무한 투쟁이 시작된다. 그리고 나서 그린카드를 가진 1% 사람들이 자기들만의 성으로 들어가 문을 닫으며 사회는 붕괴된다. 살아 있음을 느낄 수 있는 사랑과 우정은 사라진 지 오래된 말들이다. 디스토피아 영화에서 보는듯한 장면을 상상하지만 이미 우리 주위에서 느낄 수 있는 암울한 풍경이다.

어느 날 만약 돌봄이 돌아온다면

치매에 걸린 아빠가 매일 자전거를 타고 집밖으로 나가서도 아무 염려 없이 나가시는 아빠를 보면 '잘 다녀오시라'는 인사를 건넬 수 있다. 관계 돌봄이 살아 있는 마을에서 치매 아빠를 모시는 딸의 경험담이다. 관계가 사라진 마을에서는 생각지도 못할 일이지만 관계가 있는 지역에서는 누구의 아빠로 누구 집 어르신으로, 어디서든 아빠가 다시 집에 돌아오실 수 있도록 돌보게 된다.

순천에서 '재미난 가게'의 재미난 실험이 한창이다. 누군가 '재미난 가게'에 맡겨 놓은 현금과 쿠폰으로 청소년들이 아무 때나 가게에 들러서 빵과 음료수 같은 간식, 책 등 필요한 것들을 가져가거나 먹고 간다. '중간고사를 잘 못 봐서 기운 빠져 있는 여고생들은 누군가 기운 내라고 맡겨 놓은 현금에 놀라며 금방 웃음을 되찾고 기운이 살아났다.'고 한다. 재미난 가게에는 셀 수 없이 많은 물건들이 필요한 사람들을 기다리고 있다. '맡겨 놓은 닭갈비'는 닭갈비가 먹고 싶은 2명의 청소년을 기다리고 있고. '맡겨 놓은 분식' 중에 떡볶이 1인분은 배고픈 청소년들을 기다리고 있다. 책방주인은 아이들이 읽고 싶은 책을 마음껏 책방에서 고를 수 있는 쿠폰을 맡겨 놓기도 했다. 재화가 선물이 되어 필요한 이들을 돌보고 있는 중이다.

사람과 하늘, 땅, 물의 생명들이 서로 기대어 어울리는 생명평화무늬에 나와 있듯 예전 사람들은 자연을 형제자매로 돌보았다. 집안 나뭇가지 하나도 함부로 꺾지 않고, 들의 땅을 함부로 파지도 않았다. 더운물을 마당에 버릴 때도 풀 한 포기 땅벌레 하나라도 다칠까봐 조심스레 둘러보며 소리 낼 정도였다. 그래서인지 맛난 음식을 쫓기보다 불필요한 육식과 폭식은 피하고 절식하며, 다른 생명에 의존해서 살아갈 수밖에 없는 몸을 살피고 감사함으로 살아갔다. 또 산의 주인이 따로 있고 바다의 주인이 따로 있어서 그 경계를 지날 때면 예의를 갖추며 조심스레 들어갔다. 자연과 인간이 서로 쓰는 언어는 다르지만 생명 하나하나의 변화에 감각하며 자연에 맞추며 살아 왔다. 우주의 순환에 이탈하지 않으며, 하나의 집합이 아닌 여럿의 군집으로 개별성이 전체적으로 조화되어온 모습이다. 죽음까지도 순환하는 생명의 한 마디로 보고 차분히 받아들여 작위(作爲)와 소유의 탐욕에서 벗어날 수 있었다.

돌봄이 돌아오면 제곱으로 늘어나는 시간의 가속도를 늦출 수도 있다. 돌봄은 혼자만이 '경쟁의 승리'를 누리는 고독한 결과보다는 모두가 자기 나름으로 설정한 목적지를 통과할 수 있도록 기다려주고 지켜주고 안내해준다. 비교할 수 없는 제 각각의 삶을 찾아 배우로, 농부로, 엔지니어로, 요리사로 제 각각 제 안의 씨를 틔우고 키워내 꽃피우고 열매 맺을 수 있다. 그뿐만 아니라 1년간 주 4일 근무 시범사업을 한 서울 모 대학병원 연구에 참여한 간호사들의 인터뷰와 정량적 조사결과를 보면, 근무시간 단축으로 시간이 여유로워진 이들은 운동과 취미활동으로 자신의 몸과 함께 가족들을 돌보는 기쁨을 만끽했다고 한다. 정량적 평가로도 40~50%가 되던 사직률은 전년대비 3.6%~6.2% 감소하고 연간 친절 건수는 1.5~2.6배 증가하였다. 또 수면장애, 근골격계 질환, 우울감 등이 준 것으로 조사되었다. 거꾸로 시간이 돌봄을 살려낸 흥미로운 연구 결과다.

포스트 성장은 개발과 성장보다는 돌봄과 순환이 우선하는 문명시대를 향한 전환을 의미한다. 서로가 서로에게 기대어 돌보는 풍요로운 생활이다. 현실에서는 어느 날 갑자기 돌봄이 사라지거나 돌아오는 일은 일어나지 않는다. 하지만 시시각각 여러 생명이 위태로워지는 것을 보면서 분명하게 돌봄이 사라지고 있다는 것은 알 수 있다. 그렇다면 늦지 않게 돌봄을 다시 불러올 방안과 실험이 필요하다. 그 실험은 앞서 이야기한 것처럼 지역일 수밖에 없다.

3. 4km 돌봄의 재발명

4km 돌봄의 재발명은 '지역에서 해체된 관계를 어떻게 회복할 것인가?'와 '어떻게 식, 의, 주를 돌봄의 순환으로 재구성할 것인가?'를 묻는 질문에 따라서 불안한 생활환경 속에서 돌봄을 허브(hub)로 생활을 재배치하고 실험하는 일로 구성된다. 돌봄은 외따로 존재할 수 없다. 오히려 지금 필

요한 일을 돌봄으로 풀어가 보는 극단적인 연결이 필요할 정도다. 이러한 실험이 돌봄으로 지역을 재발명할 수 있게 한다.

욕망

인본주의 심리학자 매슬로우는 「인간의 동기이론」이라는 논문에서 인간의 욕구를 5단계로 나누며 자아실현을 마지막으로 배치하고 생리적 욕구를 시작으로 안전욕구, 사회적 욕구, 자기존중 순으로 욕구를 서열화하였다. 하지만 "대다수 사람은 모든 욕구가 어느 정도 충족되는 동시에 어느 정도는 충족되지 않는다."는 매슬로우의 말처럼 모든 욕구는 수평적이며 개인의 상황에 따라서 필요 욕구들을 충족시키는 과정일 뿐이다. 그럼에도 모든 욕구는 자아실현의 욕구, 즉 삶의 동기가 되는 욕망의 실현으로 나아가야 한다. 그렇지 않고서는 표층적 욕구에 따라 자신의 삶이 분열될 수 있다. 자기욕망의 실현이 그물코가 되어야 돌봄망을 촘촘하게 엮어낼 수 있다.

욕망을 실현하기 위해서는 물질적 필요에 의한 부동산, 연봉, 권위 등의 표층적 욕구가 아니라 깊은 욕망을 찾아서 드러내고 실천하는 일이 우선이다. 근대사회 시스템에 맞추어진 교육과 성장 과정에서 감추어진 욕망을 되찾는 일이 쉽지는 않지만, 먼저 타인의 시선과 생계에 필요한 직장과 일에서 벗어날 필요가 있다. 그리고는 계속해서 자신의 취향을 되살리고 몸으로 느껴지며 작게 퍼지는, 평소와 다른 감각에 의지할 필요가 있다. 때에 따라서 욕망은 여러 가지 모습을 선택하기도 한다. 서울을 벗어나 땅을 밟고 가꾸는 농부를 원하기도 하고, 다니던 직장을 그만두고 바닷가에서 서핑 스튜디오를 열기도 하고, 무대에 한번 서 본 경험으로 배우의 길을 선택하기도 한다. 어느 장소에서 어떤 모습으로 나타날지 모른다. 오직 기쁨으로만 확인할 수 있다. 이 과정에서 다른 생명의 존재를 느낄 수 있고 감사할 수 있다. 이때서야 기쁘게 타인의 욕망을 지지하며 지치지 않는 돌봄 관계를 회복할 수 있다. 이렇게 온전한 포괄적 돌봄 순환은 자신의 욕망으로부터 시작된다.

체험

어느 누구라도 규범화된 돌봄의 정의와 기능을 의심하고 영향력에서 벗어나기는 쉽지 않다. 한 번 선택한 관성에서 벗어나지 못하는 '연속성 법칙'이나 '경로 의존성' 때문인지 이런 태도에서 쉽게 벗어나지 못하고 있다. 그래서인지 돌봄 관계의 회복에 고개를 끄덕이다가도 자신도 모르게 국가와 시장의 돌봄 시스템에 의존하게 된다. 서로 다른 대립되는 정보가 홍수처럼 쏟아지는 세상에서 체험하지 않고는 돌봄 순환의 필요성을 깨닫고 변화를 만들어 가는 데 한계가 있다. 행동 변화가 필요한 영역에서 체험은 습관적으로 행동해 오는 것과는 다른 변화를 일으킬 수 있는 중요한 도구로 사용된다. 게다가 자기 경험을 주위에 확장시키는 소문의 진동자 역할까지 하니까 해체된 돌봄 관계를 회복하는 데도 사용해 볼 만하다. 일반적으로 체험을 직접 경험하는 감각적 체험이나 행동적 체험으로만 알고 있지만 체험은 다층적으로 구성되고 수용된다. 심리학자 번 슈미트는 체험 마케팅에서 체험을 행동, 감각, 관계, 감성, 학습, 다섯 가지로 구분하고 상황에 따라 다층적으로 배치하기를 제안한다.

돌봄 관계를 체험하기 위해 사례를 찾아보는 것도 좋은 방법이다. 일본 도치기현에서 폐교된 초등학교를 개조한 '나스 마을 만들기'는 폐쇄적인 다세대공생형커뮤니티를 구성해 고령자 주변에 다세대와 다문화 사람들이 모여 돌봄 관계망을 발명하는 실험을 하고 있다. 옛 학교 운동장에는 독립형 노인주택이 있고 개조한 수영장에는 집합형 거주시설이 위치해 있다. 목재를 사용해 리모델링한 옛 학교건물에는 콘서트나 강연회가 열리는 홀과 카페 등의 복합문화 공간부터 신선한 채소나 유기농 상품이 놓여 있는 장터까지 자리 잡고 있다. 자연환경과 공생하고, 지역에서 소비하는 것은 지역에서 생산하고, 자동차를 쓰지 않고 걸어서 생활할 수 있는 커뮤니티를 지향한다. '나스 마을 만들기' 대표 지카야마 씨는 "저출생 고령화시대에 마을 만들기는 모여서 사는 것, 불편을 해소할 모든 수단을 공유하고 편리함으로 바꾸는 것이다."라고 강조한다. 대전 대덕구 '미호동에너지전환마을'에서도 기후재난의 시대에 인간/비인간이 어울려 사는 삶을 실험하고 있다. 마을 전체가 100% 재생에너지를 사용하는 RE100 에너지전환마을을 추진하면서, 서식 환경 변화로 사라진 맹꽁이와 꿀벌들을 불러들이기 위한 웅덩이와 밀원식물 밭을 조성하고 있다. 지역에서 나는 채소로 제철 먹거리를 공급하고 소비하며 마을주민들이 모여 서로의 안부를 묻고 즐기는 넷제로장터를 꾸준히 열고 있다. 직접 몸으로 체험하고 싶다면 '땅을 소유하지 않는 농부 세계를 가꾸는 여행'이라는 캐치프레이즈를 걸고 친환경 농사와 농촌을 체험할 기회를 제공하는 '우프코리아' 프로그램에 참여하는 방법도 있다. 또 앞서 소개한 '빅 키즈'와 같은 영화와 '수라'같이 자연과 공생하는 다큐멘터리 영화를 봐도 좋고, 생태학이나 인문학 강의를 들으며 공생의 지혜를 배우는 방법도 있다. 어느 순간 정말 우연하게 무거운 짐을 놓고 높은 계단을 바라보고 있는 곤란한 상황에 처한 누군가에게 돌봄을 주거나 받을 수도 있다.

익숙하지 않은 돌봄이 선순환하기 위해서는 돌봄을 주기보다 돌봄을 부탁하는 것이 중요하다. 조직경영학 교수 웨인 베이커가 쓴 『나는 왜 도와달라는 말을 못할까』에서는 돌봄을 받는 것이 나약하거나 독립적이지 못하다는 생각으로 돌봄을 부탁하기보다는 피하는 경우가 많다며 돌봄을 부탁하는 건 돌봄을 일으키는 중요한 사건이 된다는 걸 분명하게 밝히고 있다. 책에서 소개한 '호혜의 네트워크'는 공식적으로 자신에게 필요한 일을 공개적으로 커뮤니티에 내놓고 도움을 줄 사람을 찾는 프로그램이다. 지역에서 내게 필요한 일을 도와줄 누군가를 필요로 할 때, 도움을 부탁하는 커뮤니티를 운영해 보면 좋겠다.

이렇게 돌봄 체험으로 돌봄 관계의 필요성을 느끼고 서로 기대어 살면 된다는 믿음을 가지고 변화를 만들어갈 수 있다.

학습

지역에서 가장 만족도가 낮은 사업 중에 하나가 학습이다. 충분한 이유가 있다. 기술적인 전문지식, 반복되는 학습 내용, 참여자 수요보다는 공급자 중심의 학습 편성 등이 그렇다. 그렇지만 학습은 지역에서 돌봄을 지속가능하게 하는 근원적인 동력이다. 학습 없이는 경험의 차이에서 오는 다른 생각들 사이에서 당연하게 발생되는 갈등을 조정할 최선의 방안을 찾아갈 수 없고, 처음 계획과 다르게 벌어지는 일들을 겪으며 갖는 낙담 속에서 다시 시작할 수 있는 힘을 얻을 수도 없다. 오르막과 내리막을 번갈아가는 과정에서 목적지를 잃지 않고 포기하지 않고 갈 수 있게 하는 회복탄력성은 교육으로부터 나온다. 돌봄으로 만들어질 지역에 대한 확신과 새로운 방안의 발명도 교육으로 가능하다. 그러니 지역에서 돌봄을 재구성할 때 학습을 빼놓을 수 없다.

강화 '진강산공동체'는 보기 드물게 학습을 가장 중요한 지역 활동으로 꼽고 있는 공동체다. 특히 '마을인문학'이라는 프로그램으로 일상에서 주민들이 살아감에 대해 질문하며 자신의 태도를 성찰하고 사유하게 한다. 진강산공동체의 유상용 전 대표는 "한 사회에는 사람들이 살아가기 위한 필수요소가 있을 것입니다. 우선은 물질의 풍요, 즉 경제가 필요하고, 그리고 사이좋은 가족과 이웃의 관계가 소중합니다. 그것들이 충족되어도 자신의 본성에 대한 추구는 또한 계속될 것입니다. 실은 경제와 관계도 마음의 상태에 따라 전혀 다른 모습으로 만들어질 것이기 때문에, 마음공부역시 공동체의 기본이라고 생각합니다. 고정관념이 많고 다른 사람의 말을 잘 들을 수 없는 마음상태는 경계가 많고 다툼이 많은 사회를 만들어내게 되고, 차별이 없고 모든 것의 이어짐을 아는 마음은 대립이 없고 순환이 원활한 공동체를 이루겠지요. 지금의 수직적 불평등사회는 인류 역사의 어느 시기부터인가 자기중심적인 무리들이 주류가 되면서 생겨난 체제가 수천 년 동안 지속되어 오는 것이라고 봅니다. 앞으로는 자신의 본성에 대한 자각을 바탕으로 수평적이고 평등한 공동체 사회를 이루려는 사람들이 주류가 되는 사회가 올 것을 바라며, 진동에서도 그 바탕을 튼튼히 하는 프로그램을 계속 해가려고 합니다."라고 '마을인문학'의 필요성을 강조한다.

앞서 소개한 대전 대덕구 미호동에너지전환마을도 시작부터 차근차근 마을을 변화시켜가는 가장 중요한 힘의 원천을, 첫해부터 계속해 오는 주민학교로 꼽고 있다. 처음에는 나이 든 주민들이 체험, 감각, 표현을 목표로 한 주민학교의 프로그램을 받아들이기 어려웠지만, 점점 교육에 대한 흥미를 갖고 필요성을 경험하게 돼 지금은 직접 교육프로그램을 기획하고 운영에 참여하고 있다.

불확실성을 특징으로 하는 혼란스러움 속에서 실마리를 찾기 위해서인지 '래디컬 헬프(radical helf)', '래디컬 데모크라시(radical democracy)' 등 경험적으로 거북하게 들릴 수도 있는 '근본'을 제목으로 달고 나온 책들이 자주 눈에 뜨인다. 실제로 복잡하게 얽힌 문제를 풀려다 보면 제자리에서 맴돌 뿐 도무지 실마리를 찾지 못하는 경우가 꽤 많이 있다. 이럴 때는 겉으로 잘 보이지 않지만 근본[始原]으로 돌아가 보는 게 효과적이다. 학습은 돌봄과 생명이 엮여 있는 근본을 들춰 주기도 하고 새롭게 지역에서 돌봄을 발명하는 방법까지도 함께 알려준다.

제3의 장소

'제3의 장소'는 집과 회사, 집과 학교 밖의 다른 공간을 말한다. 이 말을 처음 쓴 사람은 사회학자 레이 올든버그인데 올든버그는 현대인의 생활이 제1의 장소인 집과 제2의 장소인 직장이나 학교를 오가는 것이 전부라는 데에 문제를 제기한다. 그리고 도시에 사는 사람들의 스트레스를 줄이기 위해서 제3의 장소가 필요하다고 한다. 개인에게도 꼭 필요한 제3의 장소지만 돌봄 관계를 위해서도 제3의 장소는 필요하다. 특별한 장소와 시간, 주제를 정해 포럼, 원탁회의를 열지 않아도, 일상생활에서 편하게 주민들이 만날 수 있는 제3의 장소는 장보기, 책보기, 놀기, 운동하기 등으로 무의식적으로 연결이 시작되고 활동이 시작되는 장소이다. 제3의 공간은 카페일 수도 있고, 농장일 수도 있고, 도서관이 될 수도 있다. 지역주민들이 자주 모이고 서로 연결될 수 있는 장소라면 어디든 괜찮다. 시장(市場)이 제3의 장소가 될 수도 있다.

지금은 달라졌지만 예전의 시장은 단순히 물건을 사고파는 것에 그치지 않고 서로의 안부를 묻고, 정보를 공유하고, 놀이판을 벌이거나 즉흥적으로 세상일을 두고 토론회가 열리기도 했다. 그만큼 서로에게 필요한 온갖 일들이 모이고 흩어지는, 오늘날 플랫폼 같은 역할을 했다고 할 수 있다. 특히 기후재난 상황에서 시장은 물건이 버려지지 않고 서로 돌려쓸 수 있는 물건 순환의 중요한 고리가 될 수 있다. 또 고립된 사람들이 모여 서로의 존재 속에서 생명애를 느낄 수 있는 정동(affect)의 장이 될 수도 있다. 온라인이 하지 못하는, 몸으로 느껴지는 감각과 활력을 줄 수 있다. 지역마다 재능, 정보, 물건, 놀이, 이야기 등이 뒤섞여 사람들에게 생명의 활력을 주는 한 달장, 계절장을 되살릴 필요가 있다. 제3의 공간이 활성화 되는 만큼 돌봄은 가까워지고 우연한 사건이 벌어지게 된다.

사회적 경제

생명과 돌봄을 회복하기 위해서도 지역에서 일자리와 제품과 서비스를 생산하고 유통하는 경제활동은 절대적으로 필요한 일이다. 자본주의 경제가 가속화될수록 불평등은 심화되는 상황에서 서둘러 사회적 경제는 지금까지와 다른 협동의 경제, 생명의 경제로 분명하게 자리매김해야 한다. 이를 위해 사회적 경제와 지역은 대안체계 안에서 통합되어 있고 상호 보합할 수밖에 없다. 최근에 사회적 경제가 돌봄을 전략 사업 모델로 계획하고 있지만, 당장의 취약계층 돌봄과 행정의 돌봄을 대행하고 보완하는 것을 넘어서, 이제는 지역에서 포괄적 돌봄생활을 위한 사회적 경제망을 만드는 것으로 그 활동 폭을 넓힐 필요가 있다. 한편으로는 이러한 활동이 돌파구를 찾지 못하고 어려움에 처한 위축된 사회적 경제를 되살릴 수 있는 방법이기도 하다.

이렇게 사회적 경제는 돌봄과 지역을 회복하는 사업이 되고 동시에 돌봄과 지역은 사회적 경제를 재탄생시킬 수 있다. 여기서 사회적 경제 활동은 자치와 자립, 협동과 연대, 시민 행복권과도 연결된다. 지역생활과 다차원적으로 통합되기 위해 사회적 경제가 가져야 할 방안은 마르크 하쯔벨트가 정리한 지역관리기업에서 아이디어를 얻을 수 있다. "사회적 경제는 지역의 회복과 통합을 위해서 첫 번째 지역의 다양한 주체들과 협력해야 하며, 이를 통해 연대와 호혜를 실천한다. 두 번째, 특정한 사회관계만의 문제로 접근하지 않고 정신과 물질의 관점에서 직업, 정치, 교육 등을 모두 함께 통합한다. 세 번째, 지역의 사회적 경제는 분명한 자기 정체성을 가진 사업체이다. 어떤 이유에서건 일정한 수준을 넘어서는 성장을 규범화해서는 안 된다. 연대와 호혜의 방향에 통합적 사고와 실천으로 사회적 경제는 지역과 함께 할 수 있다."

지역에서 사회적 경제를 통합하는 방식으로 사사키 마사유키 교수의 내발적 발전 모델을 연구해 볼 수도 있다. 내발적 발전 모델은 지역공동체의 정체성을 뿌리로 주민들의 자발성과 창조성을 고양시키면서 환경(자연과 사회)과 산업의 조화를 기본으로 한다. 또 지역이 가지고 있는 전통문화와 산업에 첨단기술을 아우르면서 다양한 산업으로의 확장을 계획하는 방식이다. 내발적 발전 모델에 따라 주민들의 자율적인 참여를 원칙으로 하는 사회적 경제가 돌봄을 허브(Hub)로 지역의 문제와 필요를 실용적으로 해결할 수 있는 다양한 부문 활동을 협력적으로 통합할 수 있다. 일본의 협동조합운동의 경우에도 돌봄을 지역생활의 중요한 의제인 먹거리, 에너지, 돌봄(FEC : FOOD, ENERGY, CARE) 세 가지에 포함시켜 실천을 집중하고 있다. 물론 이 세 가지는 서로 연결되어 있다. 이제 사회적 경제는 돌봄과 지역의 상호보합적인 관계에 집중할 필요가 있다.

4km 안에서 내일도 누군가와, 또 누군가에 기대어 살아갈 수 있기를

숨을 참고는 채 1분을 견디기 힘들다. 숨 쉬지 않고는 살 수 없고, 숨 쉬는 것은 혼자서는 되지 않는다. 1분에 대략 12~20회 숨을 쉬기 위해서 광합성을 하는 식물들과 녹조류가 산소를 만들어내야 하고, 광합성을 하기 위해서 태양에너지가 필요하다. 숨만이 아니라 생명의 밥 한 그릇에도 무수한 생명들이 모셔져 있다. 그 모든 것이 바로 관계 돌봄의 구성원이다. 이렇게 누군가와 또 누군가에게 기대어 오늘을 살아가고 있지만 인간은 언제부터인가 그 누군가의 돌봄을 하나씩 지우거나 시장에 내놓고 있다.

시나리오 씽킹에서 예측한 두 가지 선택지는 중층화 되어 있고 경계는 유동적이다. 비록 지금은 부동산, 학력, 직장, 권력 등이 획득 목표가 되어 자의와 타의가 뒤섞인 채 매일매일 경쟁의 전장으로 향하고 있지만, 언제든 우리가 서 있는 선택지는 바뀔 가능성이 있으니 괜찮다. 우리 안에는 돌봄 관계 안에서 서로 기대고 품어주고 감사하는 풍요로운 삶을 향한 본능적인 지향성이 있다. 누구라도 환대하고, 넘어지며 손을 내밀고, 잘려나간 나무에 아파하고, 도움이 필요한 생명을 배려하는 암묵지로 내려오는 사회적 도덕이 그 증거이다.

파국적 상황이 다가옴을 실감하면서 재난에 적응하는 것도 재난을 돌파할 수 있는 대안도 지역과 돌봄으로만 가능하다는 것을 새삼 깨닫게 된다. 규모 7.2의 고베 대지진(1995) 당시* 정부가 미처 대응하지 못한 상황에서 고베 생협 조합원들이 먼저 물품을 공급하고 교통망이 끊긴 곳에 자전거로 구호물자를 배달했다. '정부 실패', '위험 불평등'이라는 이중의 실패

---

* 이 지진으로 약 6,434명이 목숨을 잃었고, 4만 명 이상의 부상자, 20만 명 이상의 이재민이 발생했다.

를 드러낸 채, 사망 실종자만 2,500명을 넘긴 카트리나 태풍이 뉴올리언즈를 덮쳤을 때, 위기 시스템의 견고성을 자랑하는 미국에서조차 재난기관리시스템이 작동하지 않았다. 재난 이후 회복의 원동력이 된 것은 사회연대와 시민성을 앞세운 지역주민 조직들이었다. 위급한 재난 상황에서 빛을 발한 시민참여 활동들이 지역에서 작동되는 돌봄 관계의 잠재성과 가능성을 보여주고 있다.

돌봄은 고립된 생명을 다시 연결하고 부족한 부분을 채워 순환하게 한다. 전환에 뒤따라올 새로운 문명도 바꾸고 싶은 사회도 여기서부터 탄생할 수 있다. 그러기 위해 여기, 가까이 지역에서부터 생명을 돌보며 살아가야 한다. 이때 비로소 작은 우주생명 인간이 큰 우주생명에 기대어 호혜적인 관계로 완전히 살아있음을 느낄 수 있다. 오늘도 지역에서 돌봄에 비스듬히 기대어 있을 때 생명의 향기를 더하고 생명의 약동이 고조(高調)하며 살아있음을 느낄 수 있다. 모두가 신과 같은 고마운 일이다.

8장 좋은 돌봄과 한살림

임채도

1. 보편적 돌봄에 대하여

우리는 누구나 돌봄이 필요한 존재이다. 동시에 우리는 항상 누군가를 돌보며 생활하고 있다. 가족의 일원으로서 자녀를 양육하고, 언제 닥쳐올지 모르는 위험에 대비해 돈을 저축하고, 건강을 유지하기 위해 노력한다. 어릴 때는 부모의 돌봄을 받다가 성년이 된 후에는 자녀를 돌보고, 늙어가면서 가족 혹은 주변 사람들의 부축을 받으며 여생을 보내다 죽어 간다. 사람 속에서 태어나서 사람과 더불어 살다, 병들고 죽어 가는 것이 인간의 삶이라 할 수 있다. 그렇게 삶의 모든 국면에서 돌봄은 하나의 목적이자 수단으로 우리 곁에 있다. 마치 공기처럼 익숙해 우리는 때때로 돌봄을 의식하지 않고 살아가지만, 들숨과 날숨처럼 돌봄은 언제나 타인으로부터 내 몸에 들어와 온몸을 경유해 다시 타인에게 전이된다.

우리는 누구나 행복을 원한다. 돌봄의 관점에서 보면, 행복은 돌봄이 필요할 때에 돌봄이 충족되는 삶이다. 돌봄이 결핍된 상태(care deficit)는 삶이 위기에 처했다는 징후다. 생로병사의 모든 순간, 돌봄이 필요할 때 '걱정과 배려'라는 이름의 돌봄이 제공되지 않는다면 우리의 생명활동은 금세 위기를 맞이한다. 과학과 의료 기술, 복지 제도의 발달로 인간 수명은 근대 이전에 비해 배로 늘어났다. 생활이 영위되는 공간도 교통수단의 발달로 인해 크게 확장되었다. 생활의 밀도 역시 소통 수단의 발달로 더 없이 촘촘해지고 있다. 이렇게 생활의 시간, 공간, 밀도가 길어지고 넓어 지고 짙어질수록 의도하지 않은 위험의 가능성도 많아지고 커지고 잦아 진다. 교통수단, 소통 수단의 발달이 지식과 정보를 퍼 나르지만 무관심 (carelessness), 편견, 갈등은 더 빠르게 늘어나고 있다. 의료기술의 발달로 심폐기능을 유지하고, 연장해 죽음을 미룰 수 있게 되었지만, 인간다운 행 복의 연장이라고 단언할 수는 없다. 사람들 사이에 접촉과 연결은 늘어났 지만 친밀감의 증대보다 외로움과 소외가 더 넓게 자리 잡고 있다.

돌봄은 총량이 정해진 종량제 봉투다. 개인이 줄 수 있고 받을 수 있는 돌봄의 기회와 자원은 한정되어 있다. 반면 우리가 원하는 행복과 피해야 할 위험은 무한정이다. 이 불일치 상황에서 우리의 고민은 시작된다.

누구에게나 '보편적 돌봄'이라는 희망이 있다. 『돌봄선언』이라는 책의 저자들은 보편적 돌봄이란 사람과 공동체, 그리고 이를 둘러싼 생태 등 모 든 종류의 돌봄에 대해 모두가 공동의 책임을 지는 것이라고 말한다.(더 케 어 컬렉티브, 2021) 신자유주의의 개인적, 개별적 돌봄의 한계를 공동체 윤 리로 돌파하고 사회적·정치적 실천으로 극복하자는 제안이다. 돌봄의 공공화(公共化)를 통해 상품화된 돌봄, 관료화된 돌봄의 사각지대를 없애 고, 대상을 가리지 않는(promiscuous), 차별 없는 돌봄을 실현하는 것이 목 표이다. 20세기의 복지국가는 '요람에서 무덤까지'라는 선언을 내걸고 인 간 삶의 기초적 필요를 국가가 책임진다는 약속을 했지만, 인종과 국적 차 별, 공급자 중심의 시혜주의, 돌봄의 관료화라는 부작용을 낳았다. 자본주 의 상품경제가 제공하는 유료화된 돌봄 서비스는 필요와 공급의 불일치, 돌봄의 불평등과 소외로 이어졌다. 신자유주의는 돌봄을 개인의 선택과 책임의 영역으로 축소하고 왜곡시켜 버렸다. 보편적 돌봄은 이와 같은 시장 돌봄의 실패, 국가 돌봄의 한계를 비판하고 돌봄에 관한 공동체의 책임 윤리를 강조한다. 그러나 '보편적 돌봄'이 윤리적 명령에 머물지 않고 실천적 테제가 되려면 돌봄의 공공화 전략이 뒷받침되어야 한다.

돌봄의 공공화는 우선, 돌봄을 사적 영역에서 공적 영역으로 개방하고 돌봄의 책임을 개인에서 사회로 이동하는 데서 시작한다. 전통적으로 자본은 돌봄을 노동력의 재생산 영역으로 구분하여 생산과정으로부터 분리시킴으로써, 이윤을 창출하는 노동시간 관리에 더욱 효율적으로 집중할 수 있었다. 노동력 재생산에 필수적인 돌봄은 오랫동안 가족 구성원의 애정에 기초한 헌신, 대가를 지불할 필요가 없는 사적 노동으로 인식되었다. 자본주의 발전이 심화되면서 돌봄은 한편으로 가족 이데올로기와 결합하고, 다른 한편으로 시장화의 길을 걷게 된다. 돌봄의 시장화는 돌봄을 상품화하여 가판대에 진열하고 지위와 소득에 따라 선택할 수 있게 만들었다. 돌봄의 시장화는 돌봄을 사회화했다는 측면에서 일면의 평가를 할 수 있지만 돌봄 노동을 저임금 노동으로 평가절하하고, 친밀감, 애착, 연민과 같은 돌봄의 공동체적 본성은 점차 사라지게 만들었다. 사회경제적 양극화가 진행될수록 돌봄이 필요한 계층들에게 돌봄의 손길이 미치지 못하는 돌봄의 결핍 상태도 늘어 가고 있다. 또 기후재난과 코로나19 팬데믹 사태는 돌봄이 더 이상 개인과 가족이라는 사적 영역에 머물 수 없음을 명확히 보여주었다. 시장을 집어삼키는 거대한 재난 앞에서 돌봄 불안으로부터 자유로운 사람은 아무도 없다는 것을 우리는 새삼 확인하고 있다.

돌봄의 공공화는 현실에서 다양한 돌봄 주체들의 협동을 조직하는 일이다. 국가와 시민사회, 시장이라는 주요 돌봄 행위자들이 같이 책임을 나누고 협동하는 돌봄 체계를 만드는 것이다. 국가와 시장이 지금까지, 그리고 앞으로도 가장 영향력이 큰 돌봄 행위자라는 현실은 부정할 수 없다.

그러나 시민사회의 돌봄 담론과 사회적 공론화 과정은 '좋은 돌봄'을 위해 꼭 필요한 요소들이다. 국가는 법적 강제력과 공식적 대표성, 강력한 실행 수단을 가지고 공(公)적 돌봄을 담당하는 역할을 해 왔다. 그러나 국가가 설정하는 돌봄의 공(公)적 기준은 평균주의와 표준화를 강화하고 돌봄을 국가재정 정책과 공급자 중심의 편의적 행정서비스로 머물게 한다.(조기 현, 홍종원, 2024:332) 또한 국가는 제도 밖 돌봄에 대해 무기력하고 높은 비 용과 관료주의 폐해, 인종과 국적 차별 등의 문제를 낳고 있다.

국가의 돌봄 정책이 민주적으로 결정되기 위해서는 돌봄에 관한 사회 적 숙의와 합의 과정이 필요하다. 우리나라도 2024년 2월 「의료 요양 등 지역돌봄의 통합지원에 관한 법률」안(약칭 돌봄통합지원법안)이 국회를 통 과했고 오는 2026년 3월 시행을 앞두고 있다.* 그러나 시민사회의 공론 영

---

* 이 법은 노쇠, 장애, 질병, 사고 등으로 일상생활 수행에 어려움을 겪는 사람이 살던 곳에서 계속하여 건강한 생활을 영위할 수 있도록 의료, 요양 등 돌봄 지원을 통합, 연 계하여 제공하겠다는 취지다.(제1조 목적) 이 법이 시행되면 국가, 지자체는 통합지 원 기본계획과 지역계획의 수립, 지원 대상자 신청과 발굴, 보건의료ㆍ건강관리 및 예방ㆍ장기요양ㆍ일상생활돌봄ㆍ가족과 보호자 등 지원 등 지역 기반의 통합 돌봄 사업을 추진할 수 있게 된다. 「의료 요양 등 지역 돌봄의 통합지원에 관한 법률」(법률 제20415호, 2024.3.26. 제정, 시행 2026.3.27.) 한편, 이 법에 따르면 국가와 지자체는 지역돌봄 통합지원 체계와 계획을 수립하고 지원해야 할 의무가 있는데, 「노인장기요 양보험법」 등 통합지원과 관련된 여러 법령과 제도 연계방안 마련, 통합지원 인프라 와 서비스 확충, 재정 마련, 전문인력 양성 등 해결해야 할 과제가 산적해 있다. 무엇 보다 큰 문제는 지역사회 통합 돌봄 지원에 관한 공론화가 활발하지 않다는 점이다. 지역사회의 돌봄 수요조사 등 근거 기반의 통합지원계획 수립, 지역 내 돌봄시설 등 인프라 설계, 제도 밖에서 돌봄 서비스 혜택을 받을 수 없는 사각지대 계층에 대한 대 책 등 지역통합 돌봄체계는 국가와 지자체에만 맡겨 둘 문제가 아니라 그야말로 지역 사회의 돌봄 역량을 모두 모아 추진되어야 한다. 일본 도쿄 인근 치바현의 경우, 중앙 정부와 지자체, 생협 등 지역의 다양한 자원을 네트워킹하고 주민 참여 활성화를 꾀 하고 있다. 지역통합 돌봄의 경우, 정부의 제도 시행 이전부터 지역사회를 기반으로

역이 활성화되지 않을 경우, 국가 돌봄의 장점은 파당적 이해관계에 따라 끊임없이 동요하고, 법률적 외피만을 쓴 채 공익성을 상실하고 만다. 한국뿐만 아니라 영국, 일본 등에서도 정부와 지방자치체 선거 결과에 따라 돌봄과 같은 공공정책이 파행과 후퇴를 경험하는 사례가 많다.* 그럴수록 아래로부터 민주적 숙의 과정, 돌봄이 지역사회와 탄탄하게 결합하는 과정이 필요하게 된다. 시민사회의 역할은 단지 돌봄에 관한 국가 책임을 강조하고 복지 재정을 확충하라는 요구에 머물지 않는다. 돌봄 친화적인 시민문화, 좋은 돌봄이 가능한 대안의 체계를 구상하고 실험하고 창조하는 역할, 나아가 돌봄이 '모두의 것(res publica)'이 되는 돌봄 공동체의 비전을 만들어 가는 것은 오로지 생활세계의 시민이 참여하는 과정에서 형성될 수 있다.

보편적 돌봄의 이상과 이를 실천하는 돌봄의 공공화 전략―돌봄과 돌봄 책임의 사회화, 다원적 돌봄 협동체계―은 요원한 미래라고 생각할 수도 있다.** 그러나 우리 주변에는 이미 이것을 고민하고 실천하고 있는 사

활동해 온 다양한 민간운동 네트워크가 참여하는 것이 제도의 시행착오와 사각지대를 줄이는데 큰 도움이 될 것이다.

* 유럽의 경우, 20세기 들어 국가사회보장제도가 일찍 자리를 잡았지만, 1980년대 이후 신자유주의의 흐름 아래 사회복지 공적 서비스가 후퇴하게 된다. 대중들은 '새로운 삶의 어려움'에 봉착했다. 새로운 삶의 어려움이란 신자유주의와 세계화 상황에서 복지국가가 해체, 재편됨으로써 공공복지서비스가 대폭 후퇴하면서 발생하는 장애인 등 당사자들이 직면한 주거 박탈 등 어려움을 말한다. 새로운 삶의 어려움에 대처하기 위해 영국과 이탈리아, 일본 등에서 소위 '새로운 협동조합운동'이 일어난다. 일본의 경우는 1960~70년대 일어난 공동구입운동을 기반으로 한 구매생협 외에 신자유주의에 대응해 일어난 새로운 협동조합들이다. 주로 복지, 교육, 고용 부문에서 생겨난 일본의 NPO법인, 워커즈콜렉티브 등을 말한다. 오카무라 노부히데, 충남발전연구원 역, 『생활협동조합과 커뮤니티-협동의 네트워크』, 한울, 2015.

** 2023년 〈중장년층 돌봄 실태 및 인식 조사〉(재단법인 돌봄과 미래) 결과에 따르면 가

람들이 있다. 코로나19 팬데믹 초기에 대구지역이 '감염병 특별관리지역'으로 결정되고 외부와의 연결이 끊어져 고립되자 기업, 지자체, 개인, 노조, 협동조합 등에서 다투어 마스크, 진단키트, 생필품을 지원했다. 대구지역 47개 시민사회단체는 '코로나19 사회경제 위기 대응 대구공동행동'을 조직하고 취약계층 돌봄, 돌봄과 의료 통합지원체계 구축, 학교 방역, 공공의료 확충 등 위기대응에 나섰다. 이들은 '시민이 최강의 백신'이라고 선언했다.(경북일보, 2020.6.10) 사회적 위험의 강도와 범위가 확대될수록 사람들은 서로 돌봄의 필요성을 본능적으로 느끼고 있다. 돌봄의 개인화를 넘어 돌봄의 사회화를 이루자는 목소리는 점차 많은 사람들의 공감을 얻고 있다.

우리나라 생협의 조합원 수는 현재 약 175만여 명에 이른다. 전체 공급액 규모도 1조 원대에 이르고 있다. 최근 한살림, 두레 등 큰 규모의 생협들에서 돌봄에 관한 논의가 활발하다. 한국 생협들은 전통적으로 물품사업을 기반으로 성장했지만 친환경, 탈핵 등 사회적 가치 지향이 뚜렷하고 연대와 공동체 활동을 강조해 왔다. 이들 생협은 우리 사회의 보편적 돌봄

족 돌봄 시 본인 또는 가족이 겪는 현실적 어려움으로 '돌봄으로 인한 노동, 여가시간이 부족한 것'(71.8%), '돌봄에 필요한 의료비, 간병비 등 경제적 부담'(69.3%), '돌봄을 제공하는 가족의 건강 약화나 심리적 소진'(65.8%) 등이 상위에 올랐다. 그 외에도 '국가 지원을 받을 수 있는 서비스에 대한 정보를 얻는 것'(63.0%), '믿고 맡길 수 있는 요양시설을 찾는 것'(62.1%), '돌봄을 제공할 사람을 구하는 것'(55.9%), '돌봄으로 인한 가족 간 갈등'(55.9%) 등도 많이 응답한 돌봄의 어려움이었다. 가족 내에서 돌봄이 필요한 사람이 생겼을 때 당장 일자리와 경제적 부담을 걱정해야 하고, 사회적 돌봄 지원은 정보 자체에 접근하기도 어렵고 믿고 맡길 수 있는 돌봄 시설이나 요양보호사도 구하기 힘들다는 응답 결과는 우리 사회가 여전히 좋은 돌봄과는 거리가 먼 상황에 놓여 있음을 보여준다. 이 열악한 돌봄 상황이 지속될 경우, 가족의 심리적 소진과 가족 간 갈등은 불을 보듯이 명확하다. 우리 사회 돌봄의 현주소가 이러하다.

과 돌봄의 공공화에 어떻게 기여할 수 있을까. 이 글은 한살림의 돌봄 운동 사례를 중심으로 돌봄 운동의 목표와 내용, 현단계의 실천과제와 극복의 방향을 살펴보고 돌봄의 공공화를 위한 함의를 탐색하고자 한다.

2. 좋은 돌봄이란 무엇인가

가장 일반적인 수준에서 돌봄이란 우리가 가능한 한 세상에서 잘 살 수 있도록 우리의 세상을 바로잡고 지속시키고 유지시키기 위해 우리가 하는 모든 것을 포함하는 종(種)의 활동으로 볼 수 있다.(트론토 2024:67) 우리가 살고 있는 세계는 우리의 몸, 자아, 그리고 환경을 포함하며 생명 유지의 그물망으로 엮을 수 있는 모든 것을 포함한다. 따라서 좀 더 나은 삶을 위한 돌봄은 행위의 윤리적 관계적 측면과 함께 경제적, 정치적 환경, 그리고 생명 일반의 논의로까지 확장된다. 한살림의 돌봄 운동 사례를 살펴보기 전에 먼저, 우리가 지향하고 꿈꾸는 돌봄이란 무엇인가에 관해 알아볼 필요가 있다. 개별 사례에 적용 가능하면서도 일정한 평가의 틀이 될 수 있는 '좋은 돌봄'의 모습은 생산적 논의에 도움을 준다.

'돌봄혁명'의 제안자 가브리엘레 빈커(Gabriele Winker) 교수는 기본소득의 도입, 유급 근무일을 단축하여 돌봄 노동과 창의적인 여가시간을 확보하고 사회기반시설 등 돌봄의 물질적 조건을 개선해야 한다고 주장한다.* 이와 비슷하게 『돌봄선언』(2021)은 신자유주의 이데올로기가 확산시

---

* 가브리엘레 빈커 교수와의 인터뷰.(이지은, 2022) '돌봄혁명'은 경제성장과 이윤극대화를 벗어나 인간의 필요를 사회 경제의 중심에 두는 민주사회를 지향한다. 이를 위해 인간의 필요를 중심으로 유급노동과 무급노동의 분할을 넘어, 일 전체를 스스로

키는 '자기돌봄', '가족돌봄', '시장돌봄'이 결국 타자에 대한 무관심을 일으키고 자기, 자기 가족 중심의 돌봄 관념을 강화하는데, 이는 그 자체로 불가능할뿐더러 극우 포퓰리즘의 온상이 된다고 비판한다. 난민, 이민자, 장애인 등 우리와 다른 사람들에 대한 혐오와 배제가 가능하게 되기 때문이다. 『돌봄선언』의 저자들은 돌봄에 대한 무관심을 버리고 오히려 돌봄을 중심으로 세상을 바라보는 것, 구체적으로 보편적 돌봄 모델을 통해 인간적이고 공동체적인 삶의 형태를 회복함으로써 돌봄의 시장화를 거부하고 복지국가의 강화, 초국가적인 생태적 연대와 세계시민주의를 강조하고 있다.(더 케어 콜렉티브, 2021)

트론토(2024)는 돌봄을 제공자-수혜자의 양자관계로 보지 않고 다양한 사회적 관계에 의해 결정되는 사회적, 정치적 영역으로 보고 있다. 돌봄을 사적 영역, 개인의 책임문제로 보는 것은 신화에 불과하며 신자유주의 이데올로기에 의해 돌봄의 사회적 성격이 은폐되고 있다는 것이다. 공적인 시각에서 돌봄을 보지 않게 되면 민주주의, 평등은 불가능해지고 누군가는 돌봄을 제대로 받지 못하는 불평등이 발생하게 된다. 공/사적 삶의 구분과 이에 근거한 '사적인 돌봄'이라는 접근법이 돌봄 결핍을 초래했기 때문에 돌봄이 더 민주적으로 이루어질 때 돌봄 결핍이 해결되고, 민주주의의 결핍도 해결될 수 있다는 것이다. 트론토가 말하는 '민주적 돌봄'은 돌봄 책임을 분담하고 민주적 시민이 이러한 돌봄의 책임을 분배하는 것에 참여할 수 있음을 의미한다. 그리고 그는 이 과정에서 시장과 국가 관료가 아니라 민주정치가 중심에 서야 함을 강조한다.

혹은 민주적으로 결정할 수 있는 정치적 연대 네트워크를 지역적으로, 또 초국가적으로 구성하고자 한다.

우에노 지즈코(2024)는 집단 돌봄이 아닌 개별 돌봄, 시설 돌봄이 아닌 재택 돌봄, 시설 내 다인실 돌봄이 아닌 개인실 돌봄을 하나의 기준으로 제시한다. 그리고 당사자의 개별성에 대응하는 돌봄, 니즈가 있는 당사자를 중시하는 돌봄이 좋은 돌봄이라고 한다. 또 그는 개인실, 재택이라는 것은 필요조건이기는 해도 충분조건은 아니며, 좋은 돌봄은 주는 쪽과 받는 쪽 모두 만족해야 성립한다고 강조한다. 특히, 우에노의 논의에서는 돌봄 인권에 관한 주장이 주목할 만하다. 그는 돌봄 인권을 네 가지 권리의 집합으로 설명한다.

① 돌봄을 할 권리
② 돌봄을 받을 권리
③ 돌봄을 하라고 강요당하지 않을 권리
④ 돌봄을 받으라고 강요당하지 않을 권리

돌봄을 할 권리는 친밀한 관계에서 타자를 직접 돌볼 권리를 말한다. 직장을 가진 육아 담당자의 경우, 자녀를 돌볼 기회나 시간을 확보하기 어렵다. 육아를 할 경우 노동시장에서 배제될 위험을 감수해야 한다. 이는 돌봄을 할 권리가 보장되지 않은 상태임을 보여준다. 또 가족 중 인지장애를 겪는 노인을 돌보기 위해 다른 가족구성원이 직장을 그만두어야 하는 상황은 돌봄 인권이 보장되는 않는 상황이라 할 수 있다. 돌봄을 할 권리는 돌봄을 할 경우에 그로 인한 불이익이 없을 때 안전하게 지켜질 수 있다.

돌봄을 하라고 강요당하지 않을 권리는 돌봄을 자유롭게 선택할 수 있어야 좋은 돌봄이라 할 수 있으며, 강요된 돌봄은 강제와 억압이 될 수 있다는 것이다. 가족 내에서 당연한 의무로 인식되는 돌봄의 의무도 당사자의 자유의사와 동의 없이 강요되어서는 안 된다. 가족 내 돌봄은 명백한 한계가 있으며 이를 사회적 돌봄으로 전환할 때 돌봄을 하라는 강요는 사라질 수 있다.

　돌봄을 받을 권리는 어린이, 고령자, 장애인 등 사회적 약자들의 사회적 권리를 말한다. 우리에게 비교적 익숙한 이들 사회적 권리들은 20세기 중반에 와서야 국제인권협약을 통해 보장되기 시작했다. 그러나 돌봄을 받을 권리는 여전히 선언적 규정에 머물고 있으며, 현재도 이 권리로부터 소외된 계층은 너무나 많다. 돌봄을 받을 권리는 국가의 책무를 강조하고 있지만, 이 또한 아래로부터의 참여와 민주화를 확대할 때 현실화될 수 있다.

　돌봄을 받으라고 강요당하지 않을 권리는 돌봄을 주는(하는) 사람들 중심의 사고방식에 대한 경고이다. 돌봄을 하는 입장에서는 자칫 자신의 돌봄 행위가 무조건 받는 쪽에게 도움이 되는 좋은 것이라고 생각하기 쉽다. 인공지능(AI)과 로봇을 이용해 돌봄의 기계화를 시도하는 경우가 많아지고 있는데 이는 공급자 중심의 시각을 대변한다. 이것의 한계는 명확하다. 대소변을 받아내는 일, 노인의 체중을 느끼면서 적당히 부축하는 단순한 행위를 로봇은 할 수 없다. 또 카메라 렌즈와 센서에 의해 24시간 관찰당하는 상황이 바람직한 돌봄 상황이라고 할 수는 없다. 성숙한 돌봄관계는 돌봄을 받는 쪽과 주는 쪽이 모두 서로를 거울처럼 인식할 때 비로소 가능하다.

　한편, 인간 행위에는 유기체로서의 인간과 지향성 그리고 역사적 시공간이라는 거시적, 미시적 상황 맥락이 항상 개입된다. 특히 특정 행위를 해석하고 평가하는 과정에서는 대상 행위가 이루어지는 맥락에 대한 이해가 매우 중요할 수밖에 없다. 같은 행위라도 관계나 상황에 따라 다르게 인식되고 해석될 수 있다. 먹는 행위가 인간에게 꼭 필요한 것이지만, 어떤 상황에서 이것은 고문이 될 수도 있다. 돌봄이라는 행위도 행위가 일어나는 사회적, 경제적, 역사적, 윤리적 구조로부터 자유로울 수 없다. 고대 그리스에서 돌봄은 노예들이 하는 노동으로 인식되기도 했다. 돌봄의 가치관과 인권 의식도 매우 중요하다. 상대방의 권리에 대한 존중과 배려가 없을 경우에는 돌봄은 또 다른 폭력이 될 수가 있기 때문이다. 좋은 돌봄의 조건은 오늘 우리가 처한 사회적, 역사적 상황과 돌봄 현장의 행위-가치지향적 요인들이 복합적으로 작용하고 있다.

돌봄에 관한 다양한 논의들에서 우리는 돌봄을 주는 쪽과 받는 쪽이 함께 만족하고, 돌봄 행위를 통해 서로가 성장하는 관계가 형성되며, 돌봄의 사회화, 민주화, 생태화를 실천할 때 좋은 돌봄이 실현될 수 있다는 것을 알 수 있다. 이상의 논의에 기초해서 좋은 돌봄의 조건을 정리하면 〈표 1〉과 같다.

〈표 1〉 좋은 돌봄의 조건들

범주	좋은 돌봄의 조건들
행위적 측면	돌봄 인권의 보장
	호혜와 연대에 기초한 공동체 돌봄 (시민적 참여 의무)
	인간·비인간 존재들에 대한 차별 없는 존중과 돌봄 (보편적 돌봄)
정책적 측면	돌봄의 사회화 - 집단적으로 소유하고 사회화된 돌봄 공공재 확대, 돌봄 노동에 대한 정당한 가치 평가와 보상
	돌봄의 민주화 - 사회적 인정, 정의로운 분배, 정치적 대표
가치 지향적 측면	돌봄의 생태화 - 연대에 기반한 사회. 탈성장, 생태적 돌봄 사회

3. 한살림 돌봄

'한살림선언'과 돌봄

한살림이 돌봄하는 이유는 한살림운동의 근본 지향과 돌봄의 사회적 요구가 연결되어 있기 때문이다. 한살림운동의 기본 시각과 세계관을 설명하고 있는 『한살림선언』(1989)은 모든 생명은 전체의 일부분인 동시에 부분들이 통합된 전체라는 전일적 구조를 갖고 있으며, 전체로서의 독립성과 개체로서의 의존성을 동시에 갖고 있다고 밝히고 있다. 이에 따르면 모든 인간, 모든 생물, 심지어 무기물까지도 하나의 우주적 그물 속에 서로 연결되어 협동하며 공진화하는 생명이다. 인간은 우주 생명나무의 일원으로서 가지, 잎, 뿌리와 더불어 공생하고 공진화하고 있다. 또 인간은 자연을 떠나서 살아갈 수 없듯이 사회를 떠나서 살 수가 없다. 인간은 공동체 안에서 태어나고 그 안에서 살아간다. 그러나 산업사회에서 인간은 자연과의 생태적 균형을 잃고 있을 뿐만 아니라 인간과 인간 사이에 참다운 공동체성을 상실하고 있다.

한살림운동은 이와 같은 생명, 자연, 사회에 대한 각성에 기반해 공동체 속에서 이웃과 협동하면서 생태계와 균형을 이루고 조화로운 생활을 추구한다. 그리고 반생태적, 반공동체적인 정치권력, 기술관료, 자본에 대한 사회적 저항을 선언한다. 인간은 누구나 성스러운 생명의 씨앗을 품고 있는 존재이기 때문에 서로 모시고, 살리는 관계를 만들어야 하는 윤리적 책임이 있기 때문이다. 이러한 한살림의 철학, 세계관은 자기와 이웃이 협동하는 돌봄 공동체의 정신적 기반이 되고, 돌봄 정의와 생태적 돌봄을 실현하는 사회적 실천의 출발점이 된다.

한살림 돌봄의 지향

『한살림선언』의 철학은 2020년경 한살림 돌봄 활동가들이 결의한 〈한살림 돌봄의 지향〉으로 이어지고 있다.

〈한살림 돌봄의 지향〉

1. 모심의 돌봄 : 한살림의 돌봄은 생명의 존귀함으로부터 시작합니다. 한 사람 한 사람의 거룩한 생명을 생활 속에서 온전히 구현할 수 있게 하는 '모심의 돌봄'입니다.

2. 소통의 돌봄 : 한살림의 돌봄은 돌봄을 제공하는 이와 받는 이가 관계를 통해 자립을 도모합니다. 서로의 삶을 이해하고 지지하면서 함께 행복한 '소통의 돌봄'입니다.

3. 나눔의 돌봄 : 한살림의 돌봄은 조합의 울타리를 넘어 지역에 뿌리를 내려 이웃을 돌아보고 연대하는 돌봄입니다. 지역공동체의 구성원으로 더불어 사는 '나눔의 돌봄'입니다.

4. 생애의 돌봄 : 한살림의 돌봄은 태어나면서부터 죽기까지 삶의 전 영역을 보살피는 돌봄입니다. 건강한 성장과 평화로운 죽음을 누릴 수 있게 하는 '생애의 돌봄'입니다.

5. 순환의 돌봄 : 한살림의 돌봄은 지구 생태계의 일원으로서 책임을 다하는 돌봄입니다. 인간 때문에 상처받은 땅을 치유하고 끊어진 생태의 고리를 잇는 '순환의 돌봄'입니다.

이 '지향문'은 한살림 돌봄 활동가들의 활동 방향과 비전에 관한 고민이 녹아 있다. 모심, 소통, 나눔, 생애, 순환이라는 5개 돌봄 키워드는 한살림운동이 담아내고자 하는 생명성, 관계성, 지역성, 순환성이라는 운동 속성과 다시 결합하여 설명할 수 있다.

돌봄의 생명성은 생명을 유지하고 살아가기 위해 이루어지는 필수적인 활동, 즉 생활(生活)로서의 돌봄, 생명 돌봄을 말한다. 생명 돌봄은 의식주 등 생존과 직결된 일상 활동뿐만 아니라 생명활동과 연계된 이웃 생명체와 모든 만물을 소중히 여기고 돌보는 마음가짐과 실천 기준을 제시한다. 이 생명 없이 저 생명이 존재할 수 없고 생명의 활동은 저마다 가치와 의미를 지니고 있다. 생명이 겉으로 드러내는 모습은 활동성이고 그 안을 들여다보면 순환의 체계를 이루고 있다. 생명 전체를 보면 다양성과 관계성을 볼 수 있고, 생명 개체를 보면 발생과 대사, 죽음과 분해의 흐름을 알 수 있다. 생명의 돌봄은 이러한 생명의 본성(자기 근원)에 대한 자각에서 출발한다. 그러해야만 평등하고 협동적이며 생태적인 돌봄 운동이 가능하기 때문이다.

돌봄의 관계성은 생명들 간의 상호작용과 협응을 말한다. 돌봄은 주고받는 관계를 전제하거니와 관계가 돌봄을 낳고, 돌봄은 다시 관계를 창조한다. 돌봄 관계는 호혜와 평등을 지향하지만 이것이 절대적 균형과 균등을 의미하지는 않는다. 돌봄의 관계는 물리적으로 측정과 계산이 불가능하다. 희생과 헌신, 양보와 배려가 없다면 평등과 호혜는 더욱 멀어진다. 우리가 행복하다는 것은 어떤 무언가에 대해 행복하다는 일정한 '지향성(intentionality)'이 내포되어 있다.(멜리사 그레그 & 그레고리 시그워스, 2016:56) 위 '지향문의 지향'을 다르게 표현하자면, 모심, 소통, 나눔, 생애, 순환의 돌봄을 통해 우리는 행복하다, 행복할 수 있다는 것이다. 돌봄의 관계(=행복)는 의무와 필연, 계산된 선택과 그 결과가 아니라 우연한 마주침과 그 사건에 대한 해석(의미 부여)에 달려 있다. 돌봄을 주고받는 관계는 그 마주침에서 서로 행복하다고 말할 수 있어야 한다.*

　돌봄의 생명성, 관계성이 한살림 돌봄의 인식과 논리라면, 지역성과 순환성은 한살림 돌봄의 실천론에 해당한다. 우선 돌봄의 지역성은 한살림 지역살림운동의 의미와 다르지 않다. 지역은 만남과 소통, 치유와 돌봄, 자립과 자치를 통해 생산과 소비, 여가와 생활이 총체적으로 이루어지는 삶의 터전이며, 살림운동의 현장이자 무대이다.(모심과살림연구소, 2011:20) 지역살림은 한살림의 생명운동과 협동운동을 지역사회에서 구체화하는 운동이라 할 수 있다. 따라서 지역 돌봄은 돌봄이 이루어지는 현장의 특이성을 반영해야 하고, 지역사회를 하나의 활동대상으로 한다는 점에서 지역내 다양한 주체들의 협업이 필요하다. 한살림 돌봄은 지역의 인구구성, 사회문화, 경제, 정치적 특성을 반영함으로써 돌봄운동 형태와 수준의 다양성을 확장하고, 지역사회 내 돌봄 이해관계자들의 공동 네트워트 구축을 위해 능동적 역할을 담당해야 한다.

　끝으로 돌봄의 순환성은 돌봄을 주는 쪽과 받는 쪽의 양방향 순환성이기도 하고 한살림과 사회 간의 되먹임관계이기도 하다. 모든 생명이 서로

---

* 　사라 아메드(Sara Ahmed)는 행복은 정동(행복하다는 것은 무언가에 의해 정동되는 be affected 것), 지향성(행복하다는 것은 무언가에 대해 행복하다는 것), 평가나 판단(행복하다는 것은 무언가를 좋은 것으로 만드는 것)과 연루되어 있다고 한다. 그에 따르면 행복은 선택에 따른 결과물이 아니라 우연한 발생, 혹은 가능성이다. 행복이라는 말도 18세기 이래 근대사회에서 형성된 것이다. 우리가 숭배하고 갈구하는 행복은 동시에 누군가를 불행으로 범주화할 수 있다. 흑인, 퀴어에 대해 불행하다고 생각하는 편향된 인식이 실제 그들을 불행한 사람으로 낙인할 수 있다. 멜리사 그레그, 그레고리 시그워스, 최성희 김지영 박혜정 역(2016),『정동이론』, 갈무리. 이러한 사라 아메드의 주장은 돌봄을 하는 '좋은 감정'과 돌봄을 받는 '나쁜 감정(불편한 감정)' 사이의 현실적인 간극을 냉정하게 직시할 것을 우리에게 요구한다. 그런 의미에서 모심, 소통, 나눔, 생애, 순환의 돌봄을 그 자체로 절대적이며 궁극적인 선(善)으로 판단하기보다는 그 속에 담긴 사회적 관계성과 순환성의 의미를 함께 이해하는 것이 매우 중요하다.

의존하면서 내어주고 품어 안는 관계이듯이 모든 사람은 서로 돌봄의 대상이자 주체가 될 수 있다. 지금까지 한살림이 물품을 매개로 쌓아온 사회적 신뢰 자본은 한살림 돌봄을 더욱 풍부하게 만드는 자양분이다. 한살림은 창립 때부터 사회를 향한 걸음을 쉬지 않았다. 병들고 아픈 사회를 되살리는 생명협동운동이 한살림운동이었다. 농약을 사용하지 않은 쌀, 채소를 먹고 우리끼리 건강해지자는 것이 목표가 아니라, 화학비료와 농약이 없는 세상을 만들어 다 같이 행복한 사회를 만드는 일이 한살림의 사명이었다. 마찬가지로 우리 사회가 없었다면 지금의 한살림도 없다고 할 수 있다. 시민들이 한살림의 노력에 대해 긍정과 신뢰를 보내지 않았다면 한살림은 이만큼 성장할 수 없었다. 따라서 한살림 돌봄 활동은 한살림 조합원만의 자조 활동에 그치지 않는다. 생활이 멈춘 곳에서 돌봄이 시작되는 것이 아니라 모든 생활의 시작부터 끝까지 돌봄이 있다. 돌봄 영역뿐만 아니라 에너지, 환경, 교육 등 다양한 분야에서 한살림의 사회적 가치, 역할, 책임은 한살림과 사회를 함께 성숙시켜 나갈 것이다.

한살림 돌봄운동의 전개

한살림이 급성장하던 2000년대 초반부터 돌봄 의제는 한살림 내부에서 꾸준히 논의되어 왔다. 일본 생협과의 인적 교류를 통해 돌봄 학습과 실천 모색도 진행되었다. 돌봄 운동을 한살림의 전국 의제로 다루기 시작한 것은 2016~2017년 한살림 창립 30주년 새로운 비전 "세상의 밥이 되는 한살림"을 제안할 즈음이었다. 〈한살림 30년 비전 제안보고서〉(2017)는 한살림이 익숙하게 다루어 온 먹거리 영역 외에 돌봄, 교육, 공제 등 새로운 실천 영역들을 발굴하고 확장하는 노력을 기울이고, 돌봄 영역에서 생애 주기

별 맞춤형 프로그램 개발, 지역 커뮤니티의 돌봄 공간 마련 등을 실천과제로 제안했다. 먹거리를 중심으로 한 지역사회 돌봄 활동은 한살림의 지역살림운동의 주요 활동 내용으로 당시 한살림서울, 한살림고양파주 등 몇몇 지역 생협에서 실행되고 있었다.

한살림서울의 경우 조합원 학습회, 일본 생협 연수 등을 거쳐 2013년 돌봄사업 추진을 확정했다. 이후 아이 방문 돌봄, 어르신 방문 돌봄, 생활돌봄 사업, 지역아동센터 운영, 국공립어린이집 수탁 등을 통해 경험을 축적하고 2020년 〈한살림서울 돌봄 사회적협동조합〉을 창립하였다. 한살림고양파주는 2019년부터 '1000원 돌봄기금'을 조성하여 취약계층 독거노인 도시락 · 과일꾸러미 지원, 임산부 돌봄, 지역아동센터 지원 등을 추진하였고, 2024년 1월 〈한살림고양파주 돌봄 사회적협동조합〉을 설립했다. 한살림성남용인도 '돌봄기금' 적립을 통해 기본 자금을 준비하고, 2018년부터 아이 방문 돌봄 사업을 전개하면서 2024년 6월 〈한살림성남용인 돌봄 사회적협동조합〉을 설립하였다. 한살림제주에서는 2015년 돌봄 사업계획을 총회에서 승인하고 2020년에는 돌봄 운동을 추진할 '모심회'를 창립하여 각종 돌봄 활동을 추진하고 별도의 '의료복지 사회적협동조합'을 준비하고 있다.

한편 도시 소비자생협 중심의 돌봄 활동과 함께, 한살림의 대표적 생산지인 충남 아산지역에서는 생산자와 소비자가 공동으로 지역 돌봄 사업을 추진하고 있다. 한살림의 '아산형 돌봄 모델'로 일컬어지는 이 사업은 지역사회를 농업과 에너지, 돌봄의 통합적 순환체계로 만들어가는 비전을 가지고 있다. 이는 지금까지 분산, 개별적으로 진행되어 온 농업과 에너지, 돌봄 문제를 지역 주민의 삶의 질 향상을 중심에 놓고 통합적 관점에서 해결해 나가려는 시도이다. 핵심 개념은 지역 커뮤니티 내 아동, 청년, 노년, 장년 등 다양한 세대가 함께 참여하고 협동의 주체가 되어 농업 생산과 에너지, 돌봄 등 생활의 필요를 중심으로 친환경 생산과 유통, 재생에너지 발전, 통합 돌봄, 주거, 교육, 일자리 등 공동 사업을 펼쳐나가는 것이다. 친환경 농업생산과 로컬푸드 소비 유통망을 연계한 지속가능한 생산-소비 순환체계, 주민소득형 태양광 발전 운영으로 소득과 일자리 창출, 귀농 귀촌 세대 지원, 고령 농민 통합 돌봄 시설 운영, 마을 공동체문화 형성 등이 구체적 사업목표가 된다.

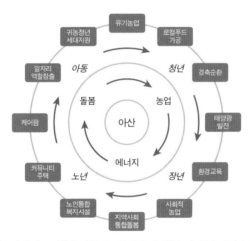

〈다세대가 어우러져 서로 역할을 발휘하는 한살림 아산형 농업-돌봄-에너지 순환마을 모델〉

한살림연합회에서도 2020년부터 돌봄 활동을 본격화했다. 지역의 다양한 돌봄 활동가, 실무자들이 모여 '돌봄회의'를 조직했고, 여기서 한살림 돌봄의 지향과 비전을 수립했다. '돌봄학교'를 운영하며 돌봄 운동의 주체

---

* 백선미, 「생산자와 소비자가 함께 그려가는 아산지역 통합 돌봄」, 한살림 돌봄학교, 『한살림 돌봄프로젝트 어디까지 왔나』, 2024.8.30.

를 양성하는 한편, 돌봄 전문 실무부서를 두고 30개 지역 한살림생협 조직들의 돌봄 활동과 법인 설립을 지원하고 있다. 괴산, 아산 등 한살림 주요 생산지에서도 지역사회 통합 돌봄 모델을 구상해 나가면서 돌봄 활동조직과 돌봄 시설에 대한 논의를 전개하고 있다.(윤형근, 2024)*

한살림 지역 돌봄운동의 현황

앞서 언급했듯이 한살림의 미션 가운데 '지역살림'은 한살림의 전통적인 물품사업을 뛰어넘어 한살림과 지역사회의 다양한 연계 활동을 촉진하고 있는데, 대표적인 활동 영역이 먹거리 운동과 지역사회 돌봄 활동이다.(한살림연합, 2024)

우선, 먹거리 운동 분야의 경우, 공동체부엌, 한고랑나눔, 생소하나, 지

---

* 한살림연합회와 지역생협 조직, 생산자조직 사이의 적절한 역할 분담도 필요할 것이다. 우선 지역을 중심으로 보면 첫째, 한살림 지역조직들은 저마다 운동 역사, 규모, 활동범위가 상이하다. 조합원들의 공통된 필요나 생활영역을 중심으로 돌봄의 의미를 이해하고 생활 속 실천과제들을 찾아보는 데서 첫걸음을 뗄 수 있다. 한살림 1차 농산물과 물품을 생산하는 생산자들의 생활과 건강이 주제가 될 수도 있고, 지역 내 소외된 계층을 위한 먹거리 나눔도 훌륭한 지역 돌봄 활동이 될 수 있다. 둘째, 마을모임과 소모임 등 한살림 기초조직의 다양한 활동 주제(옷되살림, 장 만들기, 독서토론, 요리, 자원순환, GMO, 탈핵 등)에 돌봄 활동을 결합해 나갈 수도 있다. 지역 돌봄에 관한 관심을 모을 수 있는 우리 마을 돌봄지도 그리기(돌봄 시설 등), 돌봄기금 참여하기, 돌봄 학습모임, 육아정보 나누기 등 새로운 모임도 가능할 것이다. 셋째, 지역살림은 한살림에 기반하되 한살림을 넘어서는 기획과 운동이 필요하다. 특히 돌봄 운동은 거창한 목표보다는 소박하고 진정성을 담을 수 있는 방식과 경로를 찾는 것이 중요하다. 조합원 자주모임의 만남(점)에서부터 이웃과의 나눔(선), 그리고 지역사회의 건강한 돌봄 네트워크(면)로까지 이어지는 지역 돌봄의 중장기 실천계획을 수립하는 것도 도움이 될 것이다. 30여 년간 지역한살림이 배출한 전직 임원과 실무자들은 중요한 배경 역량이 될 수 있다.

역네트워크 등 네 가지 유형으로 진행되고 있다. 첫째, '공동체부엌형'의 경우, 먹거리 취약계층 반찬 나눔, 식생활교육, 지역공동체 공동식사 등 공동체부엌이라는 거점공간을 활용해 먹거리공동체를 만들어 가는 활동이다. 둘째, '한고랑나눔형'의 경우, 한살림 생산자들이 경작하는 밭의 '한고랑'을 도시지역 취약계층 지원을 위해 기부하는 활동인데, 도시 소비자 조합원들은 한고랑나눔 물품으로 먹거리 돌봄 활동을 펼치고 있다. 도시 조합원들은 '한고랑나눔'의 배경과 뜻을 알리는 홍보활동을 통해 한살림 생산자들의 뜻을 전달하고, 우리 농업의 중요성을 지역사회에 전파하고 있다. 셋째, '생소하나형'의 경우, 먹거리 돌봄의 참여자들과 함께 산지를 방문, 농사체험이나 간담회 방식으로 생산자와 관계를 맺도록 하며, 먹거리와 농업에 대한 이해를 돕고 공동체 의식도 쌓는다. 이는 생산자와 소비자가 함께 하는 한살림운동의 특징을 잘 드러내는 먹거리 돌봄 활동이라 할 수 있다. 넷째, '네트워크형'의 경우, 지역사회 시민사회 단체들과 함께 먹거리 정책·이슈 등에 공동 대응하면서 시민사회의 힘을 만들어가는 한편, 지역사회 먹거리 관계망을 만드는 활동이다.

이러한 한살림 먹거리 활동을 직접적으로 담당하는 단위는 '식생활 활동가'들인데, 한살림의 전국 식생활 활동가 규모는 2023년 기준 150여 명이다. 대표적인 먹거리 활동으로는 학교 밖 청소년 요리교실과 생산지 방문 활동(한살림서서울), 청소년·독거노인·장애인 대상 시민캠페인과 도시텃밭 활동과 요리교실, 먹거리 나눔 활동(한살림경기남부), 학교급식 발전을 위한 지역사회 공동대응 활동, 먹거리 안전 교육과 먹거리 나눔 활동(한살림수원), 청소년 쉼터 요리교실 '청년독립밥상', 친환경 먹거리 교육, 식량주권 교육(한살림경남), 아동 및 학부모 대상 식생활교육과 요리실습(한살림부산) 등이 있다.

다음으로 지역사회 돌봄 활동은 먹거리를 매개로 지역사회 공동체를 복원하며, '세상의 밥이 되는 한살림'이라는 조직 지향을 실천하는 활동이다. 지역 먹거리 취약계층을 돕는 먹거리 돌봄 과정에서 형성된 다양한 관계망은 한살림 돌봄운동의 지역적 토대를 만들어가는 중요한 디딤돌이되고 있다. 앞서 먹거리 운동이 한살림의 먹거리 나눔 운동에 방점이 있다면, 지역사회 돌봄 활동은 한살림을 넘어 지역 돌봄운동의 성격에 한층 다가서 있다. 일부 중첩되는 부분이 있으나, 둘 다 한살림 지역 돌봄운동의범주 내에 있다고 할 수 있다.

2023년의 경우, 전국 12곳 지역 한살림조직의 13개 조합원 모임에서 총91회의 지역사회 돌봄 활동을 진행했다. 지역사회 돌봄의 참여 대상은 지역아동센터, 경계선 지능 아동, 장애아동, 그룹홈, 독거노인 등 지역사회의 다양한 돌봄 취약계층이다. 활동 유형은 요리교실, 공유냉장고, 반찬나눔, 비폭력 대화 놀이 프로그램 개발 및 운영, 집수리 지원, 생산지 방문등이 있다. 또 돌봄 활동가들의 역량을 강화하기 위해 조합원 돌봄 강좌및 조합원 돌봄 의식조사, 생산자 돌봄 수요조사, 돌봄사업 네트워킹, 자원봉사 기본교육, 모금역량교육 등 다양한 활동을 전개한다.

대표적인 활동으로는 지역아동센터 식생활 교육과 실습(한살림경인), 보호 종료 아동 식생활 지원(한살림경기남부), 조합원 돌봄 의식조사(한살림대전), 그룹홈 아동 교육(한살림울산), 지역사회 돌봄조사(한살림천안아산), 경계선지능 아동 공감프로그램(한살림춘천), 퇴소한 자립준비 청년 지원(한살림부산), 장애아동과 부모 요리교실(한살림경남), 여성 그룹홈 요리교실, 공유냉장고(한살림수원), 주거돌봄(한살림원주) 활동 등이 있다.

한살림 돌봄운동의 의미

약 40년 전 한살림운동의 출발은 시대와 사회에 대한 통찰에서 비롯되었다. 일반적인 협동조합처럼 시민(조합원)들의 생활상의 필요와 욕구를 기반으로 해서 조직되는 방식이 아니라 한살림은 처음부터 생명운동의 가치를 강조하고 사회적 지향성을 명확히 표방했다. 1986년 서울 제기동에서 '한살림농산'이 문을 열기 전, 1970년대 후반부터 장일순, 박재일, 김지하 등 한살림의 정초 세대는 경제적 분배문제나 반독재 반정부운동의 한계를 인식하고 시대의 근본문제가 생명을 가벼이 여기고 도외시하는 근대의 기계적 세계관과 산업문명체제에 있음을 인식했다. 그리고 이 '죽임의 문명체제'를 극복하기 위하여 생명에 관한 각성과 새로운 생활양식의 실천이라는 과제를 제시했다.

그로부터 약 40년이 흐른 지금 한살림은 생협운동, 친환경유기농업운동, 생태적 사회실천운동으로 특징지어지고 있다. 90만 조합원, 2천3백여 친환경생산자를 중심으로 한살림은 단순한 소비자운동이나 고립적 농민운동을 넘어 생산자와 소비자, 농촌과 도시, 자연과 인간은 하나라는 원칙을 실천해 나가고 있다. 그러나 한편으로 유기농과 직거래를 기반으로 한 한살림만의 차별성은 희석되고, 규모와 복잡성이 커진 사업과 조직을 제도와 시스템을 통해 관리·운영해 오는 과정에서 협동운동으로서 활력과 관계성이 약해지고 있다는 진단이 한살림 안팎에서 나오고 있다.(정규호, 2022:25)

이와 같은 현재 운동조건에서 한살림 돌봄운동은 세 가지 측면에서 그 의미를 강조할 수 있다. 첫째, 생명성, 관계성, 지역성, 순환성이라는 돌봄 본연의 특성들은 한살림의 세계관과 생명협동운동이라는 정체성, 새로운 생활양식의 실천이라는 실천과제들과 잘 결합할 수 있는 선택적 친화력(selective affinity)이 있음을 확인했다. 단지 새로운 사업 유형으로서 돌봄이 아니라 한살림운동의 정체성이 자연스럽게 돌봄의 시대적 사회적 요청과 접점을 만들고 있는 것이다. 돌봄을 기반으로 한 사회로 나아가는데 한살림의 새로운 역할이 분명해지고 있다고 할 수 있다. 둘째, 한살림 돌봄운동은 한살림의 운동과 조직의 혁신 과정에 기여할 수 있을 것으로 보인다. 그동안 한살림이 생산과 소비 영역에서 생활공동체와 생산공동체를 만들고 밥상살림운동과 지역순환농업운동을 펼쳐 왔지만 한살림 생명협동운동의 상징적 활동 공간이자 실현태로서의 모델은 부족하다는 지적이 있었다.(정규호, 2022) 한살림 돌봄은 한살림이 지향해 온 대안적인 생산-소유-생활양식과 노동-학습-생활이 유기적으로 어우러지는 대안적 사회 실천 모델로 자리 잡을 수 있다.(한살림 아산형 돌봄모델) 셋째, 생명위기 시대의 돌봄 결핍을 한살림이 모두 해결한다고 말할 수는 없다. 그러나 우리 사회 돌봄의 발전방향과 미래 모습을 상상할 때 한살림 돌봄은 지역사회를 기반으로 하는 돌봄의 공공화를 위한 하나의 본보기가 될 가능성이 있다. 이때 한살림 돌봄의 공공화 전략은 민간의 돌봄, 요양기관들 중 하나를 보태는 것이 아니라 한살림 돌봄을 우리 사회가 지향해나갈 좋은 돌봄의 기준과 전범(paragon)으로 가꾸어 가는 것이어야 할 것이다.

4. 남은 과제들

한살림은 좋은 돌봄 운동을 지속할 수 있을까? 우선 한살림이 가지고 있는 약 40년간의 물품공급 사업의 경험과 축적된 자산은 돌봄 운동의 물적 토대를 갖추는 데 도움이 될 것이다. 또한 앞서 살펴본 대로 한살림운동의 가치지향성과 조합원 활동조직은 돌봄 운동의 인적 기반과 활동성을 갖추는 데 큰 이점이다. 그리고 한살림이 그동안 일군 사회적 신뢰 자본은 돌봄 운동의 전개에 유리한 배경이다.(석재은, 2020)

실제 조유성의 연구(2020) 결과에 의하면, 한살림 돌봄 제공자로 참여한 사람들은 자유로운 시간 활용이나 개인적 육아 경험 외에 이웃을 돕고자 하는 동기, 본인이 추구하는 가치와 한살림이 추구하는 가치가 동일하다고 느끼는 점, 한살림 돌봄이 수익을 창출하는 목적보다는 생활의 필요를 조합원 협동으로 해결하는 행위로 인식하고 있는 점, 돌봄 제공 과정에서 비슷한 가치관을 공유하는 동료들과의 교류, 성장 기대 등 사회 일반의 돌봄 서비스 참여 경험과는 확실히 다른 인식과 경험을 하고 있는 것으로 나타났다.

그러나 한살림 돌봄 운동은 아직 출발선상에 있고 좋은 돌봄이 되기 위한 여러 가지 해결 과제를 안고 있다.

첫째, 돌봄운동과 사업에 관한 긴 호흡이 중요하다. 흔히 협동조합은 결사체와 사업체의 통일체라고 하는데, 한살림 역시 운동과 사업, 두 영역을 생명의 관점에서 펼쳐가는 종합운동이라 할 수 있다. 한살림 돌봄운동은 2016년경부터 수도권 일부 지역생협 내에서 사업으로 구체화되기 시작했고 본격적인 사업체는 2021년(한살림돌봄 사회적협동조합)경부터 출범했다. 전체 30개의 지역조직 가운데 돌봄사업체를 조직한 사례는 1/10정도에 불과하고 최근 수도권에서 지방으로 확산되면서 3~5개 지역조직이 준비단계에 있다고 할 수 있는 실정이다.* 전체적으로 보면, 아직 돌봄운동과 사

---

* 물론 '돌봄 사회적협동조합'과 같은 전문 돌봄사업체를 갖추어야만 돌봄운동이 본격

업에 관한 경험을 축적하는 태동 단계에 있다. 이 단계에서는 구체적 비전과 냉정한 현실인식이 동시에 필요하다. 우선 돌봄운동의 주체들이 국가 돌봄, 시장 돌봄과 구별되는 한살림 돌봄의 가치와 역할을 명료하게 인식하는 것이 중요하다. 한살림 돌봄의 차별성은 한살림이 돌봄하는 이유이다. 국가 돌봄의 행정 관료주의, 시장 돌봄의 불평등에 대칭되는 돌봄의 공공성 실현은 한살림 돌봄이 가야할 좌표다. 이를 위해서는 장기적 관점에서 한살림 돌봄의 인적, 조직적 역량을 구축해가야 한다. 돌봄운동의 지속가능성은 핵심 돌봄활동가들의 양과 질에 달려있다.* 초기 단계에서는 소수의 핵심 인적 역량에 의지하다가 돌봄사업 전체가 부침을 겪을 위험도 있다. 생협내 돌봄 전문 실무자를 훈련, 육성하여 돌봄 실무역량을 더 두텁게 형성해야 현장의 문제에 잘 대처할 수 있다. 또 30~40대 돌봄활동가들을 적극 육성하여 5년 후, 10년 후의 한살림 돌봄운동 주체들을 지금부터 준비해야 한다.

둘째, 조합원들과 함께 돌봄을 준비하고 실천해야 한다. 2022년 〈전국한살림 조합원 의식조사〉 결과에 의하면, 전업주부 조합원 비율이 41.9%로 4년 전(50.3%)에 비해 큰 폭으로 줄어들었다. 전업주부를 제외한 경제

화된다는 의미는 아니다. 이는 단지 필요조건이지 충분조건은 아니다. 한살림 전문 돌봄사업체를 조직하지 않더라도, 지역사회 먹거리 돌봄운동 자체만으로 이미 훌륭한 돌봄운동이라 할 수 있다. 전문 돌봄사업체는 지역 돌봄운동의 발전단계에서 자연스럽게 합의되어야 할 문제이지 그 자체가 목적이 될 수는 없을 것이다.

* 돌봄 노동의 질이 결국 돌봄의 질을 결정하게 된다는 점에서 돌봄 활동가들의 전문성 강화와 이들에 대한 정서적 지지가 중요하다. 또 돌봄 노동의 보호와 인권 보장에 관하여 지속적인 주의가 필요하다. 돌봄을 제공하는 활동가들의 역할이 중요한 만큼 전문성 강화를 위한 교육·연수 프로그램, 합리적 보상 체계, 돌봄 현장에서 일어날 수 있는 인권 침해 예방책 마련, 돌봄 운동의 구성원으로서 의사 존중과 운영 참여 등이 이루어져야 한다.

활동 참여 형태를 모두 합하면 58.1%로 2022년 사회일반 여성의 경제활동 참가율(54.2%)보다 한살림 조합원들의 경제활동 참가율이 높다. 조합원 연령대를 보면, 30대~40대 조합원 전체 구성 비율이 66.21%(2014) → 60.1%(2018) → 51.49%(2022)로 감소폭이 가파르다. 반면, 50~60대 조합원 구성 비율은 32.5%(2014) → 35.0%(2018) → 42.19%(2022)로 빠르게 증가하고 있다.

사회일반의 인구구조, 사회 상황이 한살림 조합원 구성에도 반영되고 있는 것이다. 50, 60대 한살림 조합원들은 한살림 가치에 대한 강한 동의와 신뢰, 적극적인 물품 이용과 활동 참여로 조합원 연령층 중에서 가장 활력있는 층위를 이루고 있다. 향후 몇 년 뒤 노후 돌봄은 자연스럽게 한살림 조합원들의 필요와 욕구로 등장할 가능성이 높다. 물론 여전히 높은 조합원 구성비율을 차지하는 30, 40대 조합원들의 아이 돌봄 역시 요구도가 높다. 위 한살림 조합원 의식조사에서도 83.1%의 응답 조합원들이 한살림 돌봄의 필요성에 대해 공감하고 있었다.

그러나 한살림 돌봄에 참여할 수 있는 방식을 묻는 질문에 조합원들은 '직접 참여하기 어렵다'는 응답이 43.8%로 가장 많았고, 그다음으로 '돌봄 활동을 홍보하고 후원하겠다'(18.2%), '돌봄서비스를 이용하는 방식'(16.2%), '돌봄서비스 이용자/제공자로 참여'(9.1%), '돌봄서비스 제공 활동'(8.9%), 기타(3.7%) 순으로 응답했다. 한살림 돌봄 활동에 직접 참여하기 어렵다는 응답 결과는 직장, 가사 등으로 조합원들이 직접 참여하기 어려운 현실적 이유도 있겠으나 돌봄 노동에 대한 사회적 편견이나 정보 부족이 영향을 주었을 가능성이 있다. 이는 한살림 돌봄이 극복해야 할 우리 사회 돌봄의 현실적 장애물일 수도 있다. 돌봄과 돌봄 노동의 가치에 대한 설명과 정보 제공, 투명하고 합리적인 돌봄 운영체계, 조합원들이 참여할 수

있는 다양한 활동 방식 개발, 또 앞서 설명한 돌봄 노동과 인권의 보호 등
이 진행될 때 이러한 편견도 조금씩 사라질 것이다.

셋째, 지역사회 통합 돌봄에 관한 구체적 대책 마련이 필요하다. 「의료
요양 등 지역 돌봄의 통합지원에 관한 법률」(약칭 돌봄통합지원법)의 시행
이 2026년으로 예정되어 있지만, 아직 지역사회에서 '지역 돌봄의 통합,
연계'에 관한 인식이나 제도적 준비는 미비하다. 「돌봄통합지원법」은 '돌
봄이 필요한 사람이 살던 곳에서 계속하여 건강한 생활을 영위할 수 있도
록 의료, 요양 등 돌봄 지원을 통합, 연계하여 제공'(동법 제1조)하는 것을
목적으로 하고 있다. 마을과 지역 공동체의 인적, 물적 돌봄 자원의 통합
적 연계망 구축이 그 핵심이다. 이 법이 시행되면 지금까지 공급 중심의
국가 돌봄의 방식에서도 큰 변화가 불가피하다. 또 이에 조응하는 민간 차
원의 '지역사회 돌봄협의체' 구성도 시급하다.* 한살림은 지역사회의 다양
한 돌봄 단체, 기관들을 중심으로 '지역 사회 돌봄협의체'를 구성하고 지
역사회의 돌봄 수요와 인프라 구축 방안을 공동 논의하면서 이를 바탕으
로 지자체와의 정책협의에도 주도적으로 참여할 필요가 있다. 국가-시민
사회의 돌봄 파트너십에서는 상호 협력과 건강한 긴장관계가 균형을 이
룰 필요가 있다. 한살림은 한편으로, 지역사회 내 돌봄 이해관계자들의 공
동 네트워크 구축을 위해 능동적 역할을 담당해야 하며, 다른 한편으로 지
역 특성과 규모에 맞는 한살림 돌봄만의 특색 있는 발전 경로를 독자적

---

* 동 법률 제20조는 지자체의 장이 관할 구역 내에서 통합지원의 원활한 추진과 통합지
  원 관련 기관 등과의 연계, 협력을 강화하기 위하여 통합지원협의체를 둔다고 규정하
  고 있다. 또 이 협의체는 지역통합 돌봄계획의 수립 및 평가, 통합지원 시책 추진 사
  항, 통합지원 관련기관 등과의 연계 협력에 관한 사항 등을 심의, 자문하도록 되어 있
  다. 민간 단위의 '지역사회 돌봄협의체'가 자율적인 논의구조를 가지고 이 (민관)통합
  지원협의체와 수평적으로 결합한다면 돌봄의 공공성이 더욱 강화될 수 있을 것이다.

으로 구축할 수 있어야 한다. 앞서 '한살림 아산형 돌봄 모델'은 고령화되는 농촌사회의 새로운 통합 돌봄의 미래상을 보여주는 좋은 사례다. 농촌을 기반으로 하는 한살림 여러 지역조직에서 시도해 볼 만한 좋은 돌봄운동의 모델이 될 수 있다. '한살림 아산형 돌봄 모델' 외에 대도시, 중소도시 등 생활 환경에 맞는 다양한 한살림 지역 돌봄의 창조적 형태를 만들어 나갈 때 전국 30개 지역 한살림조직은 지역사회 통합 돌봄의 민간 거점 플랫폼으로 역할을 할 수 있다. 그런 의미에서 한살림대전, 한살림천안아산 등 일부 지역에서 본격적인 돌봄운동을 앞두고 지역사회의 돌봄 실태조사를 먼저 진행하고 있는 점은 매우 바람직한 접근이라 할 수 있다. 한살림연합회 역시 지역 조직의 네트워크 활동을 지원하고, 중앙정부를 대상으로 하는 정책 협의를 미리 준비해야 한다.

넷째, 한살림 돌봄의 생명성, 관계성, 지역성, 순환성은 좋은 돌봄의 기준이자 내용이다. 이를 통해 돌봄의 사회화, 민주화를 통한 생태적 돌봄 사회를 이룰 수 있다. 한살림은 우리 사회의 돌봄 현실이 한 단계 발전할 수 있도록 선도적 역할을 해야 한다. 한살림은 시장과 정부와 함께 좋은 돌봄 사회를 만들어가는 파트너가 될 수 있다.(석재은, 2020:62) 물론 현실적으로 한살림의 역량의 한계도 존재한다. 여러 지역 간, 부문 간 역량 편차도 있다. 그렇기 때문에 동시다발적인 활동으로 역량을 분산시키기보다는 한살림 돌봄의 대표적 실현지, 실천 모델을 만들고 이를 점차 확산시켜 나가는 방법이 시행착오를 줄이고 효율성을 높이는 방안이 될 수 있을 것이다.

9장 돌봄 경제

—돌봄의 돌봄에 의한 돌봄을 위한

정규호

1. 돌봄과 경제 다시 보기

'돌봄'과 '경제'는 우리에게 너무도 익숙한 말이다. 그런데 이 둘이 서로 만난 '돌봄 경제'는 아직은 낯설다. 수많은 경제 관련 논의들 속에서 돌봄을 직접적으로 다루는 경우가 적고, 돌봄에 대한 논의들 가운데서도 돌봄과 경제를 직접 연결해서 다루는 경우도 아직 많지 않다.

나는 돌봄과 경제가 처음부터 서로 어색하고 낯선 관계에 있었다고 보지 않는다. 돌봄과 경제라는 말의 본래의 의미와 역할이 바뀌면서 서로의 관계도 멀어져 왔다고 생각한다. 따라서 이 글은 시대적 변화 속에서 돌봄과 경제가 다시 새롭게 만나 서로를 살리고 모두를 살리는 방향에서 '돌봄 경제'의 의미와 역할을 살펴보는 데 초점을 맞추고 있다.

돌봄과 경제의 의미와 관계의 변형 과정

돌봄과 경제의 본래의 의미를 찾아보면 이 둘은 서로 뗄 수 없는 관계에 있음을 알 수 있다. 먼저 '경제'라는 말에는 재화와 용역을 생산·분배·소비하는 경제활동은 물론이고, 이것을 지탱하는 사회적 관계와 체계도 포함되어 있다. 경제활동을 통해 물질과 에너지의 이용과 관련한 사회적 신진대사 과정이 주로 이루어지고, 경제체제를 통해 인간 사회와 자연 생태계 간의 상호작용 관계가 구성된다.

'돌봄' 또한 본래 생명을 유지하기 위한 기본 활동을 의미한다. 인간의 삶 자체가 돌봄과 떼려야 뗄 수 없는 관계에 있으며, 사회와 생태계의 지속가능성을 유지하고 향상시키는 데 돌봄은 핵심적인 역할을 한다. 돌봄 분야 권위자 트론토(Joan C. Tronto) 박사는 돌봄을 우리가 사는 세상을 바로 잡고 지속, 유지시키기 위해 하는 모든 것을 포함하는 종(種)의 활동으로 정의하고, 여기에 우리 몸과 자아, 환경, 생명 유지의 그물망 등 모든 것을 포함시키고 있다.(트론토, 2014: 67)

이처럼 돌봄과 경제, 경제와 돌봄의 개념을 확장해서 보면 이들 간의 밀접한 관계가 잘 드러난다. 삶을 유지하는 일련의 모든 과정과 연결되어 있는 돌봄은 그 자체로 경제활동이다. 돌봄은 생산자, 노동자, 소비자 등 경제활동 주체인 사람의 재생산과 직접 관련되어 있으며, 경제시스템 자체가 사회와 생태계의 돌봄 체계에 의존하고 있다는 점에서 돌봄은 경제의 근간을 이룬다.(Orozco and Dominguez, 2014: 89-90) 그동안 상품화를 통한 화폐 경제가 작동해 온 데는 그 배후에서 돌봄 경제가 든든하게 받쳐줬기 때문이다.

그런데 사회구조 및 환경은 물론 경제체제 및 활동 양식이 바뀌면서 돌봄과 경제의 의미와 역할은 물론 이들 간의 관계에도 변화가 나타났다. 돌봄과 경제는 산업혁명 이전까지 오랜 기간 함께해 왔으며, 가내(家內) 생산과 함께 일과 삶이 통합된 자급자족형 공동체 경제를 이뤄 왔다. 그러다가 산업혁명기에 접어들면서 생산이 가정 밖 소규모 공장에서 이루어지게 되고, 이때부터 가정과 일터의 분리와 생산적 노동과 비생산적 노동의 구분이 생기게 되었다. 이런 경제활동의 성격 변화는 가정에서 이루어지는 육아 등의 돌봄 활동들을 비생산적 노동으로 취급하도록 만들었다.

산업경제가 상업경제로 바뀌고 분업과 전문화가 확대되면서 대규모 생산조직의 남성중심적 노동체계와 여성의 돌봄을 중심으로 한 그림자 노동의 분리는 더욱 확대되었다. 또한 상품화와 화폐 가치를 중심으로 한 시장의 교환 체계로부터 돌봄의 가치는 평가절하 되고 돌봄 영역은 배제되어 왔다.(Sullivan-Dunbar, 2020: 3-4)

그런데 산업사회를 추동해 온 자본주의 시장경제 시스템이 오늘날 내재적 한계와 각종 부작용들로 인해 복합적인 위기 상황을 맞고 있다. 성장경제의 한계는 물론이고, 노동과 삶, 젠더와 돌봄의 위기와 함께, 사회-생태계의 지속가능성 문제로 지구 행성에서의 거주 가능성까지 위협받게 되었다. 경제사상가 칼 폴라니(Karl Polanyi)는 시장경제가 사회적 관계를 파괴하는 것을 '악마의 맷돌(Satanic Mills)'에 비유한 바 있는데,(칼 폴라니, 2002: 31) 이 맷돌에 의해 돌봄의 사회-생태적(socio-ecological) 관계망들이 여지없이 갈려 나가 버린 결과다.

폴라니가 '거대한 전환'을 통해 말한 인간의 경제활동에 대한 시장의 지배와 사회적 변형에 대응해서, 시장경제를 사회와 생태계 체계 내에 제자리를 잡도록 하는 '거룩한 전환'이 필요할 수 있겠다. 일찍이 시인 김지하는 생명가치를 기반으로 한 탈상품화로 시장을 변화시키는 것을 '시장의 성화(聖化)', 즉 시장을 거룩하게 만드는 것이라고 표현한 바 있는데(김지하·문순홍, 1995: 17), 서로 살림의 생명의 그물망이 충만한 사회를 위해 돌봄과 경제의 관계를 새롭게 검토할 필요가 있다.

돌봄과 경제, 다시 새롭게 만나야

경제와 사회, 생태계 전체의 지속가능성이 위기를 맞으면서 많은 사람들이 '전환'을 이야기하고 있다. 생태적 상한선(ecological ceiling)과 사회적 최저선(social floor) 사이에서 지속가능한 삶의 방식을 찾고 만들어가는 것이 핵심 과제로 등장했다. 당연히 돌봄과 경제의 의미와 역할은 물론 이들의 상호 관계도 새로워져야 한다. 돌봄과 경제는 잃어버렸던 본래의 관계를 회복하는 차원을 넘어서 창조적으로 재결합하는 방안이 필요한 때다.

자본주의 시장경제가 지배하고 있는 현실에서 기존의 경제체제는 그대로 둔 채 돌봄 영역을 확장시키는 것으로는 한계가 있다. 돌봄의 의미와 역할의 확장과 함께 돌봄과 만나는 경제의 성격과 작동 방식도 달라져야 한다. 돌봄과 경제에 대한 전환적 인식과 접근에 있어 코로나19 팬데믹은 우리에게 중요한 경험을 제공해 주었다. 2020년부터 3년 4개월간 전 세계를 휩쓸었던 코로나19 팬데믹은 전 인류가 동시에 실시간으로 경험한 전례 없는 충격이었다. 세계 전체적으로 1천만 명이 넘는 초과 사망자가 발생한 것은 물론이고, 전염병 확산을 막기 위한 국가별 봉쇄 조치가 시행되자, 글로벌 공급망에 의존해 온 현대의 사회경제시스템의 취약성이 그대로 드러났기 때문이다.

특히 팬데믹 상황에서 취해진 강력한 셧다운(Shut Down) 조치는 돌봄의 위기를 확대시켰다. 글로벌 공급망의 차단은 해외 돌봄 노동자의 수급에도 영향을 주었으며, 평소 의지해 온 사회적 돌봄 체계가 제대로 작동하지 않으면서 가족이 그 부담과 책임을 오롯이 떠안는 상황이 연출되기도 했다. 결국 코로나19 팬데믹은 그동안 잘 드러나지 않았던 돌봄이 우리가 살아가는 데 얼마나 중요한지, 우리의 일상적 삶이 돌봄에 얼마나 의존해 왔는지를 재난 상황을 통해 역설적으로 확인시켜 주었다.

주목할 점은 코로나19 팬데믹으로 우리가 너무나 익숙한 채 의존해 온 현대 사회 시스템의 취약성을 온몸으로 경험하면서 '전환'에 대한 관심과 논의가 확대되었다는 점이다. 단순한 회복이나 재건이 아니라 지금과 다른 사회로의 근본적인 변화가 필요하다는 인식들이 곳곳에서 나타난 것이다. 코로나19 이후의 사회를 전망하면서 상품화와 외부화에 의존한 자본주의 시장경제 대신 자립과 순환을 기반으로 해서 사람과 지구의 지속 가능성을 우선시하는 경제가 대안으로 강조되기도 했다.

코로나19 상황을 경험하면서 높아진 돌봄에 대한 관심들은 관련 연구와 출간물들이 쏟아져 나오고 있는 데서도 알 수 있다. 이 가운데는 긴급재난지원금 등을 통해 높아진 기본소득에 대한 관심을 돌봄과 연결하는 등 좀 더 확장되고 전환적인 관점에서 돌봄의 문제를 다루려는 시도들도 일부 보이고 있다. 이처럼 변화된 흐름에 주목해서 '돌봄 경제'의 의미와 역할을 새로운 사회로의 전환을 모색하는 차원에서 찾아보는 것은 시의적절하고 의미 있는 일일 것이다.

2. 돌봄 경제란 무엇인가?

돌봄에 대한 전환적 시선

돌봄을 바라보는 관점은 다양하다. 일반적으로 돌봄은 인간의 취약성을 보완하는 차원에서 다뤄져 왔다. 온전히 스스로를 돌볼 수 없는 신체적, 정신적, 관계적 약자가 건강하고 행복하게 살아갈 수 있도록 돕고 보살펴 주는 공식적, 비공식적 활동을 포괄해서 돌봄의 영역으로 다뤄 왔다. 인간이 존엄성을 잃지 않고 살아가는 데 있어 이러한 돌봄은 매우 중요하다. 하지만 인간의 취약성에 초점 맞춘 접근 방식은 자칫 돌봄을 시혜적이고 온정주의적인 것으로 제한시킬 수도 있다.

한편, 돌봄을 시민권의 차원에서 인간의 기본적이고 보편적인 권리이자 사회 정의의 기본 요소로 다루는 접근도 있다. 이것은 돌봄을 둘러싼 불평등 문제를 다루는 데 의미가 있다. 하지만 지금의 사회경제 시스템 속에서 돌봄을 여러 권리 중 하나로 다루게 되면, 실제 자원 배분과 정책 집행 과정에서는 돌봄이 우선순위에서 뒤로 밀리는 경우들이 너무 자주 발생하게 된다.

이런 상황에서 지속가능성 위기에 주목해서 인류와 지구의 생존과 번영을 위해 돌봄의 의미를 강조할 필요성이 제기되고 있다. 돌봄의 영역으로 인간은 물론이고 동물과 식물 등 비인간 존재와 미래세대, 생태계와 지구의 안녕까지 함께 다루어야 한다는 것이다. 물론 동식물과 자연을 돌봄의 영역과 연결하는 움직임들은 이미 있어 왔는데, 동물 매개 치료, 치료적 원예, 사회적 농업, 돌봄 농장 등 '녹색 돌봄(green care)'이 그러하다.(코스트, 2015) 하지만 이런 유형은 비인간 존재를 인간의 돌봄에 활용하는 것이지 이들 자체를 책임 있게 돌보는 차원은 아니다. 결국 인간의 생존과 좋은 삶은 물론 지구적인 차원의 지속가능성이 함께 실현되는 사회를 만들어가기 위해서는 돌봄에 대한 전환적 시선이 요구된다.

돌봄 경제에 대한 경제주의적 접근에서 벗어나기

'돌봄 경제'의 범위와 역할은 돌봄과 경제를 어떻게 바라보느냐에 따라

달라진다. 경제를 유급 노동을 중심으로 한 시장 프로세스로 바라보면, 돌봄의 재생산 영역, 무급 돌봄 노동은 경제의 대상에서 소홀히 다뤄지게 되고, 돌봄 경제 또한 매우 제한적일 수밖에 없다. 대신 경제를 삶의 지속가능성을 위한 자원의 생산, 분배, 소비의 전 과정으로 바라보게 되면, 돌봄도 삶의 토대를 형성하는 것으로서 경제의 중요한 영역으로 자리 잡게 되고, 돌봄 경제의 범위와 역할도 확장될 수 있다.

'돌봄 경제(care economy)' 또는 '돌봄의 경제(caring economy)'에 대한 논의들이 없지는 않다. 하지만 국내외적으로 이 분야에 대한 연구는 아직 많지 않고, 그나마 다루고 있는 돌봄 경제에 대한 개념도 제한적이고 모호하기까지 하다.(Peng, 2019: 8) 대표적으로 서울대학교 소비트렌드분석센터는 매년 한 해를 이끌어갈 트렌드를 전망하는 보고서를 발간하는데, 작년 말에 2024년의 대한민국 10대 트렌드 중 하나로 '돌봄 경제(care-based economy)'를 선정했다. 그리고 돌봄이 나라 경제의 중요한 한 축으로 자리 잡고 있다는 점을 선정 이유로 들었다. 돌봄은 약자에 대한 연민이 아닌 경제의 주요 문제로, 돌봄 경제가 우리 조직과 사회의 경쟁력이라고 본 것이다.(김난도 외, 2023: 13)

몇 안 되지만 돌봄 경제를 다룬 정부 연구기관(보건복지부와 한국보건사회연구원) 보고서도 있는데, 여기서는 돌봄 경제를 돌봄 서비스 및 제품의 생산, 공급, 이용과 관련된 다양한 경제활동과 돌봄 관련 일자리 및 산업을 포괄하는 것으로 정의하면서, 고령화로 노인 인구가 늘어나면서 돌봄이 경제 영역의 중요한 부분을 차지할 뿐만 아니라 성장 가능성이 높은 시장으로 바라보고 있다.(유재언 외, 2019) 고령화의 확대로 상대적으로 소비력이 높은 노인 세대의 비중이 커지면, 이들을 대상으로 한 소위 실버산업 시장도 확대되어 돌봄 경제가 활성화될 것이라는 논리다. 실버산업에는 목욕과 빨래, 청소 등 기본서비스 활동은 물론이고, 안경, 미끄럼방지 용품, 휠체어 등 단순 기구와 함께 돌봄 로봇 같은 첨단 제품을 개발, 생산하고 보급, 이용하는 활동들이 포함된다.

이처럼 아직 흔치 않은 돌봄 경제에 대한 논의가 주로 경제주의적 관점에서 이루어지는 경우가 많은데, 이것을 유형화해 보면 다음과 같다. 첫째, 현실에서 비공식적이고 비지불노동으로 취급받는 돌봄 노동의 경제적 가치를 측정해서 인정토록 하고, 임금 등 돌봄 노동의 경제적 지위를 개선함으로써 돌봄에 대한 성별 불평등 문제를 해결하려는 것이다. 둘째, 돌봄과 관련된 경제적 부담을 해결하는 것으로, 고령화 등에 따른 돌봄 수요의 증가가 사회, 경제적 부담을 가중시키는 문제를 다루는 것이 한 측면이라면, 돌봄 제공자들이 돌봄 과정에서 치러야 하는 기회비용을 평가해서 합당하게 지원하는 방안을 다루는 것이 다른 한 측면이라 할 수 있다. 셋째, 돌봄 수요의 증가에 따라 돌봄 관련 산업의 발달과 일자리 창출로 인한 경제적 가치 창출 효과에 주목해서 돌봄 경제를 경제적 활력 증진의 중요 요소로 다루는 것이다. 결국 돌봄 경제를 바라보는 다양한 시선들이 주로 경제주의적 접근을 기반으로 혼재되어 있는 가운데, 전환 사회로의 이행에서 돌봄 경제의 의미와 역할에 대한 논의는 필요성에 비해 매우 부족한 실정이다.

돌봄의 돌봄에 의한 돌봄의 경제를 찾아서

돌봄은 인류가 탄생한 이래 계속 이어져 온 인류 생존의 핵심적인 활동으로, 돌봄 경제 또한 인류의 오랜 역사와 함께해 왔다. 여기서 돌봄 경제는 인간을 포함한 모든 존재에 필요한 돌봄의 관계망, 생명의 그물망이 지속가능하도록 하는 활동 전반을 담아낸 것이다. 돌봄 경제는 인간 생명을 부양하기 위한 재화와 서비스의 생산-소비-분배의 순환 과정이 이루어지고 재생산 기능이 다음 세대로 이어지도록 하는 것이다. 따라서 인간의 지속가능한 삶과 관련해서 중요한 돌봄의 영역을 외면하거나 왜곡시켜 온 '경제주의적' 접근 자체에 도전하는 것에서 돌봄 경제의 의미와 역할을 찾기도 한다.(Orozco and Dominguez, 2014: 89-90)

돌봄의 위기는 돌봄에 대한 필요를 상품화와 시장화(산업화), 외부화 등 시장경제 논리로 다루는 과정에서 발생한 만큼, 문제 해결을 위해서는 돌봄을 둘러싼 구조와 맥락을 새로운 시선에서 살펴봐야 한다. 돌봄 자체가 경제활동이고 경제의 근간을 이룬다는 점에서 돌봄과 경제의 의미와 관계는 확장해서 볼 필요가 있다. 이 점에서 나는 돌봄 경제를 '돌봄의 돌봄에 의한 돌봄을 위한 경제'로 부르고자 한다. 이 말은 미국 대통령 에이브러험 링컨이 1863년에 게티스버그에서 한 유명한 연설의 한 대목인 "국민의 국민에 의한 국민의 국가"를 변용한 것인데, 이러한 논리를 빌려 돌봄 경제의 의미를 살펴보면 다음과 같다. 먼저, '돌봄의 경제(economy of the care)'는 경제의 기본 정체성으로서 돌봄의 의미를 강조하는 것으로, 경제의 본질은 돌봄에 있고, 돌봄을 통해 경제활동의 지속가능성이 이루어진다는 것을 말해준다. '돌봄에 의한 경제(economy by the care)'는 경제의 운영이 돌봄을 기반으로 이루어진다는 것으로, 돌봄으로 이루어지는 경제활동 전반을 의미한다. '돌봄을 위한 경제(economy for the care)'는 모든 경제활동의 목표와 방향이 결국 돌봄을 증진시키는 데 있음을 강조하고 있다.

이처럼 돌봄 경제라는 말의 폭 넓고 풍부한 의미는 '돌봄 경제 선언문'에서도 확인할 수 있다.(Bloemen and van Woerden, 2022)

돌봄은 인간 존재의 핵심입니다. 우리는 집을 지키고, 아픈 사람을 돌보고, 이웃을 돌볼 뿐만 아니라 이웃과 자연을 돌봅니다. … 이 모든 돌봄이 없다면 우리는 아무것도 할 수 없습니다. 돌봄이 없으면 삶도 없습니다. 유급이든 무급이든 돌봄은 연결, 호혜 등 인간의 기본적인 욕구를 충족시키는 것입니다. … 인간은 개인 그 이상의 존재이며, 다른 사람들과 불가분의 관계로 연결되어 있습니다. … 따라서 우리는 우리 사회에서 돌봄을 중심에 놓을 것을 촉구합니다. 그리고 이것은 이미 새로운 경제 사고의 물결을 통해 등장하고 있습니다. … 인간은 경쟁적이고 계산적이며 개인주의적인 존재가 아니라 협력하고 돌보는 사회적 존재입니다." - '돌봄 경제 선언문' 중에서

이제 전환의 시대에 우리가 추구해야 할 것은 이러한 확장된 의미를 담고 있는 돌봄 경제가 충만한 사회를 만드는 일일 것이다.

3. 돌봄 경제는 왜 중요한가?

돌봄 경제가 주목받게 된 배경

인류와 오랜 시간을 함께해 온 돌봄 경제가 오늘날 새삼스럽게 주목받고 있다. 경제를 포함한 환경 변화 속에서 돌봄의 중요성은 점점 더 커지고 있는데, 돌봄의 조건과 역량은 더욱 나빠졌기 때문이다.

먼저, 인구 및 가족 구조의 변화가 돌봄에 미친 영향을 들 수 있다. 급속한 고령화와 노령인구 비중의 증대로 돌봄에 대한 수요가 빠르게 늘어나

는 가운데, 전통 가족 모델의 해체와 1인 가구 급증으로 인한 가족 돌봄 체계는 빠른 속도로 해체되어 왔다. 이런 가운데 여성의 경제활동 참여 확대는 가족 단위의 돌봄 역할을 더욱 어렵게 하였다. 다르게 말하면 여성의 경제적 역할 확대를 위해서는 양육 부담을 줄이기 위한 돌봄이 중요해졌다는 의미이기도 하다.(서울대 국제이주와포용사회센터, 2021)

또한 전통사회에서 가족과 더불어 지역사회가 함께 돌봄을 맡았으나 지금의 지역사회 현실은 그렇지 못하다. 지난 근대화 과정에서 지역공동체는 빠른 속도로 해체되고, 높은 인구 이동으로 지역 정착성은 약화된 가운데, 돌봄의 관계망 또한 뿌리 뽑힌 삶으로 인해 취약할 수밖에 없었다.

한편, 경제구조 및 성격의 변화도 돌봄에 대한 인식과 접근 방식 자체를 바꿔 버렸다. 산업구조가 제조업 중심에서 서비스 기반 경제로 바뀌면서 돌봄 노동의 수요는 늘어났지만, 계약직, 시간제 등 돌봄 노동의 안정성은 약화 되었다. 특히 신자유주의의 확대로 돌봄의 시장화, 상품화, 민영화가 빠르게 진행되면서, 불완전 고용과 경제적 불안정 및 불평등 문제가 돌봄 영역에도 그대로 나타났다. 한때 돌봄 수요의 증대가 돌봄 관련 일자리 및 산업의 발전을 가져올 것이라는 기대도 하였으나, 돌봄에 대한 책임의 경계가 흐릿해지고, 돌봄 제공 기반도 취약해지면서 '돌봄의 위기'가 사회 문제가 되었다.

물론 이런 변화 속에서도 가족은 노인, 어린이, 장애인 등에 대한 돌봄에서 여전히 중요한 역할을 담당하고 있는데, 지속가능성을 장담하기는 어렵다. 현실에서 돌봄 제공 역할을 주로 중고령의 저숙련 여성들이 담당해 왔는데, 이들의 돌봄 노동에 대한 사회적 인식과 처우는 매우 낮아서 이탈과 이직률 또한 높다. 이런 가운데 급속한 저출산 여파로 돌봄을 제공할 사람들 수조차 계속 줄어들 전망이어서, 급기야 돌봄 제공 인력을 해외에서 수급하는 방안을 정부 차원의 대책으로 내놓고 있다.

돌봄에 대한 현실의 인식과 접근

우리 사회에서 돌봄은 1997년 IMF 경제위기, 2008년 글로벌 금융위기, 2020년 코로나19 팬데믹 등 커다란 사회경제적 위기를 경험하면서 주요 의제로 자리 잡게 되었다.

특히 코로나19 팬데믹 상황은 돌봄의 중요성에 대한 인식을 획기적으로 높여주었다. 팬데믹 상황을 거치면서 지난 3-4년 사이 돌봄 관련 연구 및 출간물들이 쏟아져 나왔고, 지난 정부에서는 포용 국가 정책과 사회서비스 공공성 강화 등을 통해 돌봄을 국가 주요 정책으로 다루면서, 의료급여 확대, 치매에 대한 국가책임제, 부양의무제 폐지, 지역사회 통합 돌봄, 사회서비스원 설립 등이 구체화 되었다. 이런 흐름은 2022년 대선과 지방선거로 이어져, 선거 국면에서 돌봄 국가 책임제, 돌봄청, 돌봄 혁명, 손주 돌봄 수당 등 돌봄 관련 의제들이 주요하게 제기되기도 했다. 하지만 보수 정부의 등장과 함께 정책 기조가 바뀌면서 사회서비스 고도화라는 이름으로 돌봄 영역에도 시장화와 경쟁체제가 도입되고, 돌봄의 공백을 이주 돌봄 노동자 등을 통해 해결하려는 움직임이 나타나고 있다. 조선족 간병인, 필리핀인 가정부 등 이미 현실에서 돌봄 노동은 이주노동과 긴밀하게 결합되어 있는데, 이런 경향이 더 확대될 전망이다. 하지만 저명한 돌봄 경제학자 낸시 폴브레가 비판한 것처럼, '저렴한 이민자' 수입을 통한 선진국의 돌봄 해결책은 전 지구적 기후위기에 석탄 대신 값싼 천연가스를 수입해 해결하려는 겉과 같은 대증요법일 뿐이다.(낸시 폴브레, 2023: 323)

나는 정권의 정치적 성향에 따라 돌봄 정책 방향 자체를 바꾸는 것은 시대적 변화를 제대로 읽어내지 못한 처사라고 본다. 지금 우리가 당면한 돌봄의 위기는 돌봄에 대한 부담을 덜어주거나, 돌봄의 공백 또는 돌봄 결핍을 채우는 차원을 넘어서, 사회-생태적 재생산 체계의 지속가능성 문제와 연결되어 있기 때문이다.

돌봄 경제에 대해서도 돌봄을 기존 경제 모델에 대한 보조적 수단으로 보고 접근하는 차원을 넘어서야 한다. 돌봄 노동의 경제적 가치를 인정해서 임금 등으로 현실 경제에 반영하거나, 돌봄 관련 일자리 창출과 돌봄 산업의 발달을 통해 돌봄의 안정적 공급과 질적 향상을 위한 노력은 물론 필요하다. 하지만 현실의 경제 시스템과 가치 체계가 돌봄의 위기와 무관치 않다는 사실을 상기할 필요가 있다. 돌봄에 대한 경제주의적 접근은 돌봄 문제를 재정 문제와 연결시켜 성장 지향 경제의 후 순위로 다룰 가능성이 높다. 전환적 관점에서 돌봄과 경제, 돌봄 경제의 역할을 새롭게 할 필요가 있다.

돌봄은 경제와 구분되어 별개로 존재하는 서비스 영역이 아니라 경제 활동의 핵심 기반이다. 돌봄의 성격 변화는 곧 경제구조의 성격 변화와 밀접하다. 그만큼 돌봄의 변화를 통해 경제적 변화를, 경제적 변화를 통해 돌봄의 변화를 함께 모색할 필요가 있다. 돌봄이 충만한 사회를 위해 국가와 사회, 시장, 가족의 역할 체계를 새롭게 하고, 이것을 뒷받침하기 위한 돌봄 경제의 역할을 새롭게 할 필요가 있다.

돌봄 경제의 특성과 전환적 역할에 대한 기대

돌봄 경제의 특성은 신자유주의 경제와 비교해 보면 좀 더 분명해진다. 돌봄 경제는 재생산 역할과 돌봄 노동의 가치를 인정하고 경제활동 목적과 노동의 가치 평가에 있어 지속가능성을 중요하게 고려하는 반면, 신자유주의 경제는 재생산 역할과 돌봄 노동의 가치를 충분히 다루지 않고, 경제활동 목표와 과정에서 지속가능성 문제 또한 소홀히 다루는 경향이 있다.(Thera van Osch, 2013: 5-13)

이런 돌봄 경제의 특성을 좀 더 구체적으로 살펴보면 다음과 같다. 첫째, 돌봄은 그 자체가 공공재로서 비배제적이라는 특성이 있다. 따라서 무임승차로 인해 사회적 공급이 부족한 상황이 발생할 수 있어, 인간의 필요를 충족시키기 위해서는 돌봄의 보편적 특성에 초점을 맞춰 공공성을 높이는 노력이 중요하다.

둘째, 이와 함께 일반 제조 및 산업 노동과 달리 돌봄 노동의 결과물은 저장과 유통이 어렵고, 생산 시점에서 소비되는 데다, 사람들이 처한 환경과 생애 주기에 따라 돌봄의 필요가 달라지는 만큼, 개별적 상황을 고려한 맞춤형 접근도 함께 이루어져야 한다.

셋째, 돌봄 노동에는 시장의 교환가치로는 담아낼 수 없는 사랑과 배려, 헌신과 같은 중요한 가치가 들어 있다. 이것을 낸시 폴브레는 시장의 '보이지 않는 손'에 대비해서 돌봄의 '보이지 않는 가슴'이라고 불렀다.(낸시 폴브레, 2007: 29) 따라서 이러한 특성을 가진 돌봄 노동을 생산성 확대를 위해 기술이나 기계로 대체하거나 상품화하는 방식은 오히려 돌봄의 질 자체를 떨어뜨릴 수도 있으므로 주의가 필요하다.

한편, 지속가능성 위기에 대한 전환의 관점에서 '돌봄'과 '생태'가 핵심 키워드로 등장하는데, 이것을 대안 경제 논의와 연결해 볼 수 있다. 즉 페미니즘의 관점을 강조하는 쪽에서는 돌봄 경제를 '보라 경제(purple economy)'로 부르기도 하는데, 생태적 대안 경제로 강조되는 '녹색 경제(green economy)'와 비교해 보면 그 특성이 잘 드러난다. 돌봄의 '보라 경제'

와 생태의 '녹색 경제'는 신자유주의 시장경제의 폐해와 지속가능성 위기에 대한 공통된 인식을 가지고 있는데, 보라 경제가 돌봄의 위기를, 녹색 경제가 생태적 위기를 더 강조하는 것이 차이다. 보라 경제가 세대 내(성별, 계급별) 불평등 해소를 통해 돌봄 노동의 지속가능성을 확보하고 인간의 좋은 삶 실현을 목적으로 한다면, 녹색 경제는 세대 간 불평등 해소를 위해 자연의 재생산 능력을 보존함으로써 생태적 지속가능성을 확보할 것을 강조한다.(Ilkkaracan, 2013: 32-37; Ponte and Carpentier, 2023)

이 글에서 다루는 전환적 관점에서의 돌봄 경제는 보라 경제와 녹색 경제의 차원을 모두 포괄하는 것으로, 불평등 개선, 사회적 결속 강화, 삶의 질 향상과 함께 사회-생태적 지속가능성의 향상을 위한 역할을 함께 추구한다. 이러한 의미에서 돌봄 경제가 활성화되면 우리의 삶도 화폐에 대한 의존성을 줄이면서 전환 사회로의 가능성을 확장해 갈 수 있을 것이다.

4. 전환 사회와 돌봄 경제

지금 우리는 경제, 사회, 생태계 전반에서 총체적 위기 상황을 경험하고 있다. 그동안 익숙한 채 의지해 온 가치와 문화, 사회 제도 및 시스템 전반에 대한 근본적인 질문과 함께 과감한 결별을 통해 지속가능한 새로운 길을 찾아야 하는 '전환'의 시대다. 돌봄 경제에 대한 인식과 접근도 마찬가지다. 돌봄과 경제에 대한 전환적 시선은 물론 돌봄 경제의 의미와 역할도 전환 사회를 통해 찾을 필요가 있다. 돌봄을 하나의 영역으로 구획하고 프로그램으로 다루거나, 돌봄의 가치를 평가해서 기존의 경제 시스템 내로 재배치하거나, 또는 돌봄을 새롭고 유망한 산업 또는 일자리와 연결하는 것으로는 한계가 있다. 돌봄 경제의 의미와 역할을 전환 사회와 연결해서 새롭게 살펴볼 필요가 있다.

돌봄 경제 주체인 인간에 대한 이해부터 새롭게

돌봄과 경제의 의미와 상호 관계가 시대 상황에 따라 변해 왔듯이, 전환의 시대에 걸맞은 돌봄 경제의 역할을 찾아가기 위해서는 먼저 인간 주체에 대한 관점부터 새롭게 할 필요가 있다.

전통 경제학에서 인간관은 최소 비용으로 최대 효용을 추구하는 합리적 존재인 '경제적 인간(homo economicus)'을 상정하고 있다. 경제학자 애덤 스미스(Adam Smith)는 이런 이기적인 개인들이 시장에서 자신의 욕구를 충족하기 위해 자유롭게 경제활동을 하면 '보이지 않는 손(invisible hand)'에 의해 사회 전체적으로 유익한 결과를 만들어낸다고 보았다. 물론 이런 논리가 가진 결함은 적지 않다. 인간이 가진 다양한 측면들을 제대로 다루지 못한 데다, 시장 또한 합리적으로 작동하지 않고 각종 부작용들을 양산해 왔기 때문이다.

그런데, 돌봄에서의 인간관 또한 복잡하다. 자유주의를 기반으로 해 독립된 개체로서 인간관을 강조하는 쪽에서는 돌봄을 통한 의존적 삶 자체를 부정적으로 인식하는 경향이 강하다. 이런 인간관은 돌봄이 인간 삶에 있어 기본 양식임에도 불구하고, 돌봄에 의존하지 않고 살아가는 삶을 바람직한 것으로 보고, 돌봄이 필요 없는 사회를 이상적인 것으로 인식하도록 만든다.

반면, 인간을 상호의존적이고 관계론적인 존재로 바라보는 쪽에서는 돌봄의 의미와 역할의 중요성을 강조한다. 인간은 태생적으로 '취약'해서 돌봄에 의존해 살아갈 수밖에 없는 존재라는 것이다. 또한 사람마다 취약성이 서로 다른 만큼, 돌봄에서 불평등 해소가 중요하다고 이야기한다. 지금까지의 많은 돌봄 논의는 이러한 인간 취약성을 해결하는데 초점을 맞춰 왔다.

그런데 전환의 시대를 맞아 돌봄 경제의 역할을 새롭게 모색하기 위해서는 인간 취약성을 기반으로 한 접근 방식도 넘어설 필요가 있다. 돌봄 경제는 상호의존적 관계에 대한 깊은 자각과 자기 선택을 통해 서로 살림의 삶의 관계망을 확장해 가는 전환의 주체로서 인간관이 바탕이 되어야한다. 돌봄 전략 또한 '결핍'을 충족시키는 차원을 넘어서, '좋은 삶'을 실현하기 위한 주체들의 관계와 역량을 길러내는 데 초점을 맞출 필요가 있다.

돌봄이 충만한 사회를 향하여

돌봄을 위한 양질의 서비스와 물품이 적시에 충분히 제공되는 것은 중요하나 이런 공급주의적 접근은 한계가 있다. 새로운 삶과 사회로의 전환 차원에서 돌봄의 의미와 역할을 다룰 필요가 있는데, 코로나19 팬데믹의 경험은 돌봄은 물론 사회 전체적으로도 중요한 전환의 계기로 작용하고 있다.

우리가 가야 할 전환 사회는 돌봄이 충만한(care-full) 사회다. 여기서 말하는 돌봄의 충만함은 돌봄의 수요에 대한 돌봄 재화와 서비스 공급의 충분성 차원을 넘어선다. 돌봄의 필요를 확인하고 해결하는 과정에서 돌봄의 관계가 풍부해지고 돌봄 주체들의 역량이 함께 발전하는 것을 의미한다. 돌봄의 실천 과정에서 돌봄 필요자와 제공자의 관계 역시 마찬가지다. 자기중심적인 차가운 계산의 논리와 무관심(carelessness)이 돌봄의 위기를 만들어냈다면, 돌봄이 충만한 사회는 세심한 관심(careful)으로 서로를 살뜰히 살피고 보살피는 '보이지 않는 가슴'으로 연결된 사회를 말한다.

돌봄이 충만한 사회를 실현하기 위해서는 우리의 삶과 밀접한 다양한 돌봄의 영역들이 서로 긴밀하게 연결되어 좋은 삶과 사회를 향한 시너지 효과를 낼 수 있어야 한다. 이를 위해 자신이 살아가는 지역사회 생활세계를 기반으로 다양한 돌봄의 영역들을 연결해서 돌봄 생태계를 풍부하게 만들어내는 일이 중요하다. 돌봄과 먹거리의 관계를 사례로 해서 살펴보자.

먹거리는 사람들이 건강하게 살아가는 데 핵심적인 요소로, 결식과 영양불균형을 개선해 사람들의 신체적 건강을 돌봄은 물론, 먹거리를 나눔으로써 정서적, 관계적 돌봄까지 함께 이루어지도록 하는 역할을 한다. 맞춤형 돌봄 식품 개발과 함께 도시락 및 밑반찬 배달과 어린이나 노인을 위한 돌봄 식당 등을 운영하고, 공유 부엌과 소셜다이닝(social dinning) 등을 통해 함께 음식을 준비해서 나눠 먹고, 먹거리 교육을 통해 직접 음식을 만드는 방법을 배움으로써 신체적 건강은 물론 혼밥 등 나홀로 식사로 인한 정서적 고립감도 극복할 수 있도록 돕는 다양한 돌봄 활동이 있다. 농촌 지역을 중심으로 한 지역 경로당 식사 지원 활동도 마찬가지다. 또한 먹거리 유통 체계 개선을 통해 신선 식품에 대한 접근을 가로막는 '음식사막화(food desert)' 현상을 방지하고, 푸드뱅크나 푸드트럭, 공동체 냉장고 등을 통해 먹거리 순환 체계를 활성화해서 공동체적 관계성을 높이는 것도 먹거리 돌봄 영역에 해당한다. 이처럼 먹거리와 관련한 다양한 돌봄 영역들 상호 간에는 물론, 먹거리와 보육, 교육, 이동, 주거 등 수많은 생활 돌봄과 관련된 영역들이 지역사회를 중심으로 서로 긴밀하게 연결될 때 좋은 삶을 위한 돌봄도 충만해질 것이다.

한편, 돌봄이 충만한 사회를 위해서는 국가와 시장, 지역사회, 가족 등 돌봄의 다양한 역할 단위들 또한 서로 유기적으로 연결될 필요가 있다. 먼저, 가족 돌봄이 해체되면서 시장이 상당 부분 역할을 맡아 왔는데, 돌봄의 필요를 개인들이 시장을 통해 상품으로 구입하는 방식은 경쟁을 통한 질적 향상과 효율성에도 불구하고 돌봄에 대한 책임을 희석시키고 사회보편적 돌봄을 약화시키면서 불평등을 확대시킨다는 비판을 받고 있다.

돌봄이 취약한 사회는 사회경제적 약자들에게 특히 가혹한 만큼, 돌봄의 공공성 강화가 중요하다. 그 방안으로 국가가 돌봄을 책임지는 방식이 있다. 복지국가 모델이 대표적이다. 하지만 국가가 직접 돌봄 공급자 역할로 나설 경우 획일성과 비효율성은 물론 돌봄을 매개로 한 공동체적 관계성과 자급력이 약화 될 수 있다는 지적도 있다. 또 다른 차원으로 돌봄의 상품화에 대응해 지역사회를 중심으로 돌봄 관계망을 확대하는 방안이 있다. 이 부분은 위에서 돌봄과 먹거리의 관계를 사례로 설명한 바 있다. 이와 함께 돌봄에 대한 가족 단위의 역할도 새로운 접근이 필요하다. 소위 재가족화 방식으로, 전통적인 가족 돌봄 형태로의 단순 회귀나 돌봄의 책임을 가족 단위로 그냥 떠넘기는 방식이 아니라, 살림살이 영역의 자급 기반 확대와 확장된 가족 모델을 통해 돌봄 문제를 새롭게 다루는 것이다.

결국 돌봄이 충만한 사회는 국가의 공적 돌봄, 시장을 기반으로 한 돌봄, 지역사회의 공동체적 돌봄, 가족 단위 자급 돌봄이 전체적으로 조화를 이루는 사회다. 일찍이 샤라 라자비(Shahra Razavi)는 '돌봄 다이아몬드(care diamond)' 개념을 통해 돌봄 제공 주체로 '국가'와 '시장', '가족' 외에 비시장의 자발적 지역사회 영역을 포함한 '비영리 부문'을 포함시킴으로써, 돌봄 현장의 다양성과 상호 관계성에 주목하도록 한 바 있다.(Razavi, 2007: 21) 이처럼 다양한 돌봄의 주체들이 서로 유기적인 관계를 맺을 때 사회 전체적인 돌봄도 풍성해질 수 있다. 돌봄 경제 전략 역시 마찬가지다.

돌봄 경제 전략 유형

돌봄이 충만한 사회가 국가와 시장, 지역사회, 가정 등 다양한 돌봄 단위들의 유기적 관계를 통해 이루어지듯이, 전환 사회를 위한 돌봄 경제 또한 단일 모델이 아니라 다양한 경제적 유형들이 유기적으로 결합한 형태로 봐야 한다. 자본주의 시장경제의 한 영역을 차지하는 협의의 돌봄 경제로는 전환 사회로의 연결점을 만들기가 어렵기 때문이다. 따라서 시장경제, 시민경제, 공공경제 등 다양한 경제 유형들이 유기적으로 연결되어 전체적으로 돌봄 경제를 향한 질적 전환과 차원 변화를 만들어내는 전략이 필요하다.

〈돌봄 경제 전략 유형〉

유형		원리	전략
시장경제		효율성	시장화
시민경제	사회적경제	호혜성	사회화
	지역공동체 경제	자립, 순환	지역화
	살림살이 경제	자급, 자조	재가족화(자급화)
공공경제		공공성	공공화

먼저, 시민경제(civil economy)는 상호성과 공동선의 원칙을 바탕으로 한 시민사회 기반 경제로, 자본주의의 이윤 극대화 체계에서 벗어나 사회-생태적 책임성을 높이고 좋은 삶에 대한 가치를 추구하는 것을 말한다.(스테파노 자마니 외, 2015: 11-12) 이런 시민경제에 대해 '시장의 보이지 않는 손'과

'제도의 보이는 손'이라는 주류 정치경제학의 2개의 손 담론의 한계를 극복하고자, '적극적 시민 참여'와 '지속가능한 생산 조직'이라는 2개의 손을 새롭게 장착한 것을 특징으로 들기도 한다. (Becchetti and Cermelli, 2017)

나는 시장과 제도의 실패의 대안으로서 강조되는 시민경제 영역을 좀 더 세분화해서, 사회적경제와 지역공동체 경제, 그리고 살림살이 경제를 함께 포함한 것으로 보고자 한다. 우선, 사회적경제는 국가와 시장 사이에서 자발적인 참여와 협동, 연대를 통해 공동의 이익과 사회적 가치를 실현하고자 하는 경제활동을 말한다. 우리나라 경우 협동조합, 사회적 기업, 자활 기업, 마을기업 등을 사회적경제 기업 범주에 포함시키고 있다. 사회적경제는 국가의 재분배와 시장의 교환 기능과 달리 호혜의 원리를 기반으로 하면서, 생활 돌봄과 밀접한 재화와 서비스를 당사자들의 직접 참여와 민주적 운영을 통해 생산하고 이용하는 것을 특징으로 한다.

지역공동체 경제는 지역사회를 기반으로 생산과 소비 영역을 긴밀히 연결시켜 자립과 순환의 경제를 만듦으로써 삶의 필요를 공동으로 해결하는 것이 특징이다. 지역공동체 경제를 통해 지역사회의 공공재를 보호하고 공유지를 확대하면서 생산과 소비의 사회적 역할을 강화할 때, 상호 신뢰를 기반으로 한 돌봄의 재생산 기능도 효과적으로 뒷받침될 수 있을 것이다.

또 하나 중요한 것이 살림살이 경제로 돌봄의 재가족화를 뒷받침하는 일이다. 일찍이 홍기빈은 이윤만을 추구하는 주류의 '돈벌이 경제학'에 대비해 경제학의 본래 의미를 담은 개념으로 '살림/살이 경제학'을 이야기한 바 있는데(홍기빈, 2012), 나는 가계를 비롯한 기초 생활 단위에서 자급과 자조의 원리로 작동하는 경제 유형을 '살림살이 경제'로 부르고자 한다. 자신이 필요한 것을 스스로 제작, 생산하고, 직접 수리, 수선하고, 텃밭 등을 통해 직접 재배하는 자급 농사와 직접 요리하기 등도 살림살이 경제다. 이런 살림살이 경제가 튼튼할 때 임금 노동과 화폐 경제에 대한 삶의 의존성을 줄이고 돌봄에 대한 가족 단위의 역할도 달라질 수 있을 것이다. 이처럼 살림살이 경제와 지역공동체 경제, 사회적경제를 포함한 시민경제가 활성화될 때 삶의 자립과 정신적 충만함도 높아져 이웃과 미래세대, 자연에 대한 돌봄으로도 이어질 수 있을 것이다.

한편, 돌봄에 있어 공공경제의 역할도 중요한데, 지불능력과 상관없이 누구나 양질의 돌봄 서비스를 동등하게 이용할 수 있도록 보편적인 사회적 돌봄이 가능한 조건을 만드는 역할을 하기 때문이다. 즉 공공경제는 사회적으로 필요하지만 생산과 공급의 효율성이 낮고 상품화를 통한 이윤 창출이 쉽지 않은 영역들을 공익 증진을 위해 국가 등 공공부문이 책임 있는 역할을 하는 것으로, 돌봄의 사회적 토대가 되는 기간산업 분야나 의료, 보건, 보육, 교육 등 사회 기본서비스 분야가 여기에 해당한다.

이처럼 시민경제와 공공경제가 제자리에서 제 역할을 해나갈 때 현실의 지배적 경제 유형인 시장경제 또한 부작용은 줄이면서 자원의 효율적 이용과 혁신을 통한 품질 향상, 선택의 다양성 확보 등의 장점을 살려서 돌봄이 충만한 사회를 만들어가는 데 필요한 역할을 할 수 있을 것이다.

10장 돌봄 정치가 온 길, 나아갈 길

이나미

1. 돌봄 정치가 등장하기까지

돌봄은 예나 지금이나 그 가치를 제대로 인정받지 못하고 있다. 전통적으로 돌봄은 일상, 가정, 여성의 일로 여겨져 왔으며 자본주의 경제 및 이를 합리화하는 근대 철학과 만나면서 그 지위가 더 낮아졌다. 가정 내 여성의 돌봄은 무임금 노동이 되어 남성 노동자의 값싼 임금을 유지시키기 좋은 수단이 되었다. 근대 철학은 이러한 돌봄의 가치를 낮게 평가함으로써 자본주의 구조를 유지시키는 데 일조했다. 아이의 연약함, 노인의 외로움, 환자의 고통은 근대 철학에 의하면 별로 관심 가질 만한 것이 아니었다. 의심할 여지없이 진실한 근본 원칙이 무엇인지 알아내는 데 집착했던 데카르트는 몸의 감각과 경험은 착각을 불러일으키는 것이라고 하여 불신했다. '1 더하기 1은 2'와 같이 수학적이고 이성적인 사유만이 진실한 것이었고 그러한 사유는 육체적인 것, 감각적인 것, 감정적인 것을 배제하는 것이었다. 이에, 취약한 몸, 고통스러운 감각, 슬픈 감정 등을 보살피는 돌봄의 가치는 하찮은 것이었고 이러한 무가치한 일은 지위가 낮은 여성에게나 아주 적합한 일이었다.

그러니, 데카르트를 비판한 하이데거가 돌봄(Sorge)을 주요 주제로 삼은 것은 어찌 보면 필연적인 것이었다. 독일어 Sorge와 이에 해당하는 영어

care는 돌봄뿐 아니라 관심, 배려, 우려도 의미하는 아주 넓고 깊은 개념으로, 사실상 인간이 다른 존재와 관계 맺는 아주 기본적인 동기이자 출발점이다. 데카르트가 존재의 진실한 원칙을 찾는 데 온통 공을 들인 것도 사실상 자신, 인간, 세계를 포함한 모든 존재에 대한 관심에서 비롯된 것일 것이다. 따라서 하이데거가 돌봄을 세계 내 인간 존재의 기초가 되는 실존적 구조라고 한 것은 어찌 보면 너무 당연한 주장이다(하이데거, 2023). 이때 주체와 객체, 정신과 몸을 구분한 데카르트의 이원론은 설득력을 잃는다. 관심, 배려, 돌봄은 인간 존재에 대한 통합적 관점, 세계 내 존재의 상호 연결성을 전제하기 때문이다. 돌봄은 인간이 세계 및 타인과 관계 맺으며 참여하는 기본 방식이다.

이렇게 돌봄이 철학의 주요 주제로 떠오른 것은 근대성에 대한 반성과 관련이 있다. 인간 이성의 신성화, 몸과 자연의 대상화, 과학기술적 진보에 대한 무한 신뢰를 특징으로 하는 근대성은 중심과 주변을 나누어 차별과 소외를 만들어내고 이를 정당화했다. 그 결과 세계는 경쟁, 서열화, 전쟁, 자본주의적 착취, 인간관계의 단절, 공동체 붕괴, 자연 파괴라는 비극의 장이 되었다. 이러한 현상에 대한 자각과 성찰이 돌봄을 존재 간 관계의 기초로 보게 하는 철학을 낳았다고 할 수 있다. 해리스(Christopher Paul Harris)에 의하면 돌봄은 "우리와 다른 이들을 서구 근대성의 관념, 가치, 제도 밖으로 끌어내는 것"이다(Brown, Woodly, 2021).

20세기 후반에 이르러 돌봄은 길리건(Carol Gilligan)에 의해 권리, 규율 등 남성중심적 윤리에 도전하는 개념이 되어 공감, 동정심, 관계를 중시하는 도덕적 틀로 확립된다(길리건, 1997). 나딩스(Nel Noddings)도 도덕 이론으로서의 돌봄의 중요성을 주장했고 더 나아가 돌봄을 더 넓은 철학적 담론으로 확장하여 돌봄의 관계적·맥락적 성격을 강조했다. 이후 트론토(Joan

C. tronto)는 돌봄을 윤리적 차원 뿐 아니라 정치적 차원에서 탐구했다. 트론토는 돌봄을 공공의 가치로 인식할 필요가 있다고 하면서 돌봄 윤리를 정치 및 사회 제도에 통합해야 한다고 주장했다.

이렇듯 철학적·도덕적 이론에서 시작된 돌봄은 사회적·정치적 맥락이 강조되는 추세로 나아가고 있다. 돌봄 이론을 시기별로 구분한 한키브스키(Olena Hankivsky)에 따르면, 길리건, 나딩스, 헬드(Virginaia Held), 러딕(Sara Ruddick)으로 대표되는 1세대는 주로 여성·모성의 돌봄 활동을 강조했다. 트론토, 잉스터(Daniel Engster), 세븐후이젠(Sevenhuijsen)으로 대표되는 2세대는 돌봄을 "힘의 균등한 배분을 위한 민주적 정책의 기초"로 이해하여 도덕적 개념을 넘는 정치적 개념으로 돌봄을 규정했다(나상원, 2024). 특히 트론토는 돌봄을 정치적 개념으로 사유하는 것이 어떻게 정치 이론과 정치적 삶을 달라지게 할 수 있을지 탐구했다(Tronto, 1996).

최근 돌봄 정치가 다시 한번 크게 관심받게 된 계기는 코로나19의 발발이다(Brown, Woodly, 2021). 계속 늘어나는 환자들을 돌보는 의료인들의 헌신과, 재택근무 및 홈스쿨링으로 가사일이 과중해진 여성들의 수고로움이 다시 주목을 받으면서(Marin, 2021), 공적 영역에서 돌봄의 가치를 재평가하고 돌봄 행위를 재배치할 필요성이 생겼다. 또한 기후위기의 심각성과 더불어 기후 적응을 위한 돌봄도 주요 주제가 되고 있다(우석영 외, 2024). 이제, 삶, 사회관계, 통치의 방식을 근본적으로 바꾸는 새로운 정치 이론 및 실천으로서의 돌봄에 대한 관심이 필요할 때라는 인식이 생긴 것이다. 브라운(Rachel H. Brown)과 우들리(Deva Woodly)에 의하면, 돌봄 정치는 상호의존적인 생존 전략, 정치적 조직화의 토대, 모든 이가 살기 좋은 세계를 만드는 정치로 이론화하고 실천하는 것이다(Brown, Woodly, 2021).

이들에 의하면 21세기 돌봄 정치는 인종 자본주의, 가부장제, 감금 국가 (carceral state), 식민주의를 해체하는 것을 목표로 해야 한다(Brown, Woodly, 2021). 인종 자본주의는 인종 차별을 기반으로 한 자본주의로서 어렵고 힘든 돌봄 노동을 유색 인종, 이주 노동자에게 맡기는 것을 예로 들 수 있으며, 오늘날 한국 사회에서도 벌어지고 있는 일이다. 감금 국가는 열악한 상황에 놓여 있는 특정 인종이나 집단 또는 이들의 공간을 범죄시하여 주로 과잉 치안과 처벌을 통해 질서를 유지하는 국가라고 할 수 있다. 돌봄 이론가들은 그러한 통치 방식을 비판하며 그 대신 적절한 주거, 건강관리, 돌봄 노동의 인정과 지원 등을 통해 문제를 해결할 것을 촉구한다. 우리 역시 늘어 가는 외국인 이주민들과 그들의 거주지역을 생각할 때 미리 고민해야 할 문제라 하겠다. 차별과 억압에 기초한 가부장제와 식민주의의 철폐도 돌봄 정치의 중요한 과제다.

이러한 문제의식과 더불어 한국에서도 돌봄을 정치와 연결한 연구들이 조금씩 등장하고 있다. 그 성과들을 주제별로 분류해 보면, 첫째, 기존 이념 및 질서에 대한 비판과 대안을 제시하는 것, 둘째, 팬데믹을 계기로 한 젠더정치를 재조명한 것, 셋째, 기후위기를 맞이하여 탈성장 및 커먼즈를 지향하는 돌봄 가치에 초점을 맞춘 것 등이다. 이 글은 이러한 돌봄의 정치적 주제들을 고찰하고 돌봄 정치의 역사를 되돌아봄으로써 돌봄 정치의 방향 및 다양한 대안을 상상해 보고자 한다.

2. 동서양 돌봄 정치의 역사

앞서 살펴본 바와 같이, 근대와 자본주의의 폐해에 대한 성찰로 이성 중심의 사유를 벗어나 관계 지향적인 돌봄이 철학의 중심에 섰고, 이어서 돌봄이 여성, 가정의 담론을 벗어나 공동체적·사회적 과제, 정치적 기획, 민주주의의 기초가 되었다. 이렇듯 근대에 대한 반성으로 돌봄이 주목받기 시작했다면, 근대 이전에 돌봄은 어떤 지위에 있었을까.

고대 그리스의 플라톤은 국가가 공공선을 지향해야 한다고 했고 아리스토텔레스도 국가의 목적은 시민들의 좋은 삶이라고 했지만 통치자가 백성을 돌봐야 한다고 적극적으로 강조했다고 보기는 어렵다. 플라톤과 아리스토텔레스는 근대 철학처럼 이성을 중심에 놓았고 욕망을 경시했다. 로마 시기 티투스 황제는 80년 로마 대화재가 일어나자 구제사업을 벌여 피해자들을 돌봤는데, 이는 큰 재난에 대한 당연한 대처였으며 근대 이전의 서구 역사에서 다소 예외적인 경우라고 할 수 있다.

13세기에 토마스 아퀴나스는 목자가 양을 돌보고 보호하듯 왕도 백성에게 그래야 한다고 했는데, 아마도 이것이 서양사상사에서 통치자의 돌봄 의무를 강조한 첫 사례가 될 듯하다. 통치자를 목자에 비유한 것은 성경에서 유래했겠지만 동양권에서도 유사하게 '목민(牧民)' 개념이 있다. 목민은 관중의 『관자』의 첫 편 제목으로, "가축을 목축하듯 백성을 기른다."는 의미다. 따라서 백성에 대한 애정이 담긴 돌봄과 거리가 있다. 정약용의 『목민심서』도 '목민'이라는 제목을 달았지만 그 내용 안에는 '애민육조'라고 하여 백성 사랑의 원칙을 포함하고 있으며, 가난한 자와 재난을 당한 자들을 돌보고 구제하라고 하는 등 구체적인 실천도 요구하고 있다. 그러나 어쨌든 목민 개념은 동서양을 통틀어 근대 이전까지는 피치자가 통치자와 동등한 '사람'의 지위를 가지지 않았다는 증거가 된다. 사실상 근대의 성과 중 하나는 '사람은 모두 평등하다'는 결론을 내린 것이다. 물론 그 출발은 '백인 남성만의 평등'이었지만 말이다. 프랑스 혁명으로 선포된 인간의 권리는 'the Rights of Man and of the Citizen'으로, 엄밀한 번역은 '남성과 시민의 권리'이고 실제로 여성은 배제되었다.

아퀴나스는 비록 인간의 평등을 전제로 하지는 않았지만 왕에게 백성을 돌보라고 권고했음에도 불구하고 중세의 긴 기간 동안 통치자가 돌봄의 적극적 의무를 수행했다는 사례를 찾아보기는 어렵다. 트론토에 의하면 서구의 봉건사회에서 좋은 돌봄이란 위계성을 유지하는 것이었고(트론토, 2024), 돌봄은 주로 교회나 길드에 의해 행해졌다. 그러나 16세기 중반 이후의 각종 위기는 좀 더 강화된 돌봄을 필요로 하게 했다. 16세기 중반부터 약 150년 이상의 기간 동안 전 세계 모든 지역에서 소빙기에 따른 기근을 겪었고, 1600년 이후 유럽의 거의 모든 지역에서 농업과 산업 분야의 생산성이 하락했다. 게다가 인클로저로 인해 공유지에 의지하던 농민들은 쫓겨나 유랑민으로 전락하여 도시에 유입되었고 범죄가 증가했다(차용구·고반석, 2019).

이에, 빈민 관리의 필요성이 시급해져 1598년 영국 엘리자베스 여왕 시대에 구빈법이 제정되었는데 이것이 서양에서의 공식적인 정치적 돌봄의 시초라고 말해진다. 그 핵심은 첫째, 교구민에게 구빈세를 징수한 것으로, 이로써 잉글랜드는 세금으로 구빈정책을 시행한 유럽 최초의 국가가 되었다. 둘째는 구빈시설을 이용하는 빈민에게 노동을 적극 권장한 것이다. 이후 청교도인들 주도로 조직된 빈민사업단은 구빈시설 빈민들의 노동을 활용하여 구빈 비용을 절감하고자 했다(강명수, 2013). 이러한 영국 구빈제도의 음울한 측면은 디킨즈의 소설 『올리버 트위스트』에 잘 묘사되어 있다.

노동을 기본으로 삼는 서구 국가의 돌봄 제공은 신자유주의 시대에 더욱 강조되었다. 1990년대 미국과 서구 유럽에서 진행된 복지개혁은 노동중심적 복지, 일을 위한 복지, 노동연계 복지였다. 사회나 국가의 책임보다는 개인 책임이 강조된 가운데 사회복지의 민영화가 추진되었고 복지 수혜자는 복지 의존자로 낙인찍혔다. 예를 들면 복지 혜택을 받는 싱글맘들은 '복지 엄마(welfare mom)' 또는 '복지 여왕(welfare queen)'이라는 조롱을 받았다. 이들은 납세자의 세금을 축내는 게으르고 비생산적 · 비도덕적인 인물들로 묘사되었다. 심지어 약물이나 알코올 중독자와 유사한 병적 의존자로, 즉 정신의학적으로 의존적인 인격장애를 가진 사람으로 인식되기도 했다(김희강, 2016).

한편, 동양권에서는 서양과는 다소 다르게, 돌봄은 오래전부터 통치자의 의무로 간주되었다. 기원전 인물인 맹자는 '여민동락(與民同樂)'이라 하여 백성과 함께 동고동락하는 통치자의 자세를 이상적인 것으로 정의했다. 고대 중국의 통치자들은 자연재해를 겪거나 흉년이 들었을 때 백성들을 무료로 구휼했고 구제물자를 빌려줬다(대위홍, 2014). 위나라 문제(187-226)는 황후를 맞이하는 경사가 생기자 '양로령'를 내렸는데 이는 "세상의 환과고독 및 곤궁한 자, 그리고 80세 이상의 노인과 9세 이하의 고아들에게 각각 베와 비단, 쌀과 고기를" 내린 것이다(이연숭, 2021).

한반도의 경우에도 매우 이른 시기에 정치적 돌봄이 행해졌으며 기록만 보자면 심지어 세계 최초일 수 있다는 주장이 있다(정숙희, 2021). 사료의 신빙성 논란이 있기는 하지만 『단군세기』에 의하면 기원전 990년 27세 단군 두밀은 큰 가뭄과 홍수로 백성들이 곡물을 수확할 수 없게 되자 창고를 열어 곡물을 두루 나눠주었다는 것이다. 삼국시대에 행해진 구휼에 관한 기록도 매우 많다. 서기 15년 백제 시조 온조는 가뭄으로 굶주린 백성을 돌보아 안정시켰고, 18년 신라 남해왕은 가뭄과 기근의 피해가 있자 창고의 곡식을 내어 백성을 구제했다. 22년 고구려 대무신왕은 부여를 정벌하고 돌아온 후 죽은 자를 조문하고 아픈 자를 위문하여 백성을 위로했다.

구휼이 제도로 정착된 초기 사례는 194년 제정된 고구려의 진대법이라고 할 수 있다. 이 제도는 매년 봄부터 여름까지 관의 곡식을 백성들에게 이자 없이 빌려주고 가을에 돌려받는 것이다. 또한 국왕이 돌봄에 진심이었던 것으로 여겨지는 사례들이 많다. 세종은 감사와 수령들에게 '한 사람이라도 아사자를 내게 되면 죄를 짓는 것이니 용서하지 않겠다.'고 엄하게 하교했다. 조선의 법전인『경국대전』은 수령이 진휼에 뜻을 두지 않고 백성을 사망하게 하거나 그것을 숨기고 보고하지 않으면 중죄에 처한다고 규정하고 있다. 숙종은 굶주린 백성들에게 제공할 죽을 가져오게 하여 직접 검사해보기도 했다(최익한, 2013).

그러나 19세기에 서구의 근대 문물이 들어오면서 동양도 서구식 권리, 규율 중심의 남성적 가치가 강조되었다. 돌봄을 집안일과 치안 관리 정도로 인식한 근대 서구의 논리(트론토, 2024)의 영향을 받은 것이다. 근대 이전에는 백성의 고통을 군주의 잘못으로 여겼지만 근대 이후 민중의 고통은 각 개인의 잘못에 기인한 것으로 여기게 되었다. 구한말 ≪독립신문≫이 강조한 '독립'은 항일의 의미가 아니라, 각 개인은 타인에 의지하지 말고 독립적인 사람이 되라는 것이었다(이나미, 2001). 일본 메이지 시대에 '금세의 성서'로 일컬어졌던 새뮤얼 스마일스의『Self-Help』는 1918년 최남선이『자조론』이란 책으로 번역하여 서점가의 인기를 끌었다. 이 책의 유명한 구절은 "하늘은 스스로 돕는 자를 돕는다."는 것으로, 스스로를 돕지 못하는 자는 낙오자로서 하늘도 외면하는 자라는 것이다. 하늘이 돕지 않는 것은 군주가 잘못했기 때문이라는 우리 전통의 사고에서 한참 멀어졌다. 또한, 돌봄은 식민주의를 지지하는 담론이 되기도 했다(트론토, 2024). 일제의 정신을 내면화한 박정희는 조국근대화의 기치를 내걸면서 국민들의 인내와 희생을 요구했다. 자조는 근면, 협동과 함께 새마을운동의 모토로 다시 강조되었으며, 잘못된 정치 때문에 발생한 농촌 어려움의 원인을 농민의 나태함으로 돌렸다.

이러한 근대 식 각자도생의 정신은 우리 현대사를 관통하면서 계속 이어져 왔다. 학교 교육이나 언론의 논조에서 복지는 늘 게으름을 부추기는 비효율적이고 비생산적인 것이었다. 그러다가 다소 그 기조가 달라진 것은 2011년 무상급식 주민투표에서 급식을 반대하던 오세훈 시장이 패배하고 나서부터이다. 그러나 현재에도 여전히 정치권과 보수 언론은 증세나 복지를 비판하는 쪽으로 기울어져 있다. 오늘날 만연한 능력주의 역시 그러한 연장선상에 있다고 하겠다. 세계 자살률 1위, 출생률 최저의 한국 사회에서 젊은이들은 오늘도 '갓생'을 살기 위해 각자 고군분투하고 있다.

3. 돌봄 정치의 새로운 접근과 대안들

자유주의 비판과 새로운 관점 제시

자유주의적 접근을 넘어서

돌봄 정치와 관련된 이론적 논의의 주요 특징은 무엇보다 기존 체제, 이념, 이론을 근본적으로 비판하면서 새로운 관점을 제시하는 것이다. 비판의 대상이 되는 이념으로 대표적인 것은 자유주의로서, 돌봄 정치 실현에 장애가 되는, 극복해야 하는 관점으로 간주된다. 브라운과 우들리에 의하면 돌봄 정치란, 돌봄을 '자율적 개인에게 배분할 유한한 자원'이나 '여성적 미덕'으로 보는 자유주의적 접근을 넘어서려는 정치적 사고와 행위의 접근법이다(Brown, Woodly, 2021). 관계를 중심에 놓는 돌봄 철학이 원자화된 합리적 개인을 전제로 하는 자유주의를 근본적으로 비판하는 것은 필연적일 수밖에 없다. 돌봄 윤리는 자유주의가 전제하는 자유로운 개인들 간의 계약 개념에서 벗어난다. 예를 들면 아이가 부모로부터 받는 돌봄은 쌍무적·교환적 계약관계에서 비롯된 것이 아니라는 것이다(김희강, 2016).

클라크(Margaret S. Clark)와 밀즈(Judson Mills)는 교환적 관계와 공동체적 관계를 구분하여 전자는 상대에게 대가를 기대하면서 혜택을 주는 것이고 후자는 상대의 필요를 채워주거나 상대에게 관심을 보여주기 위해 혜택을 주는 것이라고 설명한다(Clark, Mills, 1993). 사실 우리의 일상은 교환적이기보다는 공동체적이며 돌봄의 연속이다. 우리와 가까운 사람들뿐 아니라 잘 모르는 사람, 생물과 사물들도 돌보면서 하루를 보낸다. 밥을 지어 식구를 먹이고 청소를 하여 집을 돌본다. 이메일이나 문자를 통해 지인의 안부를 묻고 안 입는 옷을 재활용함에 넣는다. 친구를 만나 밥을 사고 결혼식에 가서 축의금을 낸다. 순수 교환적 행위인 듯 보이는 것조차 공동체성이 섞여 있다. 회사에서 월급을 받기 위해 일한다고 하지만 동료와 함께 일하는 것이 즐겁다. 돈을 벌기 위해 식당을 운영한다고 하지만 음식이 맛있다는 손님의 말에 보람을 느낀다. 사장은 '이 맛에 장사한다'고 말한다. 폴라니는 시장을 통한 교환은 보편적인 경제 형태가 아니며, 인류에게는 시장과 더불어 재분배와 호혜라는 경제 형태가 존재한다고 했다.

그런데 오늘날 신자유주의의 경쟁은 점점 더 심화된 불평등, 박탈감, 개인의 고립과 좌절, 연대의 약화, 가족과 공동체의 붕괴로 이어지고 있다. 각자도생의 시대가 되었고, 또한 홀로 살아도 국가와 시장이 해결해주는 시대가 되었다. 그 결과 마음 밑바닥에 꾹꾹 눌려진 돌봄과 연결의 욕망은

SNS 사용, 반려동물 양육, 각종 동호회 및 디지털공동체에의 참여로 분출되고 있으며, 이러한 출구마저 찾지 못한 욕망은 우울, 좌절, 폭력, 극단적 선택으로 귀결된다고 하겠다.

돌봄의 보편화

돌봄 이론이 제시하는 인간은 자유주의의 전제인 합리적 인간이 아니라 취약하고 의지하는 인간이다. 즉 돌봄 이론의 새로운 관점은 인간의 취약성과 의존성의 보편성을 인정하는 것이다. 그리고 이는 다른 모든 생물도 마찬가지다. 이때문에 돌봄이 모든 생물의 항시적인 삶의 방식이 된다는 것이다(우석영 외, 2024). 따라서 돌봄을 중심에 둔다는 것은 "취약한 신체를 보편적 권리의 근거로" 두는 것이며, "약자와 소수자의 권리를 우선 고려"하는 것으로, 모든 존재의 "상호 연결성과 상호의존성을 존중"하는 것이다(한윤정, 2024). 취약성과 의존성의 보편성은 돌보는 자와 돌봄을 받는 자 간의 구분을 흐리게 한다. 또한 누군가를 돌봄으로써 자신의 취약성을 극복하기도 한다. 한 공황장애 환자가 다른 공황장애 환자를 돌보면 전자의 증세가 현격히 호전되는 것을 예로 들 수 있다. 즉 돌봄의 긍정적 효과는 돌보는 이에게도 돌아간다는 것이다.

돌봄의 보편적, 상호적 성격은 돌봄의 제공 역시 보편적이어야 한다는 논리로 이어진다. 그 첫 출발은 돌봄의 가장 큰 고정 관념인 양자적 관계를 벗어나는 것이다. 돌봄 이론 2세대의 문제의식 중 하나는 돌봄을 양자적 관계가 아닌 다자적 관계로 인식하고 확장해야 한다는 것이다. 사실상 현실에서의 돌봄은 양자적이 아니라 다자적이다. 돌봄에는 "많은 노고, 자원, 협력이 있어야" 하고, "이와 관련된 제3의 행위자들 또는 제도들 없이 자연인 둘만의 돌봄은 불가능"하다(나상원, 2024). 엄마 또는 아빠가 아이와 단

둘이서 하루 종일 함께 있어야 하는 상황은 부모가 아이를 아무리 사랑한다 하더라도 행복하다고 보기 어렵다. 이는 사실상 자연스럽지 않은 상황이기 때문이다. 영장류, 옛 인류, 전통적인 공동체의 돌봄 방식은 양자적이 아닌 다자적인 것이었다. 아이나 노인은 온 마을이 함께 돌봤다.

돌봄의 다자적 관계를 제안하는 키테이(Eva F. Kittay)는 돌봄 수혜자와 돌봄 제공자의 양자구도에 부양자(provider)를 더한 삼자구도를 제안한다(나상원, 2024). 돌봄 제공자는 돌봄 행위를 하느라 사회·경제적으로 취약해지므로 자신을 돌볼 부양자를 필요로 하게 된다. 이 부양자는 돌봄 제공자를 돌봐야 하는 윤리적 의무가 있는 존재다. 그 예로 갓 태어난 아이가 돌봄 수혜자라면 산모는 돌봄 제공자인데 아이를 돌보느라 취약해진 산모를 돌봐야 하는 것은 당연한 윤리적 의무로서, 그것을 담당하는 존재가 부양자인 것이다. 그리고 김희강에 의하면, 이 부양자의 역할을 국가가 성실히 담당하는 것이 기존 복지국가보다 한 차원 진전된 돌봄 국가의 역할이다(김희강, 2016).

버틀러(Samuel Butler)는 '돌봄 수혜자 - 돌봄 제공자 - 부양자'의 삼자구도에, 청구자(claimant)들 즉 부양자에게 자원을 요청하는 이들을 추가시켜 사자구도로 확장시킨다. 이 청구자들은 자원을 요청하는 정치적 협력과 교섭을 대변하는 이들이다. 콜린스(Stephanie Collins)는 더 나아가 복수의 돌봄 관련자들 간 협력적인 프로젝트로서 국가 및 비국가 행위자를 포함한 집단적 관계를 구상하여 돌봄 관계를 정치적 단계로 확장한다(나상원, 2024).

이러한 이론적 전개와 더불어, 돌봄은 사회를 근본적으로 바꿀 혁명적 선언으로 제시되었다. 2017년에 만들어진 런던의 연구 모임인 더 케어 컬렉티브(The Care Collective)는 돌봄을 '사회의 근본 가치 및 기본 행동'으로 선언했다. 이 『돌봄선언』(2020)에 의하면, 이제 우리는 '돌봄을 모든 사회 구성원의 삶의 중심에 놓는 사회정치적 전망'을 제시해야 한다. 주디스 버틀러는 그 책의 추천사에서 "마침내 돌봄이 전 지구적 관행과 제도들을 바꾸고 우리의 세상을 변모"시킬 것이라고 강조했다. 돌봄은 더 이상 "개인적 관심사나 본질적 여성성에 대해 추측하는 도덕주의자들만이 몰두하는 주제가 아니"라는 것이다. 돌봄은 "신자유주의 이윤 추구에 대한 신선한 비판의 형식으로 제시"되며, "친족 구조, 젠더 구분에 따른 노동분업, 생태적 활동의 변화를 향한 길을 만들고 진보적인 초국가적 가관들을 이끌어 갈 상호의존 원칙을 확실히 한다."고 주장했다(더 케어 컬렉티브, 2021).

돌봄 국가의 정책들

돌봄이 부각되는 세계적 흐름을 타고 한국의 정치권도 돌봄을 전면에 내세우기 시작했다. 2021년 대선 당시 정의당 이정미 후보는 '돌봄혁명'을 슬로건으로 내걸면서 신자유주의 시장에 던져져 각자도생해야 하는 이 시기에 기후와 사람을 돌보는 돌봄 국가를 만들겠다고 선언했다. "가정, 이웃, 공동체, 지역사회, 국가를 포함한 모든 삶의 공간에서 돌봄과 관계가 우선시되는 나라"를 만들겠다는 것으로 "돌봄을 하는 사람의 가치를 인정하는 나라가 돼야 한다"는 것이었다. 또한 아이, 지역공동체, 환경 등을 돌보는 사람에게 참여 소득을 제공하겠다고 공약했다(이정미, 2021).

참여 소득은 사회적 가치가 있는 활동에 주는 소득을 의미하는 것으로, 공동체 유지에 중요하지만 사회적으로 인정받지 못하는 활동들, 예를 들면 기후위기 대응, 마을 활동, 돌봄 등의 가치를 인정하자는 취지에서 비롯된 것이다(조기현, 2023). 사례로는 광주시의 농민·시민참여·가사 등 3대 공익가치 수당 지급을 들 수 있다. 이 중 농민 수당은 2023년 지급이 시작되었으며 시민참여 수당은 준비 작업이 진행 중이다. 가사 수당은 보건복지부의 협의를 거쳐야 하고 전례가 없다는 이유로 현재 그 실현가능성은 미지수라고 한다(손상원, 2024). 이는 여전히 돌봄이 사회적 가치를 인정받지 못하고 있는 현실을 보여준다는 점에서 아쉽지만, 참여 소득의 공론화를 통해 돌봄 소득에 대한 인식도 달라지게 되기를 희망해 본다.

조기현은 국가의 돌봄 제도의 또 다른 실례로 일자리보장제를 들고 있다. 파블리나 체르네바(Pavlina Tcherneva)에 의하면 국가에 의한 일자리 보장은 궁극적으로 국가돌봄법(National Care Act)이 될 수 있다. 누군가 실직하게 되면 곧바로 국가는 그에게 일자리를 제공하는데 그 일들은 환경, 지역공동체, 사람을 돌보는 일이기 때문이다. 이러한 방법으로 국가는 안정적인 완전고용을 실현하며 이로써 일자리보장제는 무엇보다 실직자를 돌보는 제도가 되는 것이다. 이 제도는 실제로 오스트리아 마리엔탈 시에서 실시되었다. 참여자들은 2개월간의 직업훈련을 거쳐 보육, 카페 설립, 정원 가꾸기, 주택 개조 분야에 투입되었다. 이때 들어간 비용은 국가가 실업자 복지에 쓴 것보다 적었으며, 게다가 이러한 일들은 지역사회에 새로운 수익을 창출하기까지 했다. 유강은은 이러한 사례를 볼 때 어쩌면 기본소득보다 기본노동이 더 중요할 수 있다고 보았다(조기현, 2023).

앞서 참여 소득의 사례를 참고하여 일자리보장제를 더 확대한다면, 기본노동보다 더 넓은 개념인 '기본활동'에 소득이 주어져야 할 것이다. 즉 국가는 국가가 제공하는 돌봄 일자리뿐 아니라 지역, 공동체, 공익단체, 가정이 필요로 하는 돌봄 일에 시민이 참여할 경우 소득을 제공하는 것이다.

이렇듯 돌봄 노동 및 활동을 격려하고 보편화하며 돌봄의 가치를 제대로 인정하는 국가를 돌봄 국가라고 부를 수 있을 것이다. 김희강에 의하면 돌봄 국가는 돌봄윤리를 규범적 원리로 삼아 운영되는 국가로서, 인구 고령화, 출생률 하락, 고용율 하락, 돌봄 위기와 같은 새로운 위기에 기존 복지국가 논의로는 대응하기 어렵다는 인식에서 비롯되었다. 기존의 복지는 국가가 개인의 필요를 채워주는 것으로 이해할 수 있지만 돌봄 국가는 의존자의 돌봄 필요뿐 아니라 돌봄 제공자의 돌봄 필요를 채워주는 국가다. 트론토에 의하면, 진정한 평등은 돌봄 책임이 평등하게 분배되었을 때다. 사회경제적 양극화와 불평등은 결국 돌봄 책임의 불평등한 분배에서 야기되었고 이는 민주적 불평등으로 이어진다. 따라서 돌봄 책임의 평등한 분배가 민주주의의 과제라는 것이다(김희강, 2016).

젠더 문제와 돌봄 정치

돌봄 노동의 가치 제고

돌봄 정치는 무엇보다 젠더 문제와 깊이 연관되어 있다. 최근 돌봄 정치에 대한 관심이 급증한 것도 팬데믹 시기 돌봄 전담의 젠더 문제가 제기되었기 때문이다. 돌봄을 중심으로 한 젠더정치학의 차원에서 보자면, 코로나19는 그동안 가시화되지 않았던 돌봄의 중요성으로 새삼 시선을 돌리게 하는 계기가 되었다. 감염병 등 재난의 위기는 여성, 노인, 아동 등 사회적 약자에게 더욱 가혹하게 다가온다. 또한 '사회적 거리두기' 등으로 직장, 학교가 문을 닫으면서 가정 내 돌봄이 늘어났고 '돌봄은 여성의 일'이라는 낡은 전통이 복귀했다(안숙영, 2023).

일터의 경우에도 감염의 위험을 무릅써야 하는 병원과 요양원 등의 필수노동자의 대다수는 여성이었다(안숙영, 2023). 특히 간호 업무는 환자를 가까이서 돌봐야 하는 일인데, 일반적으로 간호사는 의사보다 하위직으로 인식되며 처우도 열악하다. 이는 사회가 돌봄 노동의 가치를 낮게 평가하고, 또 무엇보다 간호 업무를 대부분 여성이 전담하고 있기 때문이다. 특정 직업이 여성의 일이 되면 임금과 지위가 하락한다. 우리나라 초창기 전화교환원은 남성이었는데 여성으로 바뀌자 그 지위와 임금이 하락했다.

그렇다면 여성과 인종이 만나면 어떻게 될까. 2024년 8월 아이를 돌봐 줄 100명의 필리핀 가사관리사들이 한국에 입국했다. 이는 출생률 저하로 인한 노동자 및 소비자 재생산의 위기를 국가와 시장이 절감한 것과, 아이 돌봄 및 조기 영어교육의 동시 해결이라는 부모의 욕망이 만난 결과이기도 하다. 이것이 확산되고 일상화된다면 돌봄은 앞으로 더더욱 시장적 해결 그것도 초국적 시장에 의존하는 방식이 될 것이며 이는 사회 불평등뿐 아니라 불평등의 세계화에 일조하게 될 것이다. 이는 돌봄 노동을 차별하는 것일 뿐 아니라 성차별적·인종차별적인 돌봄 채굴주의, 돌봄 식민주의를 더 공고히 하는 것이다.

코로나19 동안 부유한 국가들에서 주로 시도되었던 것이 바로 돌봄 채굴주의(careextraktivismus)의 초국가화였다. 즉 돌봄 문제의 해결을 위해 돌봄 중심의 새로운 사회적 합의가 추구된 것이 아니라 타국의 저임금 노동자에 돌봄을 전담시킴으로써 문제를 해결하고자 한 것이다. 크리스타 비히터리히(Christa Wichterich)가 제시한 개념인 돌봄 채굴주의는 돌봄 행위에 가치를 부여하지 않은 채 저임금 노동자, 자연, 타국민, 타인종에 기생하여 돌봄을 해결하는 부유한 국가들의 '제국적 생활양식'의 문제점을 비판하는 의미를 담고 있다. 돌봄 채굴주의의 생활양식은 내부적 식민화뿐 아니라 초국가적 가치 창출의 사슬, 즉 지구적 돌봄 사슬을 통한 외부적 식민화의 형태에 의존하고 있다. 안숙영에 의하면 이는 "돌봄 관계의 지구화가 갖는 젠더정치학의 차원에서의 문제점"이다(안숙영, 2023).

젠더 불평등을 넘는 돌봄

그렇다면 이렇게 부정의하고 불평등한 돌봄의 방식을 벗어나는 대안은 무엇일까. 첫째, 많은 이들이 그 대안으로 '지역'을 강조하고 있으며, 이 책 역시 그러한 이유로 지역에 주목하고 있다. 예를 들면 육아와 관련해서 국가나 시장이 아닌 제3의 참신한 대안으로 '공동육아'가 주목받았는데 이역시 지역을 기반으로 한 돌봄의 방식이라고 할 수 있다. 멀리서 오는 필리핀 여성의 도움을 받는 것이 아니라 동네의 부모들이 서로 만나 의논하여 아이 돌봄을 해결하는 것이다. 육아뿐 아니라 다른 형태의 돌봄도 지역에서 해결할 수 있다. 그중 여성들이 주체가 된 사례를 들자면, 충남 홍성군 홍동면의 여성 커뮤니티, 서울 금천구 여성들의 도시농업운동(안숙영, 2023), 전주시의 비혼여성공동체 비비 등이 있다.

지역 주민들의 돌봄 공동체는 앞으로도 또 닥쳐올 새로운 팬데믹을 대비해서도 필요하다. 코로나19 시기 감염병 확산 방지를 위해 이동이 금지되었고 재택근무, 재택 교육으로 가정 내 돌봄의 부담이 커졌으며, 사회적 거리두기로 카페, 식당 등은 영업을 제한받았다. 그런데 마을을 넘어가는 원거리 이동만 자제시키고 마을 내에서 자급 및 돌봄이 충족된다면 주민들은 자유롭게 외출하고 사람들을 만날 수 있을 것이며 자영업자도 계속 영업할 수 있을 것이다. 이러한 방식을 '로컬텍트(로컬과 컨텍트를 합친 말)'라 하여 감염병 대처를 위한 대안으로 제시되었다. 이는 자동차 사용 및 화물의 원거리 운송을 줄여 탄소배출도 감소시키고 지역 경제를 살리는 원원전략이라고 하겠다.

돌봄의 젠더적 불평등성을 극복하는 두 번째 방법은 남성도 무급 돌봄 노동에 참여하게 하는 것으로, 이를 위해서는 유급 노동시간의 단축이 무엇보다 필수적이다(안숙영, 2023). 낸시 프레이저는 성차별을 극복하는 돌봄 모델로 '보편적 돌봄 제공자 모델'을 제시한다. 이는 남녀가 모두 동시에 돌봄 제공자이자 임금노동자로서 역할을 수행할 수 있도록 노동시간 감소와 돌봄을 위한 보편적 서비스의 제도적 기반을 국가가 조성하는 것이다. 이로써 돌봄 제공자와 임금노동자 간 성 역할 구분을 전제하는 사회 구조를 해체하고 보편적 돌봄 제공자 모델에 맞게 국가와 사회를 재구조화하는 것이다(김희강, 2016).

미래의 바람직한 사회를 그려 보자면 남녀 모두 유급 노동시간을 줄여 그만큼 일자리를 다른 이들과 나누고, 그로 인해 임금이 줄어든다면 그만큼 소비를 줄이고 임금 외의 소득을 창출하는 것이다. 소비를 줄이는 방식 중 하나는 돌봄을 직접 하는 것이며, 임금 외의 소득을 만드는 방법 중 하나는 먹거리 등 삶의 필수품들을 직접 생산하는 것이다. 1990년대 많은 아프리카 도시에서 식량 가격이 인상되자 여성들은 공공토지의 일부를 전유하여 길가, 공원, 철길 등에 옥수수, 콩, 카사바를 심어서 식량문제를 해결했다(권범철, 2024). 우리도 도시농업, 텃밭 경작 등을 통해 먹거리를 직접 생산하고, 필요한 물건이나 노동 등을 서로 교환하여 생활필수품을 마련할 수 있을 것이다.

돌봄의 젠더 불평등을 극복하는 세 번째 방법으로는 돌봄 등과 같이 주로 여성이 지향하는 윤리적 가치를 정치에서도 중시하는 것이다. 길리건은 여학생들을 대상으로 한 실험을 근거로 여성들은 전통적인 윤리 가치인 권리나 규율과 같은 정의에는 덜 반응하지만 관계와 책임을 강조하는 돌봄 가치에 더 반응한다고 주장했다. 따라서 정의를 윤리의 기준으로 놓고 보면 여성이 남성보다 덜 윤리적이라는 결론이 나오게 되는데 이는 남성과 여성의 윤리적 가치 기준이 다르기 때문이라는 것이다(길리건, 1997). 길리건의 이러한 주장은 기존의 윤리체계가 간과해 왔던 돌봄이라는 가치가 주목받게 되는 계기가 되었다(김희강, 2016). 이러한 관점은 돌봄 윤리를 공감, 동정심, 관계를 중시하는 도덕적 틀로 확립하는 데 기여했다.

그런데 서양의 정치는 대체로 권리, 규율 등 남성적 윤리를 중시해 온 반면, 한국을 포함한 동양의 정치는 길리건이 표현한 여성적인 '다른 목소리', 즉 관계와 책임에 반응하는 돌봄 가치를 지향하는 정치에 가깝다. 서양의 경우 정의에 입각한 철인의 지배를 이상적인 것으로 본 플라톤의 정치철학의 전통이 계속 이어져 왔으며, 최초의 돌봄정치라고 할 만한 구빈법도 조건을 내걸고 노동의 의무를 강조했기 때문에 권리와 규율 중심의 정의 가치를 지향하는 '남성적인 목소리'라고 하겠다. 권리와 규율 중심의 정의 가치는 원칙을 중히 여기는 것이고 관계와 책임 중심의 돌봄 가치는 의리를 중히 여기는 것이라고도 할 수 있다. 또한 전자는 이성 중심적이고 후자는 감성 중심적이다. 서양정치는 정의와 이성을 중시했고 동양정치는 의리와 인정을 중시했다는 주장에 큰 이견이 없을 것이다. 인의예지의 순서를 봐도 인정과 의리가 우선순위에 있다. 동양의 통치자는 피치자와의 관계와 그들의 삶에 책임을 느꼈고 그들을 인정과 의리로 대하려고 했다는 점에서 돌봄 가치를 중시한 정치를 했다고 하겠다.

물론 인정과 의리의 중시 결과 동양에서 돌봄 정치가 실현되었는가 하는 점은 매우 회의적이다. 또한 원칙과 정의 중심의 서구 사회가 복지 면에서 동양보다 더 앞섰다는 점도 인정해야 할 것이다. 어떤 것을 의도한 것으로 보이는 것과 실제로 의도했는지는 다른 것이고, 어떤 것을 의도했다고 그 의도대로 되는 것도 아니다. 메피스토펠레스처럼 악을 원했으나 선을 이루는 힘의 일부가 되기도 한다. 또한 서구의 방식이 잘못되었다 하여 동양적 방식에 올인하면 그로 인한 또 다른 문제에 봉착하게 될 것이다. 그러므로 각 국가나 사회는 이제까지의 관행을 돌아보고 다른 여러 접근들을 탐구하여 그것을 업그레이드하면서 최적의, 그것이 어렵다면 적정의 방법을 찾아봐야 한다. 어쨌든 서구 근대식 접근의 한계는 현재 명백해 보이므로 그에 대한 반성과 대안 탐색은 필수적인 것으로 여겨지며, 이때 '다른 목소리' 즉 관계와 책임을 중시하는 돌봄 정치에 주목할 필요가 있다고 하겠다.

기후위기와 돌봄 정치

뺄셈의 방식으로 채우는 돌봄

앞에서, 돌봄에 대한 관심이 팬데믹을 계기로 급증했다고 했는데 그 이전에 돌봄이 관심을 받았던 계기가 있었으니 그것은 기후문제의 심각성이었다. 그때부터 돌봄은 가정이나 병원의 문제만이 아닌 사회의 보편적 문제로 인식되기 시작했다. 1990년 엘레너(Eleanor)가 "간호학의 관점에서 지구온난화와 같은 환경적 비상사태를 수용하는 돌봄 모델이 제공될 수 있는지 고민"한 것이 그 시작이다(신지혜, 2024). 그러다가 이후 간호학을 넘어, 또한 더 나아가 인간을 넘어, 모든 존재를 돌봄의 대상으로 보는 확장된 돌봄의 인식이 등장한다. 기후 위기 시대에 모든 존재는 취약해지고 위험에 빠지므로 돌봄이 중심적 가치가 될 수밖에 없다.

기후 위기는 모든 존재를 위험에 빠뜨리지만 부유한 이들은 그 위기를 모면할 방도가 있다. 이들은 좀 더 안전한 지역으로 이사할 수 있고 온도가 잘 조절되는 건물에 살 수 있다. 그러나 그렇지 못한 이들은 모두 생존을 위협받는 상황에 처해진다. 폭염이 닥쳤을 때 국가가 이들 모두에게 에 어컨을 공급하여 더위를 피하게 해주는 것도 돌봄의 한 방식일 것이다. 그런데 이러한 돌봄은 장기적으로 다시 온실가스 증가로 이어져 기후위기를 더 악화시키는 악순환의 고리에 갇히게 된다. 이는 기후 적응 정책이 기후 완화 정책과 대립될 수 있음을 시사한다(이재경, 2024). 또한 이러한 일시적 해결에 그치는 기후 적응 정책은 탄소배출을 늘릴 뿐 아니라 도시 빈민의 수동적인 삶을 유지시키므로 근본적 해결책이 되지 못한다.

무언가 인공적인 것을 새로 만들어 기후위기에 적응하는 것을 '덧셈의 방식'이라고 부를 수 있겠다. 예를 들면 강물이 넘치는 경우 강의 둑을 더 높이 쌓는 방식이다. 그럴 것이 아니라 물이 넘치는 강변의 주민들을 안전한 곳으로 이주시키는 '뺄셈의 방식'은 어떨까. 과거 우리 조상들은 물이 넘치는 땅을 '무너미'라고 하여 사람이 거주하거나 소유하지 않고 모든 생물들이 함께 공존하고 사용하는 공유지로 썼다. 이런 땅에 둑을 쌓아 농지로 쓰는 것을 적극 권장한 것은 쿠데타로 집권하여 정통성 회복이 절실했던 이성계의 조선 초기부터이다. 한국 근대의 시작은 이때부터라고 봐야 할 것이다. 이 밖에 지역도 살릴 수 있는 또 다른 뺄셈의 방식은 여름에는 더운 지역의 주민들을 시원한 지역으로 이주시키고 겨울에는 추운 지역의 주민들을 따뜻한 곳에 이주시키는 것이다. 요즘 유행하는 '한 달 살기'를 마을공동체 단위로 실시하는 것이다. 이를 위해 지자체 간에 자매결연을 맺는다면 지역 간 연대도 이룰 수 있다. 마침 지역에 빈 집도 많고 또 에너지도 줄일 수도 있으니 기후 저감에도 알맞은 방식일 것이다(이나미, 2024).

기후위기에 가장 취약한 이들 중 하나는 도시 빈민들일 것이다. 도시 쪽방촌에서 더위를 참는 노인들, 홍수 때마다 물이 차는 반지하 집에 사는 이들은 적은 연금이나 불안정한 소득으로 겨우겨우 살아가는 이들이다.

이들에게 인구가 줄고 빈집이 느는 지역에 이사하게 하여 무상으로 집과 텃밭을 제공하거나 일자리를 마련해주면 어떨까. 그것은 자급자족적 삶의 기쁨을 맛보게 하여 재활의 의지를 심어줄 수 있다. 이것이 무료 도시락 배급보다 훨씬 더 주체적이고 자족적인 방법이며, 더불어 지역도 살릴 수 있는 길이다(이나미, 2024). 또한 이는 화폐 경제의 대안적 삶을 보여주는 것이다. 한윤정에 의하면, 자급이란 관점은 "자연, 농촌, 식민지, 여성이 인간, 도시, 제국, 남성보다 훨씬 독립적인 삶을 살게 한다는 점에서 화폐 경제의 주류 가치를 전복"한다. 결국, 돌봄을 재고한다는 것은 돌봄을 사회구성의 원리로 삼아 "재생산과 지속가능성을 삶과 사회의 중심에 놓는 일"이다(한윤정, 2024).

커먼즈와 돌봄

기후위기 시대의 돌봄은 성장주의 신화를 깨는 것과 함께 가야 한다. 백영경은 "지구의 성장이 멈추는 곳에서 돌봄이 시작된다"고 했다(안숙영, 2023). 더불어, '커먼즈가 시작되는 곳에 돌봄도 시작된다'고 덧붙이고 싶다. 앞서 언급한 무너미 즉 물이 넘쳐 누군가 소유하기 어려워 그 덕분에 모든 생물이 함께 살 수 있게 된 곳, 그러한 것이 커먼즈다. 공유지, 공공재 등을 의미하는 커먼즈는 급진적인 자원 재분배와 평등, 상호성, 책임의 수평적 관계를 형성하기 위해 지배와 폐쇄의 형태를 해체하는 것이다. 그리고 그러한 커먼즈의 중심에 돌봄이 존재한다. 틱틴(Miriam Ticktin)에 의하면, 돌봄은 근본적으로 배타적이지도, 감상적이지도 않은 방식으로 함께할 수 있는 대안을 상상하고, 구체화하고, 실행하는 데 사용되는 방법 중 하나다. 돌봄의 한 방식인 커머닝은 땅의 권리, 인간·비인간·지구 간 상호작용의 인정을 포함하는 것으로, 이것은 '인간을 비인간 존재와 공동의 자리에 놓는 것'이다. 틱틴은 그런 의미에서, 돌봄은 도덕적 성향이 아니라 관계의 배열(relational arrangements)로서, 물질적인 것에 기반을 둔다고 말한다(Ticktin, 2021). 정치도 결국 '가치의 재배치'라고 할 수 있으므로 이런 관점에서 돌봄 정치란 가치와 관계의 재배치라고 할 수 있겠다.

비인간 존재로서 그동안 부당한 지위에 놓여 있던 존재 중 하나는 땅이다. 전통적이고 대표적인 커먼즈라 할 수 있는 땅은 우리를 돌봐주고 자급까지 가능하게 해주는 아주 중요한 물질적 동료다. 얼마 전부터 '맨발 걷기'가 한창 유행이다. 이것이 하나의 신드롬이 될 정도인데, 그 이유가 철저히 인간의 자기 건강 향상이라고 하는 인간중심적인 것에 있다 하더라도, 이를 통해 사람이 땅과 연결된 존재라고 하는 자각으로 이어질지 기대해 볼 수도 있겠다. 권범철에 의하면, 기후 돌봄의 실천 중 하나는 땅과 적극적인 관계를 맺는 것이다. "땅으로 대표되는 (비인간) 물질과 그 속의 다른 생물종과 돌봄 관계를 맺는 일이 필요"하다는 것이다(권범철, 2024). 이재경은 르페브르의 시각을 빌려, "서울은 서울 시민만이 아니라 한강과 북한산, 관악산과 청계천이 함께 만든 커먼즈이며 이러한 비인간 존재가 서울을 만들어낸 행위 주체의 일부로서 인정되어야 한다."고 강조한다(이재경, 2024).

아프리카의 농부들은 그러한 점을 일찌감치 알고 있었다. 그들의 빈곤 상태를 우리는 안타깝게 여기지만 정작 그들은 우리를 걱정한다. 우리 도시인들의 생계수단이 임금 외에 없고 소속된 마을이 없으며 어려움에 닥쳐도 우리를 도와줄 공동체가 없다는 것에 우려를 표한다. "자연을 직접적인 생산수단으로 삼아 공동체 속에서 살아가는 방글라데시 농촌 여성들의 시선에서 보면," 자연이 주는 생산수단이 없는 힐러리 클린턴은 동정의 대상이 되어 "힐러리에게 암소를" 주자는 발상이 생겨난다(한윤정,

2024). 도시인은 철저히 농촌에 기생해서 살아가는 수동적 소비자이므로 기후위기에 아주 취약한 존재다. 따라서 기후위기 시대에 돌봄의 한 가지 중요한 과제는 도시도 농촌처럼 삶의 필수품들을 생산하는 공간으로 변화시키는 것이다(권범철, 2024).

무차별적 돌봄

우리를 돌봐주는 대표적 커먼즈인 땅을 포함하여 지구상의 모든 존재는 돌봄의 대상이 되어야 한다. 이것이 『돌봄선언』이 주장하는 '보편적 돌봄'으로, 이는 "돌봄을 삶의 모든 수준에서 우선시하며 중심에 놓고, 직접적인 대인 돌봄뿐 아니라 공동체를 유지하고 지구 자체를 유지하는 데 필요한 모든 종류의 돌봄에 대해 모두가 공동의 책임을 지는 사회적 이상을 말한다."(더 케어 컬렉티브, 2021) 피셔(Berenice Fisher)와 트론토 역시, "가장 일반적인 수준에서, 우리는 가능한 세상에서 잘 살 수 있도록 우리의 '세상'을 바로잡고 지속시키고 유지시키기 위해 우리가 하는 모든 것을 포함하는 종(種)의 활동으로 돌봄을 간주하여야 한다."고 강조한다. 그 이유는 "이 세계는 우리의 몸, 자아 그리고 환경을 포함하며 복합적이며 생명 유지의 그물망으로 엮을 수 있는 모든 것을 포함"하기 때문이라는 것이다(트론토, 2024).

기후위기 시대의 돌봄은 '생태적 돌봄' 즉 돌봄을 비인간에게까지 확장해야 한다(조미성, 2024). 이는 '난잡한 돌봄(promiscuous care)'으로 명명되는데 그 뜻은 "인간, 비인간을 막론하고 모든 생명체 간에 이루어지는 모든 형태의 돌봄"이다. '난잡함'은 상대를 가리지 않은 마구잡이식의 행동을 뜻하는데, 그만큼 인간, 비인간을 가리지 않고 무차별적으로 돌봐야 한다는 것을 강조하는 용어다. 이때 돌봄의 대상은 심지어 생물에 국한되지도 않는다. 즉 사물도 돌봄의 대상이 된다. 물질에 주목하는 현대 철학자들은 사물도 생물처럼 잠재 역량과 생기를 가진다고 주장한다. 제인 베넷에 의하면, 물질의 구멍 즉 "결정 사이 빈 공간에서 자유롭게 움직이는 자유 원자들의 진동"이 바로 사물의 생기이며, "세계를 구성하는 데 참여하고 있는 행위 주체라는 점에서는, 지구상의 모든 물체는 그것이 어떤 성격의 물질이든 존재론적 위계구조상에서 우열의 위치를 점하는 자들일 수는 없"다. 우석영에 의하면 이러한 신유물론적 사유는 "거의 모든 종류의 차별을 그 밑바닥부터 붕괴시킨다."(우석영, 2024)

이러한 논리적 이유에서뿐 아니라 감성적으로도 사물은 우리에게 때로는 사람처럼 다가온다. 오래 쓴 노트북은 그 누구보다도 고마운 나의 친구다. 이 노트북이 고장 나 새 것으로 바꿔야 할 때 마치 오랜 친구와 이별하는 것처럼 슬픈 마음이 든다. 이런 마음은 물건을 함부로 버릴 수 없게 하고 그로 인해 새로 사게 되는 일도 줄인다. 즉 사물을 돌보는 마음은 저소비, 탈소비로 이어지고 이는 탈탄소에 기여하게 된다(이나미, 2024). 우석영은 재화에도 '사용'이 아닌 '돌봄'이라는 가치를 적용함으로써 얻을 수 있는 기후적 결과를 강조한다. 즉 상품과의 친교가 과소비를 줄여 기후위기를 완화할 수 있다는 것이다. 상품을 우리의 '물질적 동료'로, 나와 '소중한 인연을 맺은 자'로, 우정을 나누는 '귀한 친구 같은 존재'로 여기자는 것이다(우석영, 2024).

4. 돌봄 정치의 과제들

주디스 버틀러는, care의 어원인 caru에는 돌봄, 근심, 걱정, 슬픔, 애통,

괴로움이 포함되어 있는데 이는 현 시대와 공명하는 단어들로서, 돌봄은 "우리의 삶을 다른 사람들의 삶과 불가분의 관계로 연결한다."고 강조한다. 나오미 클라인은 '돌봄선언'을 "우리의 경제와 사회를 변화시키는 혁명적 초대", "새로운 사회구조를 만들 수 있는지에 대한 로드맵", "무관심에 대한 해독제"라고 했다. 또한 돌봄은 "상품이 아니라 실천이며 핵심 가치이고 새로운 정치의 기반이 될 수 있고 또 그래야만 하는 핵심 원칙"이라고 강조한다(더 케어 컬렉티브, 2021). 그러므로 이제까지 살펴본 바와 같이 돌봄 정치는 기존의 관성적 가치체계를 바꾸고, 성차별뿐 아니라 모든 존재의 차별을 철폐하며, 기후위기를 극복할 대안을 마련해야 하는 것이다.

그렇다면 우리의 돌봄 현주소는 어떨까? 젊은이들이 자신을 돌보기 위해 취한 방식은 능력주의와 '갓생', 또는 완전한 포기와 무위다. 이는 우리 사회가 능력주의보다 더 후진적인 귀족주의 사회, 즉 능력과 노력이 아닌 혈통이 개인의 성공을 좌우하고 있기 때문일 수 있다. 사회주의는 사람이 노력한 만큼 인정받지 못하는 획일적인 사회를 지향한다는 비판에 마르크스는 자본주의야말로 그런 사회이며 제발 노력이 인정받는 사회가 되길 자신도 바란다고 되받아쳤다. 한번이라도 능력주의의 한풀이가 한바탕 이루어져야 그 이상의 더 나은 사회를 꿈꿔볼 수 있는 것은 아닐까?

사회도 능력주의 또는 완전한 무능력을 권한다. 2024년 9월 언론보도에 나타난 돌봄 관련 기사를 보면, 지자체가 소상공인 일부에게 아이 돌봄 비용을 제공한다는 것, 노인 돌봄비용 마련을 위해 각종 보험에 들라는 것, 노인 돌봄로봇 효돌이가 임영웅 노래도 불러준다는 것 등이다. 보면 결국 두 가지 중 하나다, 돈이 아주 없어서 국가로부터 돌봄 혜택을 받든지, 아니면 돈을 많이 벌어 시장을 통해 돌봄을 해결하라는 것이다. 물론 마을 등 공동체 구성원의 서로 돌봄 등 훈훈한 사례가 있지만 아직 대세는 아닌 것 같다. 가족도 만들지 않고 혼자 살려는 현대인들은 돌봄에 필연적으로 따르는 밀착된 관계가 두려운 것은 아닐까. 타인만 지옥이 아니라 가까운 이들이야말로 더 지옥일 수 있기 때문이다. 태어나자마자 부모의 과도한 간섭을 받고 학교에서는 또래의 폭력으로 고통을 받으며, 직장에는 선을 넘는 상사가 있고, SNS의 지인들은 온갖 비교를 통해 박탈감을 준다. 오죽하면 '연결되지 않을 권리'가 주장될까.

이를 볼 때 돌봄은 방치와 오지랖 사이 적당한 위치에 수시로 옮겨 다녀야 할 것 같다. 'care'의 어원 caru가 돌봄뿐 아니라 괴로움의 뜻도 있는 것은 이러한 거리 조절에 실패할 가능성, 또는 실패한 경우를 표현한 것 같다. 예컨대 사랑과 평화의 호르몬인 에스트로겐은 그 양이 적절하면 돌봄의 촉진제가 되지만 과도해지면 우울증의 원인이 된다. 이는 과도한 애착이 과도한 결핍감으로 이어져 그 결과 불행해진다고 생각할 수 있으며 caru의 모순적 의미와도 딱 맞다. 이때 에스트로겐적 돌봄뿐 아니라 테스토스테론적 돌봄도 상상해 볼 수 있지 않을까. 이는 남성적 인간(남성이 아니라)도 돌봄에 동참시켜야 하는 또 다른 동기가 되며 이로써 새로운 젠더 정치를 상상해볼 수 있다. 테스토스테론은 그 양이 과도하면 폭력적이 되지만 적절하면 도전, 용기, 활력을 준다. 이러한 적정의 테스토스테론은 어렵고 난처한 돌봄에 직면했을 때 이를 고충이 아니라 하나의 과제나 도전으로 바꿔 생각해 보게 하는 용기와 활력을 제공할 수 있을 것이다.

따라서 돌봄을 핵심으로 삼는 정치는 거시정치뿐 아니라 미시정치도 봐야 한다. 거시정치는 미시정치적 욕망을 보지 못하면 성공하기 어렵다. 가타리에 의하면 우리는 "미시정치적 활력, 즉 욕망 · 주체성 · 타자관계의 정치학에서 일어나고" 있는 힘에 주의를 기울여야 한다(가타리 · 롤니크, 2010). 미시정치적 차원을 고려하는 돌봄 정치는 각 신체들(비인간도 포함된)에 대한 국가의 개입 방식이 일방적 감시나 혜택이 아닌 미세한 돌봄으로 전환되어야 실현될 것이다. 즉 control에서 care로의 전환이다. 그리고 이것이 국가의 개입이 민주적이 될 수 있는 유일한 방식일 것이다.

미시적인 돌봄 정치는 일방적, 획일적, 관료적 복지가 아닌, 쌍방적, 정동적, 맞춤형 복지를 제공하는 정치다. 산업은 소품종 대량생산에서 다품종 소량생산으로, 더 나아가 3D 프린터 방식으로 맞춤형까지 가능한데, 오로지 국가 영역만 구태의연한 관료적 형식을 고집하고 있다. 현대에도 여전히 복지는 "문서상 그럴 듯해 보이는 논리에 따라 보고서와 예산이 만들어지고, 뜬금없이 요란한 홍보와 함께 새로운 프로그램이 시작"되는 것으로 출발한다. 뭔가 대단하게 시작한다는 것을 과시할 건물의 개소식, 리본 커팅이 병행되며, 그 결과는 언제나 고비용의 실패다. 코텀이 사례로 제시한 30대 미혼모 엘라는 73명의 전문가의 도움을 받지만 그들의 지시와 요구는 또 다른 고통을 안겨줄 뿐이다. 무엇보다 엘라는 낙인찍히는 것과 창피당하는 것이 싫어 복지 당국이 자신의 삶에서 나가주기를 바란다(코텀, 2020).

이때 코텀이 제시하는 대안이 돌봄 정치가 참고할 만한 방식일 것이다. 기존 복지서비스는 '어떻게 고칠 것인가'를 묻는 반면, 새로운 방식은 도움이 필요한 사람 곁에 가서 "변화를 만들어내기 위해 어떻게 도울지"를 묻는 것이다. 무엇이 삶의 문제를 불러일으키며 밑바닥에 있는 것이 무엇인지, 근본에 대한 탐색부터 시작한다. 이러한 복지는 필요를 관리하는 것이 아니라 역량을 기르는 것으로, 그것이 가능하게 된 것은 공무원들이 해결사가 아닌 친절한 이웃이 되었기 때문이다. 코텀에 의하면, 가장 중요한 자원과 역량은 '관계'로서, 그러한 방식의 적용은 큰 성공으로 이어졌다(코텀, 2020; 이나미, 2023).

이렇듯 진정한 복지, 진정한 돌봄은 시혜적이거나 일방적으로 제공하는 것이 아니다. 시혜적, 일방적 돌봄은 대상자의 취약성, 국가와 시장에의 종속성을 유지시키고 활력을 약화시킨다. 아파야만 무료 돌봄을 제공받을 수 있는 노인은 건강해질까봐 오히려 걱정할 것이다. 지역 내 각종 갈등과 분쟁도 감금 국가의 사례에서 보듯이 치안과 처벌 위주의 대응은 본질적 해결 방식이 될 수 없다. 가족 및 이웃 간의 적절한 거리 조절, 공동체의 자치적 해결 및 역량 강화를 꾀하는 국가의 미세하고 섬세한 돌봄이, 바로 돌봄 정치가 나아갈 길일 것이다. 그리고 사람뿐 아니라 모든 생물과 사물에 대한 보편적이고 미세한 돌봄이 지구와 사회의 위기를 완화하고 연착륙을 가능하게 해 줄 것이다.

부록
생명학은 돌봄을 어떻게 볼 것인가?

생명학연구회 집담회

* 이 글은 2024년 4월 24일 지구인문학연구소에서 생명학연구회 회원들이 '돌봄'을 주제로 한 집담회 내용을 발언자들의 확인 과정을 거쳐 정리한 것이다. 집담회는 정규호의 진행으로 박길수, 신현경, 유정길, 윤호창, 이나미, 이무열, 임채도 회원이 함께하였다.

정규호 돌봄을 주제로 한 생명학연구회 집담회를 통해 돌봄에 대한 저자들의 생각과 문제의식을 공유하고 다듬고자 합니다. 먼저 '돌봄'의 개념 또는 정의부터 얘기해 보겠습니다. '돌봄'이란 무엇인가?

유정길 돌봄은 수직적, 계층적, 위계적인 사회, 무한성장을 추구하는 수직사회를 수평사회로 만드는 것이라 생각합니다. 돈이 아니라 얽히고설킨 수많은 관계를 통하여 서로 돕고 협력하는 것이 핵심 에너지가 되는 사회가 돌봄사회입니다. 거기에서 목표는 성공이 아니라 행복이고, 행복은 사람 사이의 협력 네트워크 속에서 안전과 평화를 누리고 서로 격려하는 데서 생기는 것입니다. 돌봄은 먼저 마음으로 돌보는 것입니다. 서로 위로하고 격려하고 언덕이 되어 주는 것입니다. 그다음은 물건을 돌보는 겁니다. 경물(敬物)입니다. 사람이 소중하게 생각하고 공경하는 물건은 영험함이 깃든 물건이 되지요. 그물건을 개인이 배타적으로 점유하지 않고 필요한 곳으로 흘러가게 하며, 모두가 공유하는 것이 물건을 공경하는 것입니다. 공유사회나 커먼즈도 그러한 사회라고 할 수 있지요. 서로 연결된 사회에서 자신의 행복은 타인의 행복에 의존해 있습니다. 그래서 남을 돕는 것이 결국 자신을 돕는 일입니다. 실제로 남 고민을 많이 할수록 자기 고민이 없어집니다. 이처럼 마음 돌봄, 사물 돌봄, 서로 돌봄이 돌봄의 세부 내용이 되는 것입니다.

이무열 우리가 살아 있는 동안 돌봄을 받지 않는 순간이 있을까요. 인간은 단 한순간도 돌봄 관계에서 벗어날 수 없습니다. 생명학의 관점에서 '온 우주가 다 연결돼 있다.'고 얘기하는 것도 그런 의미입니다. 이때 돌봄은 곧 생명이 살아 있고 살아가게 하는 시스템이라고 할 수 있습니다. 그래서 지금 사회에서의 돌봄 논의가 부분적으로 제한되는 것이 아쉽습니다. 저는 돌봄이 신체적 돌봄이나 취약계층 돌봄에 머물지 않고, 우리의 삶과 사회 전체를 하나의 생명의 장으로 보면서 돌봄을 펼쳐 나가면, 돌봄이 위기에 처한 사회를 새롭게 구성하거나 전환시킬 수 있을 것으로 생각합니다.

윤호창 우리는 자본주의가 전면화 된 세상에 살고 있습니다. 자본주의 사회는 육체적 개인만 실체로, 실재한다고 인정한다는 생각이 들어요. 사회라든지 신이라든지 하는 것은 상상의 산물, 일종의 허구라고 봅니다. 그 바람에 사회 그리고 사회를 구성하는 관계가 거의 해체된 상황입니다. 불교에서 중요한 문제의식 중의 하나가 '자아'가 있느냐 하는 것이지요. 불교 이전의 브라만교에서 우주의 근본적 실체인 브라만과 개인의 자아인 아트만이 실재한다고 보고, 이 두 실재가 합일하는 '범아일여(梵我一如)'를 최고의 상태로 보았지요. 반면에 불교는 아(我)라는 독립된 실체는 없고, 관계 속에서 항상 변화하는 자아만이 있다고 봅니다. 남편으로서의 나, 자식으로서의 나, 직장에서의 나, 친구로서의 나 등등. 그런데 문제는 소비가 중심이 된 자본주의 사회에서는 관계가 무너지면서 인간 삶이 피폐해지고, 가장 근본적인 가족마저도 해체되고 있다는 것입니다. 사람은 사회이며, 관계적인 존재인데, 관계가 해체되면서 생존에 위기가 닥쳐오고, 그에 따라 돌봄 욕구가 상승하게 된 것입니다. 특히 현대 사회에서 돌봄 체계는 시장주의, 물질주의의 전면화 때문에 많이 파괴됐지요. 여기에 대한 반작용으로 돌봄 문제가 중시되고, 사회적 담론으로 등장하고 있다는 것입니다.

이무열 지금 시대에는 자기 돌봄을 같이 이야기해야 관계 돌봄 또는 서로 돌봄이 성립될 수 있습니다. 자기 돌봄 없이 관계 돌봄이나 서로 돌봄이 건강하게 성립되기 어렵다고 봅니다. 즉 자기를 스스로 돌볼 수 있는 사람만이 타인을, 다른 생명들을 돌볼 수 있습니다. 물론 자기 돌봄과 관계 돌봄은 따로 있지 않고 상호 연결돼 있습니다. 다만, 그 출발점이 자기 돌봄이라는 것입니다.

박길수 최근까지 돌봄 논의는 사람 돌봄이었습니다. 자기 돌봄이든 타자 돌봄이든. 그런데 지금은 반려 동식물도 돌보고, 여러 비인간 생명은 물론 사물까지도 돌보고, 최근에는 기후 돌봄, 지구 돌봄 개념도 등장했습니다. 돌봄이 아주 트렌디해졌어요. 여기에는 자본주의 체제 성립 이래로 '고립화'의 길로 내몰려온 '나'가 실은 타자와 서로 연결되어 있어서, 내 안에 타자가 들어와 있고 타자 안에 내가 들어가 있기에 내가 존재하고 살아 있고 살아갈 수 있는 거라는 자각이 개재해 있습니다. 인류사의 차원에서 지금 이 시기는 인류 전체의 의식, 저는 이것이 '영성'이라고 생각하는데요, 이런 영성이 새롭게 계발(啓發)되고 발명(發明: 밝혀짐)되는 때입니다. 그 반대편에는 이른바 인류세(人類世)라고 하는 전 지구적 생물 대멸종의 위기 국면이 놓여 있고요. 돌봄에 대한 인식이 높아지고 다양한 논의가 진행되며, 제도화가 가속화되는 것은 지금까지와는 다른 사회를 만들어내지 못하면 공멸한다는 위기의식이 깔려 있고, 그것이 이 세계를 새로운 차원으로 이끌어 간다는 것입니다. 인간은 돌봄에 의해서만 생존하고 생활할 수 있다고 본다면, 이 시기에는, 인간 존재의 양상, 인간의 정의도 달라질 것입니다. 돌봄은 1차원적이고 고립적(일대일) 관계 속의 문제가 아니라, 자기 돌봄에서부터 타자, 사회, 국가 그리고, 사물, 생태계, 지구

(우주)에 이르기까지 다층적으로 존재하는 개념이라는 것, 그리고 그것이 '거대한 전환'과 연결되어 있다는 것을 자각하는 것이 중요하다고 봅니다.

이무열 돌봄을 생각할 때 시혜자 역할 위주로 생각하는 경우가 많아요. 그래서 보통은 나는 돌봄을 잘 하고 있다고 하지요. 그런데 돌봄 수혜자로서 자신을 함께 보지 못하면 위험한 사고에 빠질 수 있어요. 누군가를 돌본다는 우월의식으로 인해서 취약계층을 위한 돌봄의 도그마에 빠지게 됩니다. 서로 돌본다는 상호성과, 다시 내게 돌아오는 순환성이 있다는 걸 같이 생각해야만 돌봄의 우월성이라는 모순에 빠지지 않게 됩니다.

이나미 생각 머리를 돌려서, 존재의 관계에서 돌봄이 아닌 것을 얘기하면, 그것은 지배와 통제라고 생각합니다. 반대로 지배와 통제가 아닌 관계가 돌봄이고요. 인간과 자연의 관계를 논한 이론에서는 관계를 크게 지배, 돌봄, 합일의 셋으로 나눕니다. 이때 지배와 합일이 아닌 것이 돌봄이 됩니다. 돌봄의 태도는 사랑이고, 이러한 돌봄을 통해 상대방의 잠재력을 끌어내어 성장시키며 그와 동시에 본인도 성장한다고 생각합니다.

이무열 사랑에 대한 글을 많이 쓰신 스캇펫 박사의 사랑의 정의가 돌봄을 아름답게 잘 설명하고 있는 것 같습니다; "상대방의 정신적 성장을 위해서 내 자신을 성장시켜 나가는 것이 사랑이다." 지금 우리가 원하는 돌봄이 상대방의 성장(살림)을 위해서 나의 성장(살림)도 함께하는 돌봄이라는 거지요.

정규호 박길수, 이무열 두 분이 생명학에서 보는 돌봄, 기존 돌봄 논의에서 비어 있는 지점까지 연결해서 말씀을 해주신 것 같습니다. 그리고 이나미 님은 약자에게 베푸는 차원을 넘어 다차원적인 돌봄의 의미를 말씀해 주셨습니다. 상대방의 잠재력을 발견하여 발현시키고, 자기도 함께 성장해 간다는 이야기도 중요한 것 같습니다. 그리고 이무열 님의 지금의 말씀에서는, 돌봄이 자기와 타자를 거룩하고 성스럽게 하는 차원까지 확장될 수 있다는 생각이 듭니다. 김지하 선생이 '시장의 성화(聖化)'를 말씀하신 바 있는데, '관계의 성화'야말로 돌봄의 최고 수준의 목표가 되겠다는 것입니다.

이무열 시장의 성화란 곧 사회적 성화인데 연꽃에 비유해도 좋겠습니다. 현재 우리 사회는 굉장히 탁하고, 사실은 누구도 원치 않는 상황이지만 진흙 속에서 아름다운 꽃을 피어내는 연꽃처럼, 돌봄도 이 어려움 속에서 아름다운 꽃을 피워내는 일이 될 것 같습니다.

윤호창 최근 나온 『돌봄선언』에서는, 마르크스-엥겔스의 공산당 선언에 빗대어 '돌봄선언'을 하고 있더군요. 시장사회의 대안으로 돌봄 사회를 만들어 가자는 내용입니다. 공산당 선언은 20세기에 세계적으로 지대한 영향을 끼쳤지만, 결국은 좌절되었어요. 공산당 선언의 기획이 끝난 자리에 현재는 복지국가론이 있습니다. 공산당 선언보다는 좀 더 친절한 방식으로 국가가 개개인을 돌보라는 것이 복지국가론입니다. 복지국가보다 진화된 모델이 서로가 서로를 돌보는 '돌봄 공동체' 담론입니다. 복지국가가 일방적 관계를 전제로 한다면, 돌봄 공동체는 구성원들이 상호작용하는 모델이라 할 수 있겠지요. 이런 돌봄 공동체가 잘 작동할 수 있도록 지원하는 것이 돌봄 국가라고 봅니다. 하지만 지금 우리 사회는 돌봄 국가는커녕 돌봄 사회, 돌봄 공동체가 제대로 될까 하는 회의가 들 만큼 피폐해져 있어요. 개개인이 진흙 속의 연꽃이 되는 것은 아름답긴 하지만, 이뤄지기 힘든 일이지요. 시장의 성화도 추상적으로 다가오고….

이나미 자연과 인간 간의 관계를 논할 때, 지배, 스튜어드십, 자연과의 합일, 이렇게 세 가지로 나누어 보는데요, 이때 스튜어드십이 제가 생각할 때는 딱 돌봄의 의미로 여겨집니다. 매니저는 관리자란 뜻인데 스튜어드는 좀 더 '정서적으로 친밀함을 갖고 돌보는 사람'이라는 느낌이거든. 이러한 삼분법은 인간과 자연의 관계뿐만 아니라 인간과 인간, 인간과 다른 생물, 인간과 사물 간의 관계에도 적용될 수 있다고 봅니다. 그랬을 때 돌봄이 지배를 대체하는 관계로서 매우 중요한 모델이 될 수 있다고 생각합니다.

신현경 제가 이번에 미국에서 '어쩌다, 에코페미니즘' 미술 전시를 했어요. 거기에서 마셜 맥루한을 전공한 캐나다 토론토 대학 교수가 발표를 하셨는데, 한국 문화예술에 왜 세계인이 열광하는가를 설명하면서, 지금까지의 문화가 지배 구조적이었다면 한국 문화는 대등하다는 점에 초점을 맞추어 설명했어요. 너와 나는 연결된 존재이므로 나도 중요하고 너도 중요하다는 메시지가 드라마(오징어 게임)나 BTS의 노래에 들어 있다는 거죠. 저희 그룹이 추구하는 에코페미니즘이 바로 존재가 서로 연결되어 있음을 강조해서 얘기하는데, 그 교수도 한국문화가 객관적으로 또는 일반적으로도 서로를 연결하고 생태적인 특성을 드러낸다고 보는 거예요. 이것이 돌봄과도 관련이 있지 않을까요?

이무열 여성과 돌봄을 연결 짓는 것은 전근대적이라고 비판만 했는데, 오히려 페미니즘 입장에서 돌봄 개념을 새롭게 적극적으로 정리해 볼 필요가 있군요. 대부분 돌봄을 이야기하면 무한한 사랑을 주신 어머니를 떠올리죠. 국내에서는 여신의 이야기가 어머니와 겹쳐지기도 하고요. 이런 부분에서 여신과 에코페미니즘과 돌봄에 대한 어떤 연결성을 한번 짚었으면 좋겠습니다.

정규호 기존의 돌봄 경제 논의는 페미니즘 경제학이 많이 결합된 모습인데, 논의의 초점이 자본주의 사회에서 소위 그림자 노동, 돌봄 노동의 영역을 드러내는 쪽에만 맞춰졌지요.

윤호창 신현경 선생님의 이야기처럼, 에코페미니즘을 한국 미술의 특징으로 보면서 이를 사회 분석으로까지 연장하려 하면 자칫 한국 사회에 대한 오독이 발생할 것 같습니다. 지금 한국 사회는 현실적으로 소통보다는 단절이 많은 사회가 아닐까요? 우리가 20년째 자살률이 가장 높은 국가인데, 크게 세 가지 요인이 작용합니다. 첫째, 경제적 불평등이 자살 요인의 절반 정도를 차지하고, 둘째, 낮은 자존감, 셋째가 공동체의 해체입니다. 각각 자살의 경제적, 교육적, 사회적 요인이라고도 말할 수 있습니다. 낮은 자존감은 우리 교육에 팽배해 있는 경쟁 교육이 주된 요인이라고 봅니다. 경쟁 체제 속에서 자신이 무엇을 좋아하는지, 뭘 잘하는지 생각할 틈도 없고, 자존감이 형성될 계기가 없습니다. 자존감이 없다 보니 작은 성취에는 교만이, 작은 상실에는 자기 비하가 자주 일어납니다. 불평등, 낮은 자존감, 해체된 공동체 등이 오늘날 우리 사회의 특징이 되고 있습니다. 현실을 정확히 봐야 제대로 된 해법을 찾을 수 있습니다.

신현경 네 동의합니다. 그런데 현 사회는 한마디로 재앙 사회라고 할 수 있죠. 제가 보기에는 예술, 특히 미술에서 세계적으로 세기말적 현상을 보여주고 현 상황을 정말 비극적으로 보고 있어요. 그런데 거기에 대한 대안을, 예술로 드러나는 한국의 미학 - 이를 두고 민족성까지 얘기할 수 있을지는 모르겠지만, 한국의 전통 안에서 찾아낼 수 있다고 보는 거지요.

'돌봄'이 중요해진 이유는?

정규호 자연스럽게 다음 질문하고도 연결이 됩니다. 왜 최근 들어 돌봄이 중요해지는가 하는 문제죠. 이제부터는 이 문제를 논의해 보죠.

유정길 우선, 현재의 위기가 경쟁을 기반으로 한 자본주의 산업사회의 배타성으로부터 초래되었기 때문입니다. 경쟁은 파편화된 개인들을 기본 토대로 작동합니다. 그 경쟁은 내가 더 높이 올라가고 더 많이 성장하려는 것입니다. 상승 지향의 수직적 사회인 거지요. 결국 경쟁 사회는 위계적인 구조를 만들고 지배 - 종속 관계를 강화합니다. 사람이나 자연을 존중하고 돌보며 사는 것이 아니라, 도약을 위한 희생으로 삼는 것입니다. 이러한 경쟁사회의 대항적 가치가 바로 돌봄이라고 봅니다. 지금껏 우리를 지배해 온 가치는 '성장'입니다. 자원의 무한채굴을 전제한 무한확장주의입니다. 그런데 그게 한계에 봉착하고 파탄에 이르렀습니다. 그에 따라 가치의 중심이 '성장'에서 '돌봄'으로 자의반 타의반의 전환을 하게 되는 것입니다. 돌봄은 서로 연결되고 의존한다는 인식을 바탕으로 성립합니다. 그래서 상대의 고통은 나의 고통이라고 보며, 상대와 자연의 행복과 풍요가 나의 행복과 풍요를 결정한다고 생각하여 돕고, 협력하고 배려하는 것이지요. 위계적 사회에서는 많은 돈, 높은 지위, 생산력들을 높이 평가하고 중시했습니다. 그러다 보니 임금노동, 지불노동의 효율성을 중시해 왔습니다. 그러나 실제 사회를 유지하는 것은 비지불노동입니다. 부모가 아이를 낳고 기르는 것, 이웃이 서로 돕고 봉사하며 상부상조하는 활동 등이 모두 비지불노동입니다. 우리 사회의 90% 가량이 비지불노동의 영역입니다. 비지불노동은 재생산 노동이고, '그림자 노동'이라고도 하는데, 그러한 비지불노동의 바다 위에 지불노동이라는 배가 떠 있는 것이지요. 매일매일 시시포스의 노동처럼 반복적으로 밥 짓고 빨래하는 순환 노동입니다. 그러나 이 노동은 바로 생명을 포태하고 생명과 자연을 살리며 유지하게 만드는 노동입니다.

이무열 그런 의미들을, "자본주의는 돌봄의 해체를 통해 성장해 왔다"는 명제로 표현할 수 있는데, 돌봄이 작동되면 상품 소비가 줄어들고, 자연스레 자본주의 이후를 전망할 수 있게 됩니다. 요즘 돌봄 상품들이 눈에 띄게 늘어나고 있습니다. 관계 돌봄 속에서 해결된 관혼상제 전 과정이 상품으로 판매되고 있습니다. 이전에는 모두가 순수 돌봄을 통해 해결하던 과정이지요. 이것뿐 아니라 식의주 생활 전반에서 자본주의는 자연스런 돌봄을 해체하여 자기화하면서 성장해 왔습니다. 그런데 지금 우리가 당면한 위기 중 대표적인 사회적 위기, 기후 위기도 돌봄의 해체로부터 시작되었다고 할 수 있습니다. 그래서 다시 돌봄을 회복하는 일이 중요하고 긴요한 일이 되는 것입니다. 전환에서도 돌봄이 중요한 키워드가 될 수 있습니다. 돌봄을 전면에 내세워서 피부로 느낄 수 있는 돌봄의 영역을 더 구체적으로 세밀하게 그려낸다면 돌봄을 정치 전환의 어젠다로 내세울 수 있습니다. 그런 점에서 지난 22대 총선에서 녹색정의당이 돌봄 정책을 발표한 것은 주목할 만하고 좋은 평가를 할 만하지만, 한편으로 정책 수준을 넘어 포괄적 돌봄을 선언했다면 하는 아쉬움도 있습니다.

정규호 돌봄의 해체를 통해 자본주의가 성장했다는 언급이 있었는데, 경제학자 아마티아 센은 자본주의는 사람들의 불안과 공포를 먹이 삼아 작동한다고 한 바 있습니다. 또 사람들이 타고난 능력이 다양하고 기회는 제한돼 있어 경쟁은 일어날 수밖에 없는데, 문제는 경쟁에서 낙오한 사람들이 더 이상 패자 부활의 기회를 갖지 못하는데 있다는 생각도 들었습니다.

윤호창 돌봄을 단순히 개개인들의 행위로서가 아니라, 시장사회에 대응하는 돌봄 사회에 대한 전망까지 포괄하는 담론으로 만들어 가야 합니다. 돌봄과 공동체의 해체를 통해 자본주의, 시장사회가 성장하였다면 시장사회에 대한 대안으로 돌봄 사회의 청사진을 그려보자는 것입니다. 복지국가론도 일종의 돌봄 사회론이라고 볼 수 있습니다. 다양한 돌봄 공동체가 역동적으로 움직이고, 이를 국가가 지원하는 모습이 이상적인 모습이 아닐까 합니다. 제가 '복지국가소사이어티'에서 몸담고 있는데, 이 단체를 작명할 때 '복지국가, 복지사회'를 놓고 논쟁이 있었습니다. 과거 국가의 부정적인 모습도 있었고, 오랫동안 중앙집권적 문화에 살아왔기에 '국가'의 부정적인 폐해가 염려가 됐던 것이지요. 하지만 복지사회는 좀 추상적이고, 복지국가는 그래도 북유럽 등의 모델이 있었기에 복지국가라고 했어요. 복지국가가 좀 더 진화하면 복지사회가 될 텐데 저는 이것이 돌봄이 전면화된 사회, 즉 돌봄 사회라고 봅니다.

박길수 전통적으로 돌봄을 담당하던 핵심 단위는 가족 공동체, 그리고 주요 돌봄 주체는 '가정주부(며느리, 아내, 어머니)'였습니다. 현재 우리 사회의 돌봄 이슈는 전통적으로 가정과 지역사회 중심의 돌봄이 공공화(중앙+지방정부)와 시장화라는 양극단으로 치달아 가는 와중에, 아직 어느 것도 제대로 작동하지 못한 데 따라 '돌봄 공백'이 생긴 것이 기본 구조라고 봅니다. 그 이면에는 대가족 - 핵가족 - 핵개인 순으로 해체되어 가는 사회 변화가 자리 잡고 있고요.

문제를 정리해 보면, 첫째, 돌봄의 공공적 측면, 즉 중앙정부나 지방정부가 어떻게 돌봄의 책임을 다할 것인가, 둘째, 돌봄의 시장화 문제, 즉 요양원 시설이나 서비스의 질 문제, 요양보호사의 자질 문제, 돌봄의 비용 문제 등입니다. 그런데 우리가 논의하는 돌봄은 여기서 한 걸음 더 나아가 우리 사회는 물론이고, 지구 생명공동체의 위기가 바로 성장 중심주의, 자본주의 체제의 문제로부터 비롯되었고, 돌봄의 위기도 근본적으로 그로부터 야기되는 것으로 보고, 탈성장 혹은 포스트성장 사회·체제에서의 돌봄, 혹은 그러한 체제를 가져오는 운동으로서의 돌봄이라고 할 수 있겠습니다. 돌봄이 화폐-성장 중심 경제로부터 돌봄-성숙 중심의 경제로 이행하는 체제 전환의 계기가 될 수 있다는 기대와 문제의식 속에서 돌봄 논의를 진행해 가는 것이 우리의 목표라고 할 수 있겠습니다.

윤호창 공공(公共)을 하나의 단어처럼 해석하는 경향이 있는데, 저는 이 둘을 분리해서 공(公)의 국가 영역, 공(共)의 사회 영역으로 나누어 봐야 한다고 봅니다. 지금의 공공 영역은 국가나 공공기관의 일로만 생각하지 '사회'의 역할은 염두에 두지 않습니다. 자유교육이 활성화된 덴마크에서는 비교적 자유롭게 학교를 설립할 수 있다고 합니다. 몇몇 부모들이 모여서도 함께[共] 학교를 만들고 교육 내용은 자유롭게 하면서도, 학교에 대한 지원은 국가(公)가 7~80%를 부담한다고 합니다. 우리나라에는 공(共)적 의식이 부족하기 때문에 대안교육도 국가체제에 편입되어 버리거나, 체제 밖에서 지원 없이 힘겹게 운영해야 하는 양극단에 내몰립니다. 그런 점에서 우리 사회에 가장 필요하고 중요한 것은 공(共)의 활성화라고 봅니다. 이게 없이는 국가주의나 시장주의에 빠질 수밖에 없지요. 공(共)의 활성화가 돌봄 사회를 만들어 가는 핵심 요소라고 생각합니다. 이 공(共)이 없기 때문에 물질적 성취는 이뤘지만, 개개인들이 느끼는 행복감은 100위 밖의 후진국 수준이 되는 겁니다.

박길수 최근에 '돌봄'을 키워드로 정기적으로 인터넷 검색을 했습니다. 그런데, 작년부터 광역 및 기초 지자체 단위에서 돌봄 관련 기관이 거의 매일 몇 개씩 생겨나는 추세가 보입니다. 이것만 놓고 보면 공공(公共)에서 공(公)의 영역이 폭발적으로 확장하는 국면이라고 생각됩니다. 그렇게 되자 돌봄 시장이 돈 되는 줄기를 잡아 쥐고 성장하고 있습니다. 그 성장과 확장 속도가 하도 빨라서, 상대적으로 돌봄의 사회적 영역은 위축되는 느낌마저 듭니다. 저는 이것이, '자본'이 '국가'를 추동하여 '자본주의 시스템'을 지속시키기 위한 국가(사회) 체제의 구축-개선을 해 나가는 장면이라고 봅니다. 물론 우리는 공공부문 투자 확대나 공(公)의 책임성 있는 역할을 요구하기도 하지만, 그것이 공(共)을 위축시키고 예속시키는 방향으로 나아갈 우려가 있다는 점과, 또 돌봄 공백을 메우는 작업이 '체제 유지'를 강화하고, 체제 모순을 은폐하며, 궁극적으로 '체제 전환'으로 나아가는 동력을 약화시킨다는 점에 주의해야 한다고 봅니다.

정규호 돌봄이 우리 사회의 주요 이슈로 등장한 것은 분명합니다. 이념과 접근 방식에 차이가 있지만 정치권도 돌봄을 주요 과제로 부각하고 있고, 정부나 지자체도 돌봄에 관심을 기울이고 예산도 편성하고 있지요. 이런 상황에서 돌봄의 공공화와 시장화를 넘어서는 다른 대안은 없는지, 생명학의 관점에서 우리가 중요하게 봐야 될 지점은 무엇인지 의견을 나눠봤으면 좋겠습니다.

윤호창 저는 이번 공저에 '지역과 돌봄'이라는 주제를 구체화시켜 보려고 합니다. 많은 공동체가 해체되고 있는 상황에서 지역 커뮤니티를 복원하지 않으면 별다른 방법이 없다고 생각합니다. 가족이 감당하기에는 규모가 너무 작고, 지방정부를 포함해 정부가 새로운 것을 시도하기에는 규모가 너무 크고, 경직되어 있지요. 지역을 중심으로 다양하고 많은 커뮤니티와 돌봄 공동체를 만들 필요가 있어요. 이때도 국가와 정부의 역할이 중요한데, 전면에 나서는 것이 아니라 지원하는 역할입니다. 그런데 이게 쉬운 일이 아니지요. 국가는 아무리 작은 일도 생색을 내는 데는 익숙하니 말입니다. 지난 18년간 저출생 관련 예산이 280조라고 해요. 1년간 평균 21조를 사용한 것이고, 3,500개 읍면동에 연간 60억 이상 들어간 꼴이에요. 60억 중에 절반만 들어서 3500개 읍면동의 주민들이 다양한 실험과 모색을 하도록 했다면 현재보다는 훨씬 상태가 좋아졌을 겁니다. 국가가 사회, 특히 지역사회와 주민들을 믿지 못하고, 주민들도 자존감을 가지고 싸우지 못한 공동의 책임이겠지요. 지역에서 좋은 리더가 나와서 혁신적인 모델을 만들지 못하면 우리 사회는 계속 힘들어질 거예요. 그런 문제의식 때문에 현재는 마을대학, 시민의회, 지역정당 활동을 하고 있습니다.

정규호 그런데, 관료주의 병폐는 지역도 예외가 아닌 것 같아요. 그래서 지역사회 돌봄을 이야기할 때 지방정부의 역할을 잘 살펴봐야 하고, 또 민간 영역에서 돌봄을 사업과 연결해서 활동하는 수많은 종교단체나 복지단체도 무시할 수 없는 게 현실이잖아요. 이런 상황에서 돌봄의 대안을 어떻게 찾아야 할지도 논의해 보아야 할 것 같습니다.

이나미 최근에 지역에 뿌리 내리고 살아 보려던 한 청년이 자살한 사건이 있었습니다. 그 청년은 지역에 정착하려면 지역 사회의 네트워크에 참여해야 한다고 생각해서 동참하였습니다. 그런데 지역 공동체 내에서 부당한 일, 갑질을 당하게 되는데 이건 지역 사회이다 보니 어떻게 통제를 할 수 없는 것이었죠. 그 청년은 이런 문제로 굉장히 힘들어하다가 자살했다고 합니다. 우리가 풀뿌리 민주주의를 강조하지만 사실은 풀뿌리 보수주의가 더 강할 수 있어요. 따라서 지역에서 실질적인 주민 자치 민주주의와 평등을 어떻게 보장할 수 있는지도 고민해야 합니다. 그 청년의 경우, 차라리 국가, 즉 공적 영역이 개입했더라면 그런 비극적인 결과는 없지 않았을까 하는 생각이 듭니다. 국가는 공적인 가치들이 지역 차원에서도 보장될 수 있게 해야 하고, 지역은 친밀함이란 이유로 갑질이라 여겨질 수 있는 무리한 요구를 하지 않아야 합니다. 그리고 그러한 것이 지켜질 수 있는 기준이 지역에서 마련되어야 할 것 같아요.

생명(학 또는 운동)은 왜 '돌봄'에 주목해야 할까?

정규호 돌봄 자체가 다차원적이듯이 이 문제에의 접근도 다차원적이어야겠다는 생각이 드네요. 다음으로 돌봄 관련 문제를 풀어가는 데 생명학 또는 생명운동의 관점에서 어떤 논의점을 제공할 수 있는지 얘기해 보면 좋겠습니다.

유정길 불교 입문 초기에 법륜 스님께 "귀신은 있는 겁니까, 없는 겁니까?"라고 물어봤어요. 스님은 뜻밖에 "당연히 있지?"라고 말씀을 하시더군요. 스님은 "만일 '귀신은 없는 것이다'라고 말하면 수많은 초현실적 사실과 신비적 일에 일일이 과학적인 근거를 제시해야 하는데, 그냥 '귀신은 있어'라고 말하면 그런 규명의 책임은 질 필요가 없는 것 아닌가"라고 말씀하시고, "불교는 '지옥, 아귀, 축생, 수라, 인간, 천상'을 윤회한다고 말하는 종교이다. 천상은 곧 신들의 세상인데 불교적으로는 신이나 귀신도 결국 윤회하는 불쌍한 중생 중 하나"라고 하시더군요. 그때 저는 '귀신은 불쌍한 존재'라는 말을 들으면서 귀신에 대한 두려움이나 공포심이 사라지는 걸 느꼈습니다. 그 이후 저는 실제로 예전 같으면 굉장히 무서울 법한 경험을 했는데, 저 스스로도 놀랍게도 두려움 없이 아무렇지도 않게 대처할 수 있었습니다. 저에게 '자비심'이 생겨서 그렇게 된 것이지요. 자비는 사랑과 연민의 마음입니다. 연민은 가엽게 생각하는 것이지요. 누구든 괴롭고 고통받고 있는 중생으로 가엽게 여기는 마음이 생기면 놀랍게도 그를 미워하거나 두려워하지 않게 되는 것 같았습니다. 자비의 비는 슬플 비(悲)입니다. 불쌍하고 슬프게 생각하며 가엽게 여기는 연민의 마음이 곧 상대방을 돌봄의 마음으로 연결된다고 봅니다. 다른 사람을 '돌봐줘야겠다, 도와줘야겠다'는 마음을 가로막는 요소가 뭔가를 생각해 봅시다. 상대의 고통이 나의 기쁨이 되는 사회에서는 상대의 실수가 나에겐 행운이 됩니다. 상대가 잘나가는 것, 나보다 권력도 높고 부자이고 잘사는 것처럼 보이는 사람은 내가 미워해도 괜찮을 정도로 단단하다고 그럴 만한 잘못이 있는 사람이라고 생각합니다만, 그도 사실은 나처럼 괴로움과 고통을 받는 가여운 존재라는 비심(悲心)을 갖는 것입니다. 내가 돕지 않으면 안 될 사람이라고 생각하는 것이지요. 그런 마음이 돌봄 시스템의 근본이 되어야 합니다. 심려(心慮)는 '마음으로 걱정해 주는 것'이고, 배려(配慮)도 결국 '걱정하며 도와주려는 마음'이지요.

윤호창 비(悲)는 일종의 연대감으로 느껴집니다. 시리아 내전이 일어나고, 난민이 발생했을 때 영국과 프랑스가 난민을 3만 명가량 수용하기로 했어요. 그런데 시리아 난민 문제 때문에 영국은 브렉시트가 일어났고, 프랑스는 극우파인 르펜의 국민전선 후보가 대통령 선거 결승까지 올라갔어요. 반대로 독일의 메르켈은 100만 명을 받겠다고 선언을 했어요. 그때 다들 메르켈은 정치적 생명은 끝났다고 했는데, 이후에 독일은 117만 명을 받아들였어요. 메르켈 리더십의 승리이자, 독일 국민들의 승리였습니다. 독일의 민주주의 교육이 그것을 가능하게 했다고 봅니다. 비심, 연민, 연대감 등은 개인적인 감정이지만 교육을 통해 충분히 키울 수 있다는 것을 독일이 보여주었다고 생각해요. 독일 국민들은 600만 유대인 학살과 같은 만행을 저지르고, 방조도 했지만 50년 이상의 강한 민주주의 교육을 통해 영국과 프랑스가 생각지도 못한 것을 이뤘어요. 다양한 교육과 공동체적 경험을 가지고 비심(悲心), 연민, 연대감 등을 키워나가야겠지요.

정규호 결국 어떻게 돌봄의 마음을 심어줄까가 과제인 것 같습니다.

임채도 돌봄, 돌본다는 것의 반대말을 『돌봄선언』에서는 무관심이라고 규정해요. 불교의 비(悲)도 결국 상대에 대한 관심으로부터 일어나는 마음 아니겠어요? 무관심은 우리가 자기 자신만 쳐다보며 오로지 방어적 이기심으로 삶의 불안을 해소하려는 데서 생기는 것이겠지요. 그건 실패하고 말 겁니다. 한편 그런 의미에서 돌봄과 유사한 말로 심려, 배려라는 말이 떠오릅니다. 심려는 앞서 비(悲)와 비슷하게 마음으로 불쌍히 여기는 것이라면 배려는 구체적인 수단, 자원을 가지고 서로의 결핍과 부족을 채워주는 행위를 뜻한다고 할 수 있지요. 돌봄은 심려와 배려의 결합, 마음과 물질로 서로의 부족함을 채우는 활동이라고 할 수 있겠습니다. 저는 우리 인간사회에서 돌봄이 중요하지 않았던 적은 한 번도 없었다고 생각합니다. 생존과 직결되는 문제이기 때문이지요. 그런 의미에서 어떤 분이 '돌봄의 해체'라는 말을 썼는데 저는 돌봄이 해체된 적도 없었다고 생각합니다. 근대에 들어서 돌봄은 국가와 시장이 중심

주체가 되고 공동체가 주변으로 밀려났습니다. 국가는 입법과 복지정책을 통해 노동자들을 작업장에 철저히 결속시켰고, 시장과 자본은 돌봄의 기능을 상품화함으로써 초과이윤을 얻고자 했지요. 그 결과 대부분의 돌봄 영역은 시장화, 국가화 되었고 그 외 나머지는 철저히 사사화(私事化)되고 말았습니다. 지금 우리가 돌봄의 대안 전략을 고민하는 것은 요컨대 돌봄의 공공화를 말하는 것이지 않을까요? 사람을 대상화하고 소외시키는 돌봄이 아니라 관계의 복원을 통해 서로가 서로를 돕는 공동체의 역할을 강화하자는 것입니다. 여기서 고민은 국가의 역할입니다. 국가의 돌봄 역할을 완전히 배격하는 것은 무리가 있다고 봅니다. 그러니까 돌봄에서 국가의 역할을 재설정하고 시민사회의 역할과 조정, 조화시키는 것이 중요하다고 봅니다. 이를테면, 저는 국가가 사회 구성원들의 최소 돌봄의 법적 기준과 자원 공급을 보장하고, 그 외 돌봄의 내용과 형식은 지역과 공동체가 만들고 구성해 나가는 것이 기본 방향이 되어야 하지 않을까 생각합니다. 공공화(公共化)라고 했을 때, 국가의 공(公)적 영역과 지역 공동체의 공(共)적 영역이 거의 대등한 수준에서 서로 경쟁하고 조화를 이루는 것을 상상해 봅니다. 한살림도 일부 지역에서 현재 돌봄 서비스를 공급하고 있는데, 방법을 조금 더 고도화해 나갈 필요는 있습니다. 노인, 아이 돌봄 외에 여가, 레저, 교육, 요리, 장보기 등 우리 주변의 다양한 돌봄 수요를 점차 아우를 수 있어야겠습니다. 화폐 거래 외에도 시간제 돌봄 쿠폰을 교환하는 지역 플랫폼도 가능하리라 봅니다. 우리 시민사회의 공(共)적 영역이 아직 충분히 발달하지 못한 측면을 회의적으로 볼 수 있겠지만 돌봄의 공공화는 농촌지역에서 먼저 그 가능성을 발견할 수 있습니다.

이나미 유치원이나 어린이집 경우를 보아도, 부모들이 가장 선호하는 것은 국공립 기관이고 그다음이 부모들이 함께 참여하는 공동육아 모델입니다. 가장 인기 없는 것이 시장, 즉 영리 목적의 사립 어린이집입니다. 사립 어린이집은 이익 추구를 앞세워 그만큼 서비스의 질이 떨어진다고 생각하는 거예요.

임채도 현재 우리나라 정신병원의 체계와 등급은 대체로 세 단계로 나눌 수 있습니다. 최상위 정신질환 관련 돌봄 서비스를 제공하는 곳은 삼성서울병원과 경기도 소재 가톨릭재단 ○○정신병원이고, 그다음이 전국 6개 국립정신병원, 그리고 마지막이 전국 도처에 있는 사립 민간병원과 시설입니다. 최상위 병원은 정신질환자 돌봄의 바람직한 방향을 보여주지만 비용이 높고 접근하기가 어렵습니다. 그다음 국립정신병원이 우리나라 정신질환자 돌봄의 평균 기준을 보여주고 있어요. 나머지 대다수 민간 병원과 시설 중에는 열악한 곳이 많습니다. 저는 한살림 돌봄은 우리나라 돌봄의 미래를 보여주는 모델이 되어야 한다고 생각합니다. 국가나 민영 시설들과 경쟁하기보다는 올바른 돌봄의 가치와 운영 모델을 보여줌으로써 우리나라 돌봄의 질을 높이는 데 기여해야 할 것입니다.

정규호 좋은 사회는 선택지가 다양하고 자유도도 높은 사회라고 생각해요.

윤호창 그렇습니다. 진보된 사회는 다양성이 높아진 사회입니다. 이를 위해서는 앞서 말한 공(共)의 역할이 중요합니다. 국가, 공무원과 비슷한 공공적 역할을 하는 시민단체, 활동가들에게 적절한 지속성 보장을 해 주어야지요. 학교도 마찬가집니다. 공영(共營)형 학교가 많아지고, 이를 정부가 지원해 주는 방식이 늘어나야 합니다. 공동육아협동조합에 좀 더 지원을 강화하면 지역에서 많은 육아 커뮤니티가 만들어지겠지요. 덴마크는 국립학교가 70%쯤 되고, 사립과 공영형 학교가 30%쯤 된다고 합니다. 7~80%의 지원을 하면서도 자율성과 다양성은 높은 수준에서 인정한다고 해요. 다양성이 높아지면 삶의 질도, 개인들의 행복도도 높아질 것이라 봅니다.

박길수 그동안 사회 영역은 국가의 억압 등을 통해 지속적으로 쇠락해 왔고, 사회적 기능의 수행 능력에 한계가 있다는 걱정도 많습니다. 자체 역량과 신뢰도를 높이는 과정도 필요합니다. 한때 시민운동이 한창 활성화되었었는데 지금 정부에 들어와서 시민사회에 지급되는 예산이 삭감되고 엄격하게 통제하는 분위기로 바뀐 것 같아요.

윤호창 저는 사회 영역이 제대로 역량을 발휘할 기회를 제대로 가지지 못했다고 생각해요. 해방 이후에 그냥 국가가 일방적으로 주도하고 명령한 거지, 사회 구성의 주체인 우리가 세금을 가지고 실험해 볼 기회가 별로 없었습니다. 몇몇 실험적 시도는 있었지만 아직까지 성공적인 모델이 나온 건 아니고, 국가 일변도의 사회였기에 시민사회가 그런 실험을 해 볼 기회 자체가 거의 없었다고 봅니다. 게다가 시민사회에 대한 통제가 강화되고 지원이 축소되는 과정은 시민사회에 대해 국가가 위기의식을 느낀 결과라고 생각해요. 시민사회가 성장하면 국가의 통제력은 약화되는 것이니, 보수 쪽에서는 재정 등을 통해서 시민사회가 성장하는 것을 막으려고 하지요.

신현경 공동육아 연구소 관계자들과 어린이집 교사교육을 한 적이 있습니다. 저는 비주얼 리터러시 교육으로 그 길을 찾아보려 하였습니다. 비주얼 리터러시란 자기 느낌을 알아차리는 과정입니다. 자기를 알아야 자기 돌봄이 되고 그게 돼야 타자를 돌볼 수 있게 되거든요. 있는 그대로 보는 비주얼 리터러시 함양 교육이 기초가 되는 게 교육의 혁명이라고 봅니다. 달리 지금까지의 교육이 좌뇌 중심, 즉 이성 중심의 교육이었다면, 비주얼 리터러시는 우뇌적 감성을 강화하는 교육입니다.

윤호창 앞서도 이야기했지만, 한국 사회의 개개인들은 자존감이 낮은 상태에 있다고 봐요. 김누리 교수는 낮은 자존감은 극심한 경쟁교육에서 온다고 주장하고, 우리 사회의 교육혁명을 일으켜야 한다고 이야기합니다. 현재의 이 낮은 자존감들을 어떻게 하면 키울 수 있을까요?

신현경 자존감을 높이는 근본적인 치유는 무의식 수준에서 이뤄져야 합니다. 자기의 느낌을 직면하는 겁니다. 무심코 그은 듯한 선 하나가 나를 표현하고 있고 이걸 볼 줄 안다는 건, 내 안에서 서로 연결된 관계들을 주시한다는 얘기예요. 하나의 선이 내 내면을 드러내는 거울이 되는 거죠. 공동육아에서 기초 단계 교육으로 낙서 미술을 시키는데 애들이 스스로 굉장히 잘해요. 그런데 공동육아 출신 아이들은 이게 잘 되는데, 일반 학교에서는 잘 안 돼요. 틀이 이미 그쪽으로 짜인 거죠. 하여튼 자기 배려 또는 자기 돌봄의 역량을 기르는 좋은 방법이 비주얼 리터러시 교육입니다. 비주얼 리터러시의 최고 단계를 보통 구석기시대 동굴 벽화의 들소 그림을 꼽는데, 이들은 정말 살아 있는 듯이 보여요. 영적으로 연결되는 거죠. 개념 즉 명사가 아니라 동사나 형용사로서 작동하는 거예요. 이걸 그려 보면 알아요. 아이들은 이 선 하나에서 다른 세계로 연결돼요. 하나의 이미지로부터 확대되는 세계가 상상의 세계인데 그게 단순한 상상의 세계는 아닌 것 같고요. 상상은 끊임없이 새로운 것으로 이어지고, 그만큼 내면에서 분출되는 무언가가 있는 거죠.

윤호창 끊임없이 새롭게 생각하고 해석하는 것이 중요해 보입니다. 독일에서도 비슷한 문제의식이 있었던 것 같아요. 독일인들이 히틀러주의에 빠진 것은 생각하기를 멈춰 버렸기 때문이라고 보고, 전후에 연방정치교육원을 만들어서 끊임없는 생각하기와 해석하기를 훈련하는 것을 교육의 핵심 방향으로 삼았다고 해요. 우리 사회는 지나친 경쟁이 많은 것들을 소멸시키고 있습니다. 인구가 너무 많기도 하고, 경쟁을 당연시하니 돌봄이나 배려를 생각할 여유가 없습니다. 유럽도 비슷했지요. 그래도 68혁명 이후에 대학 서열이나 학비를 없애고, 임금 격차도 줄이고, 경쟁을 없애고자 노력했기에 오늘의 복지국가 형의 유럽을 만들 수 있었던 겁니다. 우리 사회와 같은 극심한 경쟁 논리가 판치는 곳에서 돌봄 사회, 배려 같은 것은 좀 사치스러워 보이기도 합니다.

박길수 돌봄은 크게 마음의 영역, 제도적(공공) 영역, 그리고 시장 영역으로 구분해 볼 수 있습니다. 돌봄의 마음은 비가시적이고 정서적이어서 인위적으로 통제하기 어려운 영역이라면, 공공의 혹은 시장화된 돌봄은 객관적인 지표에 따라 작동하는 영역입니다. 극단화해서 말하자면 후자는 마음이 배제되거나 마음마저 계량화 하는 거고 전자는 대개 마음만 앞설 뿐이라고 표현할 수 있습니다. 현실 세계의 돌봄은 이 두 극단 사이에서 접점을 찾는 일일 것 같아요. 거기에 대한 답이 첫째는 교육이 아닐까 싶어요. 현재의 교육 방식을 밀어 붙이는 것이 아니라 혁명적인 교육 혁신이 필요하겠지요. 그렇게 해서 돌봄을 체화한, 돌봄을 기본 교양으로 내면화한 새로운 인간상(人間像)을 일궈 나가야 합니다. 그다음이 '운동'이라고 할 수 있는데, 생명학연구회에서 이런 책을 기획하며 집담회를 진행하는 일도 그 일환이 아닐까 합니다. 종교는 마음을 수행해서 마음에 대한 통제력을 발휘해서 이 문제에 접근하려는 거고 국가는 시스템이나 제도 등을 통해서, 시장은 자본의 논리로 이 문제에 접근하죠. 그들 사이-너머의 길을 찾는 것이 생명학연구회 돌봄 논의의 방향이 되어야 한다고 봅니다. 저는 출판사 차원에서 돌봄학, 돌봄철학이라는 과제를 설정하고 있는데요, 이 역시 비가시적이고, 실체 없으며, 정처(定處) 없으나 그것도 결국 마음의 영역과 제도적(가시적)이고 안정적이며 현실적인 돌봄 사이에서 길을 찾는 작업입니다.

생명학연구회는 '돌봄'에 어떻게 접근해야 할까?

정규호 자연스럽게 생명학연구회가 돌봄을 다룬다면 어떻게 접근하고, 어떤 부분이 강조되어야 할지, 차별화의 지점이 무엇일까 하는 주제로 넘어왔네요. 앞서 자기 돌봄에서 시작해서 영성 차원의 돌봄까지 나왔고, 공공(公共) 돌봄과 관련해 공(公)과 공(共)의 역할에 대한 투트랙 접근이 필요하다는 이야기도 있었습니다. 명사형 돌봄과 형용사형 돌봄이 각각 제자리를 잘 찾도록 하는 게 중요하다는 이야기도 있었고요. 우리 사회는 치열한 경쟁으로 각자도생의 길로 치닫고, 반면에 돌봄의 현실은 매우 척박한 상황에 놓여 있는 것 같아요. 능력주의 관련해서도 저는 사람들이 타고난 능력들은 굉장히 다양한 만큼 획일화시킬 수는 없다고 보는데, 중요한 건 돌봄을 통해 함께 살아가는 사회를 만드는 데 능력 많은 사람들이 더 큰 역할을 하면 고맙고 좋은 일이잖아요. 그런데 그 능력을 오히려 상대를 제압하고 배제시키면서 각자도생하는 데 사용하는 게 큰 문제가 아닌가 생각하게 되네요.

유정길 저는 '돌봄'보다 '살림'이라는 말이 더 좋습니다. '서로 살림'과 '서로 돌봄'이라는 말은 상호성을 표현하면서도 조금 다른 느낌이 있습니다. 돌봄은 주변에 울타리를 만들어 지켜주는 느낌이고, 살림은 구체적으로 나를 위해서

하는 행위를 표현해 주는 느낌이지요. 다양한 형태의 돌봄이 새로운 사회의 이념으로 시스템화 되는 것이 중요하다고 봅니다. 정치도 돌봄을 중심 가치로 재편성되어야 합니다. 지역의 돌봄 사회화를 위해 민주주의가 작동해야 하고, 경제도 이익과 성장이 아니라 돌봄을 중심으로 재편성되고, 문화예술도 사람들 간의 돌봄을 위한 것이 되어야 하지요. 교육도 사람들끼리 돌봄의 마음을 갖게 하는 것이 되어야 합니다. 경쟁하는 교육이 아니라 다양성과 협동하고 배려하는 힘과 마음을 기르는 교육입니다. 그래서 상대를 돕기 위해 자신의 불편함을 혼쾌히 감내하는 사람이 되도록 해야 할 것입니다. 또 돌봄 문화는 경쟁하며 목표를 향해 치닫는 문화가 아니라 과정과 관계를 소중히 하며 천천히 살아가는 문화이지요. 이러한 돌봄의 마음을 배양하는 방법은 수시로 감사하고, 그 감각을 발달시키는 것입니다. 나의 삶은 사람은 물론이고 하늘과 바람과 벌레와 새 등 수많은 이웃 중생 덕분임을 깨닫고, 보은하는 마음을 높이는 것이지요. 감사를 하면 할수록 감사의 감각이 발달하고 이러한 마음은 자신을 행복하게 하고, 동시에 인간과 자연을 돌보고 배려하는 동력이 됩니다.

정규호 참고로 시스템은 중요한데 이것이 경우에 따라서 그 사람의 자존감을 무너뜨리는 경우도 있죠. 그래서 선별적 복지에서 자신의 가난함을 증명해야 국가로부터 지원받는 방식은 그 사람의 자존감을 무너뜨리는 문제가 있다는 비판이 나오죠. 결국은 시스템과 마음은 분리되어 가는 게 아니라 돌봄의 마음도 함께 성장하는 방향으로 작동하는 게 좋은 사회라는 생각이 드네요.

임채도 모든 돌봄이 다 선한 것은 아닙니다. 돌봄을 통해 어느 일방이 우월감을 느끼고 거기서 행복감을 느낀다면 나쁜 돌봄이라 할 수 있겠지요. 돌본다는 것이 결코 쉬운 일이 아닙니다. 돌봄이 제공자와 수혜자로 나뉘고 이것이 지배-종속의 관계로 나아가면 매우 위험합니다. 돌봄의 관계성을 누차 얘기했지만, 우리는 계속 주의를 기울여야 합니다.

유정길 국제구호와 해외 개발 과정에서 이른바 공급자적 관점에서의 지원이 바로 나쁜 돌봄의 예입니다. 예를 들면 북반구의 풍요로운 소비문화 속에 사는 사람들의 시각에서 남반구 사람들을 동정하고 불쌍히 여기며 도와주는 방식이 그렇습니다. 자신들의 소비주의를 정상이라고 생각하고 가난한 나라 사람들을 동정하듯 도와주는 것이지요. 그래서 결국 자기들과 같은 생산-소비문화를 배우라는 생각을 은연중에 강요하는 것이지요. 그들을 제대로 도와주는 것은 궁극적으로 자기들 스스로 서로 협력하고 도우며 자립하게 하는 것인데, 공급자적 시각은 잘사는 북반구 국가의 시혜에 의존하게 만드는 것입니다. 결과적으로 가난한 그들을 정신적, 경제적 식민지를 만들어 버리는 것이지요.

윤호창 나쁜 돌봄 이야기도 하셨지만, 경쟁 중심의 우리 사회 구조를 극복하기가 참 쉽지 않은 듯해요. 능력주의가 강하게 자리 잡고 있고, 우열이 나눠져 있는 사회에는 나쁜 돌봄으로 흘러가기가 쉬워져요. 돌봄이 일종의 시혜가 되는 것이지요. 능력주의에 대해서, 엘리트주의에 대해서 대부분의 사람들은 문제의식조차 느끼지 못하고 있어요. 그래서 우리 사회는 불공정에 대해서는 말하지만 불평등에 대해서는 이야기하지 않지요. 배가 고픈 것은 참아도 배가 아픈 것은 못 참는다는 속담이 있는 것을 보면 이 문제는 좀 오래된 문제입니다. 돌봄 사회를 이야기할 때 능력주의에 대한 믿음이 점점 강화되는 현상을 예의주시할 필요가 있습니다. 어느 시인이 '인생의 8할은 바람'이라고 했는데, 솔직히 '성공의 8할은 운이나 운명'이 아닐까요? 대한민국에서 성공한 어떤 사람이 강남부자로 태어나지 않고, 아프리카의 수단 같은 곳의 빈민촌에서 태어났다면 성공을 기대할 수 있을까요? 능력주의를 극복하고, 좀 더 평등한 사회, 평등의 눈길로 바라봐야 돌봄에 대한 이해가 제대로 다가올 듯합니다.

정규호 돌봄은 관계성을 중요하게 보잖아요. 능력주의가 문제가 되는 것은 이런 관계적 존재로서의 자기 인식을 상실하기 때문입니다. 내 능력은 나 혼자 잘나서 생긴 게 아니라 정말 많은 사람들의 도움을 통해서 형성된 것임을 알아야 돌봄이 선순환하는 사회가 될 수 있을 겁니다. 다만 저는 국가와 국가주의가 다른 것처럼 능력이 많은 것과 능력주의는 다르다고 보는 것입니다.

이나미 그런데 능력주의가 우리나라에 팽배한 것은 사실 능력주의조차도 제대로 실현되어 본 적이 없다는 것 때문이죠. 우리가 지금 목격하는 능력주의란 진정한 능력주의가 아니라는 겁니다. 누군가 정말 능력이 있어서 성공한 것이 아니란 거죠. 한 사람의 능력이 제대로 인정받는 사회가 아니고 부모 잘 만나서 잘 되는 사회, 즉 능력주의 사회가 아니라 혈통 때문에 성공하는 귀족주의 사회라는 것이죠. 그래서 젊은이들이 생각할 때 능력으로 인정을 받을 수 있다면 그것이 공정이라고 보는 거죠. 그러니까 능력주의는 본인의 노력을 사회가 인정해 주자는 측면도 있다고 봅니다. 다만 이것과 별개로 어쨌든 능력주의는 문제인 것이고 또한 능력을 존중하는 것도 문제라고 봅니다. 왜냐면 사실상 사람의 능력은 제대로 파악하기 어렵다는 것이죠. 능력을 제대로 알려면 그 사람의 잠재력까지 봐야 하기 때문입니다. 그리고 능력주의의 또 다른 문제는 서열화인데, 이는 모든 사람의 능력을 같은 종류로 놓고 보기 때문에 발생합니다. 즉 모두 국·영·수 등의 성적을 잘 내는 것으로 보고 이를 서열화합니다. 그러나 모든 사람은 다 다른 재주가 있고 또한 성격과 잠재력까지 고려한다면 지구상의 모든 사람은 다 다른 능력을 갖고 있는 것이죠. 따라서 비교나 서열화가 절대 불가능하고 모두 능력 면에서 평등한 것이죠. 그래서 다양성이 중요하고 돌연변이가 필요한 거죠. 에디슨도 바보로 여겨졌는데 사실은 발명의 천재였잖아요. 그러니까 모든 사람은 기본적으로 평등하다고 믿고 뭐든 해야 한다고 봅니다. 평등은 믿음이며 논리적 전제가 되어야 한다고 생각합니다.

정규호 평등과 획일화는 다른 것 같아요. 평등한 사회는 다양성을 바탕으로 하는 것이라고 생각되는데, 이것이 돌봄 문제를 풀어가는 것과 어떻게 연결될 수 있는지 궁금하네요.

유정길 그동안 우리는 흑백논리라는 말을 써 왔습니다. 이분법, 양극화 같은 표현은 선형적인 표현입니다. 경쟁 사회는 경쟁하는 두 진영을 구분합니다. 중간지대를 인정하지 않아요. 그러나 실제로 사람들은 양 극단보다 중간 회색지대에 더 많이 있습니다. 선형적인 사고를 하는 사람에게 '중도'란 가운데를 뜻합니다. 그래서 나는 '양극단이 아니라 가운데'라고 말하지요. 그러나 불교에서 중도는 '가운데'란 뜻이 아닙니다. 거문고 줄이 다른 줄과 잘 조화를 이룰 정확한 조율을 뜻합니다. 양극단, 중간 모두 직선상의 인식입니다. 그러나 세계는 입체입니다. 그리고 세상은 흑백이 아닙니다. 흑백의 세계에서 백은 좋은 것, 흑은 나쁜 것이라는 판단을 하지만 컬러의 세계는 다양성만 있을 뿐, 좋고 나쁨이 없습니다. 화엄의 꽃밭은 다양한 색깔일수록 아름답다고 생각하는 거지요.

윤호창 저도 그런 생각이 들어요. 요즘은 진보가 많이 망가져 버려서 진보의 정의를 내리기가 쉽지 않잖아요. 생명학에서 진보의 정의를 새롭게 내린다면 '다양성의 증진'이라고 할 수 있을 듯합니다. 생명의 차원에서 다양성이 높아질수록 생명은 풍성해지는 것이니.

유정길 진보라는 말은 앞으로 나아간다는 말입니다. 앞은 좋은 건가요? 선형적 시간관입니다. 과거인 어제는 낡았고 미래인 내일은 무조건 좋다는 생각이지요. 선진, 후진 이런 표현도 모두 선형적인 시간관입니다. 발전, 진보라는 용어가 모두 그렇습니다. 선형적인 시간관은 태초가 있고 종말이 있는 세계관입니다. 그러나 생태계가 순환하듯, 시간도 순환입니다. 무시무종이지요. 그런 측면에서 진보란 말도 생명의 세계에서는 적절하지 않다고 생각됩니다.

'돌봄'으로 전환 사회를 열어갈 수 있을까?

정규호 최근에는 돌봄을 '전환'과 관련지어 이야기합니다. 돌봄과 전환 사회는 어떤 관련이 있는지, 돌봄으로 전환 사회를 열어갈 수 있을까요?

신현경 〈프레젠트 빌〉이라는 영화가 있어요. 아주 깨끗하고 제도적으로 완벽한 무채색의 동네를 그리고 있습니다. 그 드라마를 즐기는 두 주인공이 있었어요. 그런데 주인공들이 막상 그 마을에 들어가서 보니까 굉장히 메말랐고 무채색이거든요. 주인공 두 사람이 그 안의 무미건조한 관계에 문제를 제기하고 말썽을 피우고 형용사를 얘기할 때마다 마을에 색이 입혀져요. 이처럼 무채색의 사회에서 풀 컬러의 세계로 나아가는 것이 곧 전환이 아닐까요? 그건 이 드라마에서 보여주는 다양성의 존중, 서로에 대한 관심과 배려 등이 살아 있는 사회라고 할 수 있겠네요.

정규호 요즘 의대 증원 문제와 관련해 의료 복지 측면도 있지만 학부모들은 우리 애가 의대에 들어갈 기회의 문이 넓어진다고 보고 환영하는 면도 있어요. 우리는 가치가 획일화된 사회, 그러다 보니 비교를 통한 서열화가 수월한 사회에 살고 있는데 학력과 소득이 그 중심을 차지하고 있다는 사실을 적나라하게 보여주는 단면이 아닐까 합니다. 이런 사회일수록 다수의 사람들은 상대적 박탈감을 느끼게 되는데 이런 사회에서 돌봄이라는 가치를 어떻게 세워 나갈까 하는 과제들을 안고 있는 것 같습니다.

이나미 최근 학생들 사이에서 이공계 선호도가 줄었다는 뉴스가 있었습니다. 이것은 AI나 로봇 등이 이공계 일자리를 대체할 수 있다는 점, 그리고 기본소득 등의 복지로 생존만 보장해 준다면 만화를 그리든, 노래를 하든, 자신이 하고 싶은 일을 하고 살려고 한다는 뜻이 아닐까 싶어요. 그리고 의사가 될 수 있는 실력을 가진 학생이 도배를 하거나 목수 일을 하는 것도 볼 수 있잖아요. 월급을 많이 받는 것보다 시간을 자유롭게 쓰는 것, 내가 하고 싶은 일을 하는 것을 중시하는 것 같아요. 그래서 한때 상한가로 치닫던 공무원도 인기가 없어졌어요. 상명하복 등의 관료적인 문화가 기피되는 거죠. 이제 인구도 줄어드니 사람이 귀해진 사회가 될 것이고, 그러면 앞으로 더 달라질 것으로 생각됩니다.

신현경 저는 전통교육의 시서화(詩書畵) 겸전에서 찾을 수 있는 수행론으로 박사논문을 썼어요. 우리 전통의 교육에서는 자기 안에 있는 것을 드러내고 연결시키면서 자연히 수행적이고 영성적으로 진전되어 가요. 비주얼 리터러시는 육안(肉眼), 심안(心眼) 그리고 영안(靈眼)을 이야기합니다. 자기 육안만 믿는 사람들이 현 교육 체제 안에서 권력을 휘두르고 있어요. 마음을 본다는 것이 안 보이는 마음을 보게 하는 거거든요. 근데 육안을 통해서 심안으로 가고 심안을 통해서 영안으로 간다 그렇게 얘기하거든요.

정규호 무채색과 유채색 이야기가 나왔는데 돌봄에서의 익명화된 돌봄과 실명화된 돌봄 담론과도 연결될 수 있겠습니다. 보통 사회에서 돌봄 이야기할 때는 한 사람 한 사람을 보지 않고 통계 숫자로 다룹니다. 이는 전형적인 공급주의 접근 방식이잖아요.

임채도 돌봄은 명사가 아니라 동사라고 생각합니다. 저는 돌봄이 한편으로 매우 구체적이며 현장과 밀접히 결부되어 있고, 사람의 가장 일상적인 감정, 행위와 연관되어 있다고 봐요. 타인을 불쌍히 여기고 마음이 가는 상황은 일상의 감정, 행위와 직접 관련이 있지요. 돌봄을 그냥 복잡한 개념으로 설명하기보다는 그 구체성을 드러내야 한다는 의미에서 돌봄의 실명화를 말한 것입니다. 국가의 돌봄이 '정책'으로 표현되고, 시장의 돌봄이 '상품'으로 일반화, 익명화되는 것은 돌봄의 핵심 가치를 상실하는 것이지요. 저는 지역이라는 구체적 현장에서 돌봄을 하는 사람, 돌봄을 받는 사람이 얼굴을 드러내고 만나는 실명의 관계일 때 비로소 돌봄의 상호성, 관계성이 구현될 수 있다고 봅니다.

이나미 제가 과거 병상에 누워 계신 독립운동가 분을 면담한 적이 있어요. 그분은 약간 치매가 있으셨는데 그 병원은 유공자가 그러한 치매 상태 정도의 병증이 있어야 혜택을 받을 수 있었어요. 따라서 그분이 그런 혜택을 받으려면 건강해지면 안 되는 거죠. 그런데 면담을 하니까 대화하면서 그분의 눈이 점점 더 초롱초롱해지고 자신의 과거 운동도 자랑스럽게 얘기 하시는 거예요. 그래서 느낀 점은 왜 이 사회가 저분으로 하여금 반 시체처럼 지내야만 혜택을 받을 수 있게 하는 것인가, 왜 생기를 잃어야만 복지 혜택을 누릴 수 있게 하는 것인가 하는 거였죠. 그분이 점차 그렇게 소모되어 가는 것이 아니라, 사회의 훌륭하고 빛나는 존재로 존엄 받도록, 제도가 빨리 바뀌어야 하는 것이죠.

신현경 제가 대학생일 때 오빠가 사업이 망해서 이민을 가게 됐어요. 엄마도 오빠를 따라 미국으로 가셨죠. 그런데 말년에 엄마를 제가 모셔오려고 그랬어요. 돌아오고 싶어 하시는데 말씀은 "내가 왜 너를 따라가냐?" 이러시는 거예요. 엄마 말은 거기서는 집 주지, 100만 원 정도의 기본 생활비 나오지 그러니 왜 (출가한) 네 집에서 얹혀사느냐 이거예요. 지금 생각에 제가 모시고 왔으면 좀 고생스러웠겠지만, 만족하면서 사셨을 텐데 하는 아쉬움이 있어요. 복지란 돈이 전부가 아니란 말씀이죠.

윤호창 돌봄, 전환 등을 위해서는 다양한 사회 실험이 필요하다고 봐요. 현재 우리나라 소멸 고위험 기초 지자체는 50여 개를 헤아립니다. 주로 농촌의 군 단위 지역이죠. 인구는 평균 3만 5천 명 정도예요. 이 지역부터 기본소득을 지급하면 어떨까요. 52개 군 전체에 기본소득 월 50만원을 지급해도 전체 예산은 11조 정도예요. 현재 지급되는 복지예산을 생각하면 아주 크게 늘리지 않아도 돼요. 기본소득을 주고, 지역마다 다양한 모델을 만들어 보라고 하면 좋은 모델이 많이 만들어질 거예요. 그동안 국가에서 균형발전 예산, 저출생 예산을 아무리 쏟아 부어도 효과가 없잖아요. 좀 더 혁신적인 접근과 모색이 필요한 거예요. 사실 소멸 고위험 지역에 놓인 농촌지역은 많은 차별은 받고 있지요. 서울은 엄청난 교육, 문화, 복지 등의 인프라를 지원받는데 이들 농촌지역에서는 그런 인프라가 없잖아요. 그런 불평등의 관점에서도 소멸 고위험 지역에 대해서는 기본소득을 주는 방식으로 접근하는 게 맞다고 생각해요. 도로 등 지역개발을 하면 혜택을 받는 것은 건설업자, 지역유지들이지 일반 주민들이 큰 혜택은 받지 못하잖아요. 돌봄 사회에 대한 모색을 하기 위해서는 사람에 대한 투자를 전면적으로, 제대로 하는 것이 중요하다고 봅니다.

정규호 임채도 소장님이 투 트랙 이야기를 하셨는데, 돌봄 사회는 국가의 공(公) 영역과 사회의 공(共) 영역이 같이 작동을 해야 되는 것 아닌가 하는 생각이 들었습니다. 인간으로서 생존할 수 있는 최소한의 기본 조건은 어느 정도 획일적인 것이 효율성에 부합하는 반면, 동시에 사람들마다의 다양한 특성도 있잖아요. 따라서 다양성을 기반으로 한 맞춤형 접근이 필요하고 그래야 삶의 의미와 존엄성을 높일 수 있다고 보는데, 어쨌든 지역사회를 기반으로 한 돌봄도 이 두 차원이 함께 가야 되는 게 아닌가 생각합니다.

임채도 돌봄에서 국가와 지역사회는 어떤 역할 분담이 필요할까요. 우선은 국가가 사회 구성원의 최저선, 최소 돌봄을 제공하고, 지역사회가 다양한 돌봄 수요에 맞는 내용과 방법을 구성해 나가는 방향이 될 것 같습니다. 이를테면 국가가 입법, 재정, 자원으로 보편적 돌봄의 기준과 환경을 마련하고, 지역사회가 구체적인 돌봄의 내용과 관계 형식을 만드는 것입니다. 또 여기서 기업, 시장의 역할은 무엇인가 하는 것도 함께 고민해 봐야겠습니다.

정규호 기본소득 등 물적 기반이 기본적으로 갖춰졌을 때 그다음 단계로 가는 길이 훨씬 더 확장될 수도 있다는 말씀이군요. 이제 마무리를 앞두고 못다 하신 이야기를 마저 해주셨으면 좋겠습니다.

이나미 마지막으로 생명학 관점에서 우리가 어떻게 돌봄을 연구할 것인가 생각해 보면, 여전히 돌봄을 주로 사람들 간의 관계로 얘기하지만, 생명적 관점이라면 사람을 넘어서 동물, 식물, 자연, 사물 이런 것과의 관계로까지 돌봄을 넓힐 수 있어야 한다고 생각합니다.

유정길 우리가 돌봄을 위한 어떤 운동이나 캠페인을 해 볼 것인지 구체적인 실천 프로그램이 필요하다고 생각됩니다. "위로 성공하지 말고 옆으로 성공하자", "내 것이란 본래 없으니 쓰지 않는 물건은 필요한 사람에게", "오직 감사할 뿐" 등 과거 가톨릭의 "내 탓이요 운동" 같은 프로그램을 개발하여 돌봄을 대대적인 사회문화운동으로 전개해나가는 방법을 구상할 필요가 있다고 봅니다.

윤호창 저는 어쨌든 진화된 세계는 좀 더 다양해지는 사회인 것 같아요. 다양성의 세계를 위해서는 많은 실험과 시도가 필요해 보입니다. 핀란드의 국가정책 목표가 '실험하는 핀란드'라고 하더군요. 돌봄 사회도 그냥 머릿속에서 만들어질 것 같지는 않고, 시민들이 주민들이 다양한 실험을 해볼 수 있는 여건을 조성하고, 해 볼 수 있도록 하면 재미있게 전개되지 않을까 하는 생각을 가지고 있어요. 전국 226개 기초지자체, 3,500개 읍면동에서 저도 마을대학, 시민의회, 지역정당 등의 주제를 가지고 실험을 해 보려고 합니다. 운 좋으면 그중에 좋은 모델을 발굴할 수 있겠지요.

정규호 생명학연구회 차원에서 '돌봄'을 주제로 다룰 때 어떤 부분이 강조되어야 할까요. 이 이야기를 좀 언급해 주시죠.

박길수 그 문제는 우리가 펴내려고 하는 책의 성격과도 관련됩니다. 우리가 책을 쓰는 이유가 독자들로 하여금 책 속에 있는 대로 돌봄을 실천하고자 하는 마음을 불러일으키는 데 주안점을 두느냐, 즉 구체적인 실행 모델과 방법론을 제시하느냐, 아니면 현재 우리 사회의 돌봄 논의나 실천 방향의 문제점을 지적하고 돌봄의 근본 취지, 철학을 재정립하는, 조금은 사변적인 글쓰기를 할 것이냐 하는 겁니다. 현재까지는 우선 생명학연구회가 잘할 수 있는 일로서 돌봄을 재정의하고, 재발견하고, 재발명해서 우리 시대에 가장 필요한 가치가 돌봄이라는 점, 새로운 통찰과 깨달음을 주는, 방법론보다는 철학에 가까운 것이라고 합의한 것 같습니다. 다시 말해 우리 시대의 돌봄 철학을 제시하는 것입니다. 그 철학은 돌봄을 진부하게 느끼지 않고 혹은 그동안 돌봄 노동에 시달려 왔던 분들은 돌봄에 자부심을 느끼고, 또 돌봄을 받는 입장에서는 부담감 내지 공포감을 덜어내고 돌봄이 우리가 함께하는 일이고 또 나 개인의 행복을, 존엄을 보장받는 길이구나 하는 깨달음을 주는 내용이 돼야 되지 않을까 합니다.

정규호 오늘 집담회는 이렇게 마무리하겠습니다. 모두 수고하셨습니다.

참고문헌

1장 모시는 사람, 호모 쿠란스(Homo Curans) / 박길수

Daly, M. (2002). "Care as a good for social policy". Journal of Social Policy, 31(2): 251-270

Daly. M & Lewis. J. (2000). "The concept of social care and the analysis of contemporary welfare states". British Journal of Sociology. 51(2) p. 2

강충경, 〈코로나19 대전환 시대, 포용의 호민 큐란스(Homines Curans) 복지국가로〉, 《복지타임즈》 2021.02.24. (https://www.bokjitimes.com/news/articleView.html?idxno=30497, 2024.10.6. 검색)

Ariel Macaspac Hernandez, Reclaiming Care - Homo Curans as Vision for Human Flourishing and Sustainability Transformation, German Institute for Global and Area Studies (GIGA), August 2024.

2장 김지하의 '명(冥)의 생명사상'과 죽음의 돌봄 / 주요섭

김성원. 2014. 「'체화된 종교성'에 관한 연구」, 『한국조직신학논총』 40, 한국조직신학회.

김지하. 200ㄹ0. 『옛 가야에서 띄우는 겨울 편지』. 두레.

김지하. 2003. 『생명학1, 2』 화남출판사.

김지하. 2008. 『흰 그늘의 길1, 2, 3』. 학고재.

김지하. 2009. 『디지털 생태학』, 자음과모음(이룸).

김지하. 2009. 『새 시대의 율려, 품바품바 들어간다』.

김지하. 2010. 『흰 그늘의 미학을 찾아서』. 실천문학사.

김지하. 2014. 『아우라지 미학의 길』. 다락방.

김지하. 2014. 『초미 첫 이마』. 다락방.

니클라스 루만. 2020. 『사회적 체계들』. 한길사.

로지 브라이도티. 2015. 『포스트휴먼』. 아카넷.

브라이언 마수미. 2018. 『정동정치』. 갈무리.

애덤 S. 밀러. 2024. 『사변적 은혜(브뤼노 라투르와 객체지향 신학)』. 갈무리.

여둘금. 2023. 「정토마을 죽음돌봄교육 연구 : 프로그램 개발과 효과 분석」. 위덕대학교 대학원 박사학위논문.

오미경. 2024. 「요양보호사의 돌봄 노인 죽음 상황 경험에 관한 현상학적 비교연구 - 시설과 재가를 중심으로」. 영남대학교 박사학위논문.

오윤정. 2020. 「죽음에 대한 니체의 사유와 그 미학적 함의」. 서울대학교 대학원, 박사학위논문.

임현우. 2024. 「김지하 시에서 죽음의 의미 연구」. 단국대학교 석사학위논문

정재걸. 「불교와 죽음 그리고 죽음교육」. 『동양철학연구』 55, 2008.8.

정종민. 2023. 「똥, 고름 그리고 영혼: 환대 (불)가능한 인지증 돌봄에서 영혼과 정동적 관계 맺기」. 『한국문화연구』 45.

정효운. 2022. 「최근 한국 생사학 연구의 현황과 전망 - 인문학 분야를 중심으로」. 『생사학연구』 3.

주요섭. 2023. 『한국 생명운동과 문명전환』. 풀씨.

천선영. 2001. 「근대사회에서 초월성에 대한 담론 형성 가능성과 조건에 대한 사회이론적 고찰 - 죽음의 이해 문제와 관련하여」. 『가톨릭사회과학연구』 13.

한병철. 2024. 『오늘날 혁명은 왜 불가능한가』. 김영사

Sariyar Murat. 2022. Death from the Perspective of Luhmann's System Theory. Open Theology, Vol 8, Iss 1.

5장 시각적 자기돌봄 / 신현경

Lowenfeld, V. (1955). Creative and Mental Growth. The Macmillan Company.

Shin, Hyunkyoung. 2024 Old Future: Ecofeminist Art in Korea. Hallyu(K-Wave) in the gloval media era, K-DO AHA (Art Humanity And) and Human Communication Research Society of the Korean Society for Journalism and Communication Studies. Hackensack Riverside Gallery, NJ. USA

김원룡, 1998. 『한국 고미술의 이해』. 서울대학교출판부.

김용옥. 2001. 『석도화론』. 통나무.

신현경. 2014. 『우뇌로 보고 느끼는 색칠놀이』. 호밀밭.

허영환 외. 1977. 『동양미술의 감상』. 열화당.

7장 4km 돌봄 / 이무열

댄 핸콕시, 2014. 『우리는 이상한 마을에 산다』, 윤길순 옮김, 위즈덤하우스.

은공1호사람들. 2023. 『공유주택, 은공1호 이야기』, 오늘.

제프리 삭스 외. 2020. 『UN세계행복보고서 2020』, 우성대 외 옮김, 간디서원.

8장 좋은 돌봄과 한살림 / 임채도

더 케어 컬렉티브. 2021. 『돌봄선언-상호의존의 정치학』. 정소영 역. 니케북스.

이지은. 2022. 「돌봄혁명」, 계간 『기본소득』 2022년 여름호, 기본소득한국네트워크.

권범철, 이무열 외. 2023. 『돌봄의 시간들』. 모시는사람들.

신지혜. 2023. 「확장된 돌봄, 기후돌봄」, 「기후위기 시대의 돌봄」. 모심과살림연구소/한신대생태문명원 공동포럼 자료집.

조기현, 홍종원. 2024. 『우리의 관계를 돌봄이라 부를 때』. 한겨레엔.

조안 C. 트론토. 2024. 『돌봄민주주의』. 김희강, 나상원 역. 박영사.

홍찬숙. 2023. 「돌봄사회로의 전환과 새로운 사회계약의 방향」, 『사회이론』. 2023.5. 한국
　　사회이론학회.

우에노 지즈코. 2024. 『돌봄의 사회학』. 조승미, 이혜진, 공영주 역. 오월의 봄.

한 살림모임. 1989. 『한살림선언』. 모심과살림연구소.

석재은. 2020. 『한살림과 돌봄운동』. 모심과살림연구소.

조미성 외. 2024. 『기후돌봄』. 산현글방.

윤형근. 2024. 『한살림 복합체 조직진화의 역사』. 모심과살림연구소.

한 살림30년비전위원회. 2017. 『한살림, 새로운 30년의 비전을 묻다』. 한살림연합.

백선미. 2024. 「생산자와 소비자가 함께 그려가는 아산지역 통합 돌봄」, 한살림돌봄학교.
　　『한살림 돌봄프로젝트 어디까지 왔나』. 2024.8.30.

한살림연합. 2024. 『2023 지역살림운동지원사업 결과보고서』.

멜리사 그레그, 그레고리 시그워스. 2016. 『정동이론』. 최성희 김지영 박혜정 역. 갈무리.

모심과살림연구소. 2011. 『지역살림운동 길잡이』. 한살림연합.

모심과살림연구소. 2022. 『2022 전국한살림조합원의식조사 결과분석보고서』. 한살림연합.

정규호. 2022. 「생명운동과 협동조합」. 『모심과살림』 통권20호. 모심과살림연구소.

조유성. 2020. 「생협조합원의 돌봄서비스 제공 경험에 대한 질적 사례연구」. 『한국협동조
　　합연구』 제38권 제1호. 한국협동조합학회.

〈대구 47개 시민단체, 코로나19 공동행동 발족〉《경북일보》 2020.6.10.

〈중장년층 5명 중 1명, 가족돌봄 때문에 직장 그만 둔 적 있다〉《연합뉴스》 2023.9.21.

〈케어 이코노미가 뜬다〉《매일일보》 2024.3.27.

9장 돌봄 경제 / 정규호

김난도 외. 2023. 『트렌드 코리아 2024』. 미래의 창.

김지하·문순홍. 1995. 「생명가치를 찾는 민초들의 모임을 제안한다」, 『생명민회 토론 자
　　료집』.

낸시 폴브레 저, 윤자영 역. 2007. 『보이지 않는 가슴: 돌봄 경제학』. 또하나의문화.

낸시 폴브레 저, 윤자영 역. 2023. 『돌봄과 연대의 경제학』. 메디토리얼.

서울대 국제이주와포용사회센터. 2021. 『코로나19와 돌봄경제: 지속가능한 돌봄사회로의
　　전환』(2021 국제돌봄경제컨퍼런스 자료집).

스테파노 자마니, 루지이노 브루니 저. 2015. 『21세기 시민경제학의 탄생』. 제현주 역. 북
　　돋움.

유재언 외, 2019. 『돌봄 경제 육성전략 수립 연구』, 보건복지부·한국보건사회연구원.

조안 C. 트론토 저. 2014. 『돌봄 민주주의: 시장, 평등, 정의』. 김희강·나상원 역. 아포리아.

칼 폴라니 저, 홍기빈 역. 2002. 『전 세계적 자본주의인가 지역적 계획경제인가 외』. 책세상.

코스트(COST) 엮음. 2015. 『녹색 돌봄』. 안병은 옮김. 그물코.

홍기빈. 2012. 『살림/살이 경제학을 위하여』. 출판문화원.

Becchetti, Leonardo and Cermelli, Massimo., 2017. "Civil economics: definition and strategies for sustainable well-living", Working Paper 162, AICCON.

Bloemen, Sophie and van Woerden, Winne., 2022. *Manifesto for a caring economy*, Commons Network Foundation.

Ilkkaracan, I., 2013. "Purple Economy: A Call for a New Economic Order beyond the Green", in Röhr, U.(eds), *Sustainable Economy and Green Growth: Who Cares?*, Berlin: genanet.

Orozco, A. P., and Dominguez, M. G., 2014. *Reading Paper Series on Care Econom*, UN Woman Training Centre.

Peng, Ito., 2019. "The Care Economy: a new research framework", *LIEPP Working Paper*, 89(hal-03456901)(https://sciencespo.hal.science/hal-03456901)

Ponte, N.B., and Carpentier, C.L., 2023, "New Economics for Sustainable Development: Purple Economy(Care Economy+)", UN Economist Network policy briefs on the New Economics for Sustainable Development.(https://www.un.org/en/desa/unen/policy-briefs)

Razavi, S., 2007, "The political and social economy of care in a development context: Conceptual issues, research questions and policy options", Gender and Development Programme Paper No 3, United Nations Research Institute for Social Development.(https://www.researchgate.net/publication/237432821)

Sullivan-Dunbar, Sandra., 2020. "The Care Economy as Alternative Economy", Loyola eCommons, Theology: Faculty Publications and Other Works: 1-18.

Thera van Osch, 2013, Towards a Caring Economic Approach, Netherlands.(https://oqconsulting.eu/The-Economy-of-Care)

10장 돌봄 정치가 온 길, 나아갈 길 / 이나미

강명수. 2013. 「18세기 잉글랜드 워크하우스의 성격 변화」, 『영국 연구』 30호.

권범철. 2024. 「돌봄과 탈성장」, 『기후 돌봄』. 산현글방.

김희강. 2016. 「돌봄국가」, 『정부학연구』 22권 1호

나상원. 2024. 「미래시민과 돌봄교육」, 『시민사회와 NGO』 22권 1호.

대위홍. 2014. 「중·한 대식간 연구」, 『대동문화연구』 88집.

더 케어 컬렉티브. 정소영 역. 2021. 『돌봄 선언』. 니케북스.

마르틴 하이데거. 전양범 역. 2023. 『존재와 시간』. 동서문화사.

손상원. 2024. 〈'농민 · 참여 · 가사' 광주 3대 공익가치 수당 어디까지 왔나〉《연합뉴스》 2024.3.14.

신지혜. 2024. 「기후 회복력의 시대, 돌봄의 확장" 『기후 돌봄』. 산현글방.

안숙영. 2023. 「코로나19 팬데믹과 젠더정치학」, 『지역과 정치』 6권 1호.

우석영. 2024. 「인류세의 비인간 돌봄」, 『기후 돌봄』. 산현글방.

우석영 외, 2024, 「기후 돌봄 선언」, 『기후 돌봄』, 산현글방.

이나미. 2001. 『한국 자유주의의 기원』. 책세상.

이나미. 2023. 『생태시민으로 살아가기』. 알렙.

이나미, 2024, 「기후 위기 시대의 중심 가치, 돌봄」, 『녹색평론』 187호

이연승. 2021. 「구장(鳩杖), 노인에게 부여하는 황제의 권위: 한대 왕장제(王丈制)를 중심으로」, 『종교문화비평』 39.

이재경. 2024. 「기후 돌봄의 정치, 로컬에서 실천하기」, 『기후 돌봄』. 산현글방.

이정미, 2021, 〈심상정의 마지막 소명이 아니라 이정미의 새로운 10년이 필요하다〉《경향신문》 2021.9.2.

정숙희. 2021. 〈나라의 구휼미〉《한국일보》 2021.3.16.

조기현. 2023. 「제도로서의 돌봄」, 『돌봄의 시간들』. 모시는사람들.

조미성. 2024. 「한살림 생명운동으로 본 생태적 돌봄」, 『기후 돌봄』. 산현글방.

조안 C. 트론토. 김희강 · 나상원 역. 2024. 『돌봄민주주의』. 박영사.

차영구 · 고반석. 2019. 「근대 초 잉글랜드의 기후변화 대응 연구」, 『중앙사론』 50집.

최익한. 2013. 『조선사회정책사』. 서해문집.

캐롤 길리건. 허란주 역. 1997. 『다른 목소리로』. 동녘.

펠릭스 가타리 · 수에리 롤니크. 윤수종 역. 2010. 『미시정치』. 도서출판b.

한윤정. 2024. 「지역공동체에서 시작하는 기후 돌봄" 『기후 돌봄』. 산현글방.

힐러리 코텀. 박경현 · 이태인 역. 2020. 『레디컬 헬프』. 착한책가게.

Brown, Rachel H., Woodly Deva, 2021. "The Politics of Care," *Contemporary Political Theroy*, Vol. 20, 4.

Clark, Margaret S., Mills, Judson, 1993. "The Difference Between Communal and Exchange Relationship," *Personality and Social Psychology Bulletin*, Vol. 19 No. 6.

Marin, Mara, 2021. "The Politics of Care," *Contemporary Political Theory*, Vol. 20, 4.

Ticktin, Miriam, 2021. "The Politics of Care" *Contemporary Political Theory*, Vol. 20, 4.

Tronto, Joan C. 1996. "Care as a Political Concept," *Revisioning the Political*, New York: Routledge.